Heiko R. Blum

GÖTZ GEORGE

Das liebenswerte Rauhbein

Originalausgabe

WILHELM HEYNE VERLAG
MÜNCHEN

HEYNE FILMBIBLIOTHEK
Nr. 32/206

Herausgeber: Bernhard Matt
Redaktion: Cornelia Zumkeller

Gewidmet der Erinnerung
an Eberhard Feik

4. Auflage

Copyright © 1989 by Wilhelm Heyne Verlag GmbH & Co. KG, München
Umschlagfoto: Stiftung Deutsche Kinemathek, Berlin
Rückseitenfoto: Stiftung Deutsche Kinemathek, Berlin
Innenfotos: Bildarchiv Engelmeier, München; Archiv Dr. Karkosch, Gilching;
Deutsche Presse Agentur, München; Süddeutscher Verlag, Bilderdienst München;
Stiftung Deutsche Kinemathek, Berlin; Ullstein Bilderdienst, Berlin; Keystone
Pressedienst, Hamburg; Privates Archiv für Filmkunde; Hans-Dieter-Roos-Archiv;
Filmhistorische Sammlung; Heiko R. Blum/Sigrid Schmitt; Archiv Freie Film
Kritik e.V., Bavaria
Umschlaggestaltung: Atelier Ingrid Schütz, München
Printed in Germany 1998
Herstellung: H + G Lidl, München
Satz: Fotosatz Völkl, Puchheim
Druck und Verarbeitung: Ebner Ulm

ISBN 3-453-08120-X

Inhalt

Allen, die mir hierbei geholfen haben, möchte ich an dieser Stelle danken, vor allem Götz George, der erst spät, aber dann um so intensiver zur Kooperation bereit war, außer ihm Theodor Kotulla, der wie Götz sich mehrere Tage lang Zeit genommen hat, Eddie Constantine für seine kernigen Bemerkungen zum Thema sowie Hajo und Martin Gies, Dominik Graf, Ilse Hofmann und Frank Beyer, Renan Demirkan, Brigitte Karner und Renate Krößner, Jan George, Ute Nicolai und Gabi, Jürgen M. Thie und Reinhold Schöffel sowie Eberhard Spiess vom *Deutschen Institut für Filmkunde* und Norbert Baensch vom *Deutschen Theater,* Göttingen, und schließlich Bernhard Matt für die unendliche Geduld.

Vorwort zur 4. Auflage

Kurz nach der vielbeachteten Telepräsenz des neuen *Schimanski,* vor der Premiere von Hermine Hundgeburths Gaunerkomödie *Trio* und nachdem er als Boxlegende Bubi Scholz vor der Kamera stand, kommt endlich die 4., neu überarbeitete Auflage dieses Bandes heraus.

Götz George ist in der Zwischenzeit in der Rolle des berühmt-berüchtigten Kindermörders Fritz Haarmann bei den 52. Internationalen Filmfestspielen in Venedig 1995 mit der »Coppa Volpi« als bester Hauptdarsteller ausgezeichnet worden, wodurch eine amerikanische Major Company der deutschen Filmbranche gezeigt hat, wie man selbst einen so schwierigen Film beim Publikum zum Erfolg bringen kann. Später hat George für den gleichen Film den Bundesfilmpreis erhalten. Bei der Oscar-Vergabe der amerikanischen Akademie war *Der Totmacher* von Romuald Karmakar ein durchaus chancenreicher Konkurrent im Wettbewerb um den Auslands-Oscar. Und wenn man so will, hat die Kinobranche hier am Erfolg des *Totmacher* gelernt und – Mut gekriegt. Es ist schon seltsam, wie Geschichten und Geschicke ihren Lauf nehmen: Der historische Fritz Haarmann war seinerzeit Vorbild für die Figur des Franz Bieberkopf aus Alfred Döblins Roman *Berlin Alexanderplatz,* die Vater Heinrich George in Phil Jutzis Film gespielt hat, und für Peter Lorres Mörder in dem Film *M* von Fritz Lang, einem der berühmtesten deutschen Filme. Und dieser Haarmann hat gleichermaßen Künstler wie George Grosz und Alfred Hrdlicka in ihren Werken inspiriert. Götz George selbst spielte die berühmte Rolle des Franz Bieberkopf 1977 in einem Dokumentarbericht des Sender Freies Berlin. Im Dezember 1991 lief in der ARD der 29. und letzte *Tatort* mit Horst Schimanski als Kommissar, und das war nach zehn Jahren das Aus für eine der erfolgreichsten Fernsehserien, zugleich auch Abschluß der dritten Karriere des Götz George. »Wäre es nicht denkbar, daß man in ein paar Jahren den Schimanski noch einmal aus der Versenkung holt, so nach dem Motto: Jemand kann einen schwierigen Fall nicht lösen?« fragte ich Götz George damals bei den Dreharbeiten der letzten Schimanski-Folge im Bayerischen Hof in München, und er antwortete:»Sicher wäre das denkbar, nur muß man sich irgendwann einmal von einer Figur verabschieden. Der Schimanski gehört irgendwie in die achtziger Jahre, und wir müssen jetzt eine Figur haben, die kälter ist.« Hajo Gies, Götz-George-Freund und Regisseur zahlreicher Schimanski-Folgen, konnte sich das schon sehr gut vorstellen, wie auch der inzwischen verstorbene Freund und Partner Eberhard Feik.

Im Frühjahr 1996 begannen dann wirklich die Dreharbeiten für eine neue Schimanski-Folge beim Westdeutschen Rundfunk Köln – natürlich mit Götz George in der Titelrolle. Inzwischen sind vier Folgen abgedreht, zwei weitere sollen im kommenden Jahr entstehen. Zwölf Millionen Zuschauer sahen die erste, jeweils weit über acht Millionen die beiden anderen Filme – kein Zweifel, das Publikum hat den neuen, alten Schimanski angenommen.

In der Zwischenzeit hatte *Schtonk*-Regisseur Helmut Dietl sein lange angekündigtes Versprechen wahr gemacht und einen neuen Film geschrieben, inszeniert und produziert, in dem Götz George die stattliche Riege bekannter deutscher Schauspieler anführte: Mario Adorf und Heiner Lauterbach, Gudrun Landgrebe und Joachim Kròl, Hannelore Hoger und Marina Gedeck, Meret Becker und Veronica Ferres. Das sind die Stars der frechen Gesellschaftssatire *Rossini,* die mit über drei Millionen Zuschauern zu den erfolgreichsten Filmen des allerneuesten deutschen Kinos gehört. Dietl hatte einen Götz-George-Film mit dem Titel *Macho* angekündigt, aber dazu ist es ebensowenig gekommen wie zu den Abenteuern des Handelsvertreters *Klopstock* beim Westdeutschen Rundfunk, den die Autoren als einen modernen »Hans im Glück« sahen.

Nach *Rossini* machte Götz George Urlaub, danach sollte der zweite *Schimanski*-Film gedreht werden. Doch in Sardinien erlitt er jenen Unfall, der ihn monatelang buchstäblich lahmlegte. Nach der Erholung begann er im Januar 1997 mit den

Dreharbeiten zu *Trio,* einem neuen Kinofilm, den die vielversprechende Hamburger Regisseurin Hermine Hundgeburth in Köln realisierte. Hier spielte er neben einem illustren Darstellerteam einen schwulen Dieb, der sich zum besseren Verdienst als Blinder maskiert. Die Boxerlegende Bubi Scholz war schließlich ein weiterer Schritt im Charakterfach des vielseitigen Schauspielers; und noch während George als Bubi in Köln und Berlin bei Roland Suso Richter vor der Kamera stand, begann Nico Hofmann in Berlin mit den Dreharbeiten seines Kinofilms *Solo für Klarinette.* Das ist eine böse Krimikomödie, in der der brave Polizeimann Götz George sich wieder einmal in die falsche Frau – Corinna Harfouch – verliebt.

Vom Auschwitz-Lagerkommandanten Rudolf Höß über den schmalzigen Galan Graf in Frank Beyers wunderbarem Film *Der Bruch* bis zum Haarmann in Karmakars *Der Totmacher* ist Götz George den Weg des Charakterdarstellers konsequent weitergegangen: Der Schauspieler überrascht in diesen Filmen – wie längst auf der Bühne – durch sein genaues, zurückhaltendes Spiel: wenige Gesten, genaue Bewegungen und ein konsequenter Sprachduktus. Sah man ihn in *Rossini* als selbstgefälligen Starregisseur, der mit seinen psychischen und physischen Defekten kämpft – ein charmanter Götz George, dem es gelingt, sich selbst zu ironisieren, sein Älterwerden –, dann spürt man schon etwas von der schauspielerischen Reife und Qualität des Charakterdarstellers Heinrich George. Und schließlich ist Götz George inzwischen schon museumsreif: Nach dem Düsseldorfer Filmmuseum ist nunmehr das Filmmuseum Potsdam Schauplatz einer Ausstellung. Titel: Götz George, Beruf: Schauspieler. Schließlich noch ein Postskriptum: Der Tod von Eberhard Feik hat alle seine Freunde erschüttert. Und in Gedenken an Eberhard widmen Götz George und ich diese neubearbeitete Biographie seiner Erinnerung.

Heiko R. Blum   *Köln, Dezember 1997*

Alice Schwarzer über Götz George

Ja, warum ist so einer ein Star? Ich behaupte einfach mal: Ohne die Frauenbewegung wäre Götz George keiner! Denn erst die Feministinnen haben diese weichen und verunsicherten, kurzum die menschlichen Männer salonfähig gemacht. Und genau dieser Bruch ist ja das Anziehende an »Schimanski«: Das ist nicht der Typ Vergewaltiger, wie Löwitsch; das ist der große Bruder mit Herz – und mit breiten Schultern dazu, zum Anlehnen. Vor Götz George haben die Frauen keine Angst. Das ist es, was sie anmacht. Und genau das charakterisiert ja auch viele große Frauenidole, von Hans Albers über James Dean und Elvis Presley bis hin zu Don Johnson. Die Mehrheit der Frauen hat in Sachen Erotik nämlich schon lange die Unschuld verloren. Wir wissen einfach zuviel. Erotik ist für Männer ja in der Realität und in der Phantasie ganz eng verknüpft mit Gewalt und Macht, und das ist ein großes Problem für Frauen. Und ein Idol wie »Schimanski« ist die Antwort darauf. Er ist der Junge, mit dem man eher einen trinken geht, aber nicht unbedingt ins Bett. Eine Frau könnte zu ihm immer sagen: Du, eben jetzt will ich gar nicht, ich habe eigentlich Probleme, kann ich mich mal bei dir ausheulen? Du kannst, suggeriert er.

In den Mittelmeerländern, zu denen von der Mentalität her auch Frankreich gehört, wird die Sache ja noch scharf gefahren, und auch bei den Amerikanern geht es von den viereckigen Zementköpfen bis zu den Jungens mit dem Zuhältercharme, die wir ja noch aus den fünfziger

Alice Schwarzer

Götz George als Schimanski 1996

Jahren kennen. Hierzulande stehen die Aktien für die Mak-
ker nicht mehr ganz so gut. Götz George ist der große Bruder, auf den man sich verlassen kann, der Kumpel, der
Freund, und hatte auch nicht zufällig in der Schimanski-Rolle
eine gewisse Selbstironie als Mann. So einer spielt den Mann.
Also, Schimanski ist trotz Schnauzer und breiten Schultern
im besten Sinne unmännlich.

11

Eine andere Zeit

Götz George über Schimanski, Schtonk,
Kino und Fernsehen.

Frühjahr 1996. Götz George steht in Duisburg wieder vor
der Kamera. Er kehrt im Herbst nach fünf Jahren Pause als
Horst Schimanski auf den Bildschirm zurück. 1991, als er
sich endgültig entschied, den Duisburger *Tatort*-Kommissar
Horst Schimanski den Dienst quittieren zu lassen, entstand
nachfolgendes Gespräch.

*Horst Schimanski gibt es nicht mehr – was bedeutet das für
dich?*

Sicher ist das ein ganz wichtiger Einschnitt für mich: zehn
Jahre Schimanski. Ich bin zehn Jahre älter geworden und
habe mich in die Figur hineingelebt. Das war für mich eine
der wesentlichsten Rollen, eine belastbare Figur, über die
man sehr viel transportiert hat – politisch wie sozialkritisch.
Das wird es so schnell nicht mehr geben, weil das Fernsehen
in kleineren Kategorien denkt, sich nach den Sehgewohnheiten der Zuschauer richtet, und denen hat man ja kleinere
Sehgewohnheiten anerzogen. Das sieht man an der ganzen
Kabel-Situation. Die ist zum Teil so grauenvoll, daß die
ARD (und natürlich auch das ZDF) konkurrenzfähig bleiben
will.

Ist es nicht ein Irrtum, sich nach unten einzupendeln?

Doch natürlich. Das ist ein Erziehungsprozeß. Welche Bücher gebe ich unseren Schülern? Wenn ich ihnen minderbe-
mittelte Bücher gebe, dann lernen sie die ganz genau. Das ist
im Dritten Reich passiert. Genauso ist es mit dem Medium:
Jeder will die Zuschauer auf seine Seite ziehen. Wenn man
dem Publikum nur Schrott vorsetzt, dann hat es zum Fernsehspiel – das gerade bei uns eine große Tradition gchabt hat
– überhaupt keinen Zugang mehr.

Carl Marlock ist manchmal selbst hilfebedürftig. Neben Götz George Maddalena Crippa (Doktor Anna Martens)

Der letzte »Schimanski«, das war noch einmal ein gutes Drehbuch?

Ja, weil es eine Aufarbeitung ist von all dem, was letztendlich passiert, war. Hinzu kommt, daß die beiden Autoren – Axel Götz und Thomas Weßkamp – Spaß an der Figur gehabt haben. Sie hatten den Schimanski kapiert. Es gab ja viele Autoren, die wollten einfach nur mit der Figur Schimanski Geld verdienen. Dazu kamen noch Produzenten bei der Bavaria, die die Figur auch nicht verstanden. Als wir mit dem Schimanski anfingen, hatte man sich viel mehr um die Figur, ihren Hintergrund und ihre Handlungen gekümmert, und als Schimanski aber von alleine funktionierte, hängten sich Autoren ran, es gab oft schwache Bücher, und wir mußten manchmal auch drehen, weil wir dem Sender gegenüber Termine einzuhalten hatten.

Und da muß ich doch sagen: da war ich das eigentliche Stör-
moment, der Knüppel im Getriebe, und so sackte das Ganze
nie ganz ab. Auch hat sich jeder Regisseur wirklich Mühe gegeben und wollte sich natürlich selbst beweisen. Mit jedem
einzelnen Regisseur hatte ich ein ganz fabelhaftes, wenn
auch immer ganz unterschiedliches Verhältnis, und wir
haben uns gemeinsam wirklich jedes Mal die Figur und die
Bücher erkämpft. Was dann rausgekommen ist? Nun, eineinhalb Stunden Unterhaltung mit einer Art authentischem
Hintergrund.

*Ursprünglich war ja gedacht, daß Götz/Weßkamp die ganze
neue Serie »Marlock« schreiben. Ist es nicht eine gewisse Gefahr, wenn jetzt wieder andere Autoren da rangehen?*

Nein. Mir hätte es gefallen, aber das geht einfach nicht, solche Kaliber am Stück zu schreiben, da müssen auch andere
Autoren ran. Denn der Marlock ist eine ganz extrem komplexe Geschichte, wo viel recherchiert werden muß. Bei
Schimanski konntest du dir eine Kriminalgeschichte ausdenken, einen sozialen oder politischen Hintergrund suchen und
die Figur einsetzen. Das erste Buch ist ja auch immer das
schwerste. Da muß man überlegen, wo läuft die Figur hin,
wie kann ich sie erweitern, und – das ist ja das Schwierige bei
einer neuen Figur – wir müssen ihr erst einmal einen Charakter geben. Bei der ersten Folge braucht man dafür Zeit, und
das ist für das Publikum schwierig. Das ist ein Riesenkomplex, und da muß der Zuschauer eben mitspielen. Man weiß
ja: eine solche neue Figur wird nicht unbedingt gleich angenommen, da ist ein Eingewöhnungsprozeß nötig. Wenn die
Figur einmal steht, kann man direkt in die Geschichte reinspringen. Noch vor 15 Jahren, zur Zeit der guten alten Fern-
sehspieltradition, hätten die Leute einfach eineinhalb Stunden vor der Röhre gesessen und die Geschichte verfolgt.
Heute gibt es das nicht mehr. Das kann noch so spannend
sein, da wird zwei-, drei-, viermal umgeschaltet. Und da sind
sie raus. Sie tun sich selber keinen Gefallen, aber die Leute
sind auch überfordert, sie sind nervöser geworden, und jetzt
schalten sie hin und her, und das ist für uns überhaupt fast

nicht mehr zu bewältigen. Deswegen ist Fernsehen im Grunde genommen eine totgeborene Sache.

Also doch lieber Kino?

Ja, doch da sind die Zuschauerzahlen bei uns so fürchterlich, daß man da eigentlich gar keinen Mut mehr hat, als Produzent Geld einzubringen. Es ist eine völlig verfahrene Situation, für meine Begriffe, eine sehr idealistische Aufgabe, so eine neue Figur wie den Marlock mit 90 Minuten rauszubringen. Das ist schwer für den Produzenten, für die Autoren, die Schauspieler. Wir geben mit dem Schimanski eine sehr gute Figur ab und treten sozusagen ins Ungewisse.

Warum nicht mehr Schimanski?

Der gehörte irgendwie in die achtziger Jahre, und wir müssen jetzt eine Figur haben, die kälter ist, die sich der Situation von heute auch anpaßt. Es ist ja alles kälter geworden, die

›Schtonk‹: Unter Minderwertigkeitskomplexen leidet Hermann Willié nicht: Selbst Freya von Hepp (Christiane Hörbiger) liegt ihm zu Füßen.

Geschäfte, unser ganzes Umfeld, es gibt keine Warmherzigkeit mehr, da braucht man eine Figur, die das reflektiert. Anhand einer Figur wie dem Marlock kann man dem Zuschauer zumindest vorspielen, wie das Leben heute ist – wenn wir es schaffen sollten, wirklich realitätsbezogene Geschichten zu erfinden. Und das war ja die Aufgabenstellung: nicht irgendwelche, an den Haaren herbeigezogene Geschichten, sondern Handlungen, die wirklich ökologisch und im sozialen Umfeld – vor allem auch in Zusammenhang mit den neuen Bundesländern – passieren.

Ihr habt es aber beim Schimanski trotz des geringen Fernsehetats doch immer wieder geschafft, daß dieser Kammerspieleindruck, der wie ein Schatten über fast jedem Fernsehspiel hängt, nicht aufkommt.

Ja, weil wir Phantasie aufgebracht haben, wir haben Phantasie reingepumpt wie Sauerstoff ins Wasser. Wir haben uns hingesetzt, haben aus den dramaturgisch schwächeren Büchern versucht das Beste herauszuholen. Ein gutes Buch kostet die Hälfte an Kraft.

Ich darf allerdings nicht vergessen: Es war beim WDR und bei der Bavaria ein Freiraum für uns da, wo ich Dank sagen muß: Es war auch eine mutige Zeit und für mich eine ganz kreative Phase, wo ich sehr viel gelernt, sehr viel vom Film kapiert habe, woran ich mit einer großen, großen Liebe zurückdenke und wovon ich mich schon sehr traurig verabschiede. Aber natürlich verliert man schon Mut bei all diesen Medien- und Boulevard-Beschüssen, weil ja das Publikum überhaupt nicht gehört wird. Man kann es sehen bei der Einschaltquote, aber mit den ganzen Angriffen, das läßt einen ja doch nicht kalt, und da verliert man irgendwann die Lust. Schließlich braucht man ja auch seine Streicheleinheiten, und man will ja doch mal hören: Das ist prima, was ihr da gemacht habt. Nach der Absetzung des Schimanski da nützt es weder uns noch dem Sender. Und der Sender ist ja viel anfälliger. Ich kann eine Kritik wegstecken, der Sensor war immer der Sender. Wenn der 200 Negativ-Briefe bekam, brach die Welt zusammen.

Ich rede immer von mir, natürlich betrifft das uns alle, wenn mal das Wort Scheiße fiel, haben sie schon mit den Ohren gewackelt, und wenn das Wort vögeln fiel, das war dann sowieso untragbar. Aber das ist die Wirklichkeit: Wir werden immer brutaler, immer offener, sexistischer, aber bei so einer Figur, die da doch viel differenzierter war, regte man sich auf.

Horst Schimanski ist wieder da. Im April/Mai 1996 entstand in Duisburg die erste Folge *Schimanski – Die Schwadron*, für November sind die Dreharbeiten für einen zweiten Film geplant, für 1997 zwei, vielleicht auch drei Schimanski-Filme und bei Erfolg geht's weiter. Horst Schimanski ist nicht mehr Duisburger Tatort-Kommissar: Bei der Mordkommission hatte er endgültig gekündigt, jetzt kommt er als Einzelkämpfer zurück. Der erfolgreiche Tatort-Kommissar der ARD, heiß geliebt vom Publikum, oft gescholten von der Presse, hatte damals nach zehn Jahren und 29 Fällen den Dienst quittiert. Die Rückkehr war – kluge Voraussicht – nicht ganz verschlossen: Schimanski endete nicht mit dem Tod des Kommissars. »Jetzt muß das Tatort-Publikum ohne Schimmi auskommen« zitierte ich damals George-Freund, Schimanski-Miterfinder und Tatort-Regisseur Hajo Gies, »es sei denn, die Duisburger Kripo holt ihn nach ein paar Jahren für einen ganz vertrackten Fall zurück, und sei es unter anderen Voraussetzungen.« Das geschieht jetzt. Schimanski, inzwischen Boxtrainer in Belgien, wird im Auftrag von Ilse Bonner, der leitenden Oberstaatsanwältin im Oberlandesgericht Düsseldorf, zurückbeordert. Ein Mafia-Krieg gefährdet die Sicherheit im Ruhrgebiet; Christian Thanner, sein ehemaliger Kollege und Freund, gehört zu den Opfern des Verbrecherrings (Thanner-Darsteller Eberhard Feik starb 1993), jetzt soll Schimanski noch einmal eingreifen ...
Fernsehspiel-Chef Gunther Witte, eine Reihe bewährter WDR-Autoren und Götz George hatten sich schon vor dem Abschied des Tatort-Kommissars eine geeignete Nachfolgefigur für den quotensicheren Fernsehstar überlegt. Nach nur

vier Folgen wurde Umweltagent Carl Morlock aus dem Programm genommen – zu früh, um sich zu etablieren.

Man suchte weiter nach einer Figur, die dem Image des Götz George nahe kam?

Ja, aber immer, wenn man einer Figur ganz nahe war, sah sie wie Schimanski aus. Und dann erklärte ich mich nach einigem Zögern bereit, als Schimanski zurückzukehren. Ich höre manchmal: Da ist ein neuer Kommissar, der hat Köpfchen, der muß nicht durch die Tür springen. Da weiß ich immer: Jetzt bin ich gemeint, aber das Durch-die-Tür-Springen schafft ja auch kein anderer, und wenn das dramaturgisch gefordert ist, dann mache ich das. Es ist eben die Art, wie Schimanski Türen öffnet. Die Leute wollen das sehen. Köpfchen haben wir genug. Wir haben auch dickbäuchige Kommissare, wir haben schwergewichtige Kommissare, aber wir haben keine wirklichen Haudegen, keine sportiven Kommissare, und da muß man ja nicht immer draufschlagen. Sicher, der geht etwas rüde mit der Umwelt um, aber das hat mit ihm was zu tun. Er geht eben nicht polizeimäßig vor, aber das ist eine lebendige Figur.

Es wäre unsinnig gewesen, bei dem Mangel an guten Fernsehfiguren auf den krisensicheren Typ zu verzichten.

Duisburg ist mir in den zehn Jahren nähergekommen, und die Beziehung zu dieser Stadt ist bei mir nie versiegt. Hier wird eins zu eins gelebt, eins zu eins gesprochen. Da kommen Kumpel während der Dreharbeiten und sehen uns arbeiten und sagen: Ihr malocht ja richtig. Und wenn die zweite Schicht auftaucht, meinen die: Ihr seid ja immer noch da. Wir machen hier etwas, was ganz nahe am Menschen der Region dran ist.

Wieder einmal hast du dir bei einem Stunt eine Beule geholt, doch das gehört inzwischen dazu.

Es werden von Schimanski bestimmte Dinge erwartet, und ich muß jedesmal entscheiden, ob ich das leisten kann. Wenn ich auf die Schnauze falle und wirklich mal nicht drehen

Götz George und Laura Tonko in ›Schimanski – Die Schwadron‹

kann, dann ist das für den Produzenten härter als für mich, weil dem der Drehtag verlorengeht.

Duisburg, der Schauplatz der neuen Schimanski-Filme, hat sich verändert – und die Situation im Revier auch.

Es ist eine neue Zeit, inzwischen ist vieles passiert hier und in der Republik nach der Wende, und darauf müssen und wollen wir eingehen.

Was ist anders, neu beim neuen Schimanski?

Es fehlte dem alten Schimanski die Auseinandersetzung mit unserem neuen Deutschland. Das Umgehen mit Obrigkeit, das Umgehen mit heutigen Themen zwischen alter und neuer Bundesrepublik. Aber auch Duisburg hat sich verändert, ist moderner, gepflegter, auch glatter geworden, in den

80er Jahren war das gestandener, persönlicher, und jetzt ist hier so etwas wie eine Kö entstanden.

Wichtig ist für dich, daß »Schimanski« nicht mehr als Serie von sechs oder acht Folgen gedreht wird.

Ich will nicht mehr unter dem Druck stehen, eine neue Folge abliefern zu müssen, auch unter ungünstigen Umständen, mit schlechten Büchern. Die Geschichten, die Bücher müssen stimmen, wir dürfen uns nicht mehr von den Sendezeiten hetzen lassen.

Das Neue am neuen Schimanski ist die Tatsache, daß er voll in Duisburg entsteht, nicht mehr im Atelier in München, nicht mehr die Situation, daß streng nach Außendrehterminen und Studiodreh unterschieden wird.

Hast du heute noch Zeit zum Theaterspielen?

Zeit ist nicht das richtige Wort. Ich habe Tourneetheater gemacht, und die Leute auf dem Land haben alles gesehen, die Hoppe, den Quadflieg – sie sind für schwere Stücke wie den *Platonow* nicht mehr zu gewinnen. Da sitzen sie im Zuschauerraum und möchten am liebsten per Fernbedienung einen anderen Kanal einstellen. Es geht halt nur noch Boulevard.

Der Vorzug der Schimanski-Figur: bei uns sind alle Serien, alle Figuren nachgemacht, haben amerikanische Vorbilder, der Schimanski ist deutsch, hier im Ruhrgebiet als eigenständige Figur entwickelt, eine Mischung aus Bratkartoffeln und guter amerikanischer Action. Auch Hänschen kommt wieder, in einer der nächsten Folgen des neuen Schimanski wird Chiem van Houweninge wieder mit von der Partie sein. Der holländische Theaterautor, Regisseur und Schauspieler war eine der Stützen des alten Teams.

Eddie mag nur starke Typen

Aus einem Gespräch mit Eddie Constantine

Sie sagten, es gibt keine Stars mehr, keine Schauspieler mit Charisma. Sie gehen nicht mehr ins Kino, aber Sie schauen doch sicher Fernsehen?

Ja, nur keine Krimis.

Gibt es im Fernsehen nicht Idole, nicht Typen, die Starprofil haben?

Doch, schon, aber auch ihnen fehlt das, was den Star ausmacht.

Kennen Sie die Serie Tatort? *Samuel Fuller, mit dem Sie in* Helsinki Napoli *spielen, hat einmal einen* Tatort *inszeniert. Der hieß »Die tote Taube auf der Beethovenstraße«. Haben Sie nie einen* Tatort *gesehen?*

Doch, hin und wieder. Aber ich schau' mir nicht gerne Krimis an.

In der Tatort-*Reihe, da gibt es aber einige Folgen und einige Typen, die schon einen Appeal haben.*

Ja, das habe ich bemerkt. Aber ich will mir nicht zuviel ansehen.

Haben Sie einen Tatort *gesehen, wo Sie ein bißchen davon gespürt haben?*

Ja, aber ich will es nicht anschauen, ich will ja nicht beeinflußt sein.

Gibt's da vielleicht so bestimmte Typen, wo Sie meinen, der müßte eigentlich ankommen?

Ja, da ist so ein Typ der heißt – ich weiß nicht – Götz, Götz ...

Götz George?

Ja, Götz George. Der hat etwas.

Wie immer am Ende als Sieger: Eddie Constantine als Lemmy Caution, der französische Kinoheld der fünfziger Jahre

Haben Sie den Vater gekannt, den Heinrich George, einen gro-ßen Bühnen- und Filmschauspieler und Theaterleiter?

Nein. Aber dieser Götz – wie – George, der hat etwas, ich weiß auch nicht ...

Nun, ich frage Sie, weil ich gerade über Götz George schreibe.

Oh, das ist ja sehr gut, daß Sie mich das gefragt haben, wenn ich ihn im Fernsehen sehe, dann habe ich Lust, weiterzuschauen – und das kommt bei Krimis nicht oft vor. Ich finde das meist so dumm. Aber der bewegt sich wie ich es mag.

Sie sagen, der hat so etwas – was meinen Sie damit?

Er schaut so international aus, er könnte ein Amerikaner sein, ein Italiener, ein Franzose – er ist nicht so ein typischer Deutscher –, er hat ein starkes Gesicht mit Ausdruck, mit Motion.

Ja, ich meine so von der Wirkung?

Ja, er wirkt so ehrlich, ein ehrlicher Schauspieler. Er macht das nicht nur, um Geld zu verdienen – das auch, das muß man ja –, aber ich finde, wenn man ehrlich ist und ehrlich arbeitet und wirklich arbeitet – das Publikum spürt das, und deshalb haben manche Schauspieler Erfolg. Der imponiert mir, ich finde ihn schön, ein schöner Mann, ein viriler Mann und auch wieder sehr weich, sehr zart, einfach eine Melange – und das ist sehr wichtig, um ein Star zu werden. Ich glaube, daß er ein Star wird – manche sind ja erst spät Stars geworden, ein James Dean ist ja eine Ausnahme. Bogart war ja auch nicht so jung, oder Clark Gable.

Die Leute wollen solche Männer sehen, die wollen ja niemals Derrick *anschauen.*

Der ist aber erfolgreich, in vielen Ländern und die Tatorte nicht.
Das ist was anderes, die Leute lieben Krimis, und irgendwie für eine Zeit auch die gesichtslosen, die kalten Typen, die keine Wärme, keine Emotion ausstrahlen …

Heinrich George, Berta Drews, Götz George – eine Schauspielerfamilie

Der Vater

Er war knappe dreiundfünfzig Jahre, als er 1946 im sowjetischen Internierungslager Sachsenhausen an den Folgen einer Blinddarmentzündung starb: Heinrich George, einer der ganz großen Bühnen- und Filmschauspieler und Theaterregisseure. Als Georg August Friedrich Schulz war er am 9. Oktober 1893 in Stettin geboren worden, in seiner Geburtsstadt hatte er Schauspielunterricht genommen und 1912 in Kolberg, Bromberg und Neustrelitz Theater gespielt. Schwer verwundet im Ersten Weltkrieg, spielte er 1917 bis 1921 in Dresden, Frankfurt/Main und Darmstadt. Als er 1923, nach erst einjähriger Theaterarbeit, in Berlin gemeinsam mit Elisabeth Bergner und Alexander Granach das *Schauspielertheater* gründete, hatte er schon eine reiche Theatererfahrung hinter sich. 1925 bis 1929 war die *Berliner Volksbühne* sein Forum. Dort stand er bei Erwin Piscator als Satin in Gorkis *Nachtasyl,* bei Erich Engel als Galy-Gay in Bertolt Brechts *Mann ist Mann* auf der Bühne. 1927 inszenierte er zum ersten Mal selbst, zwei Jahre später berief man ihn ans *Staatstheater.* Bald wurde er Intendant, später Generalintendant des *Schiller-Theaters.* Heinrich George war der große Heldenstar: *Wallenstein*, der Franz Moor in Schillers *Die Räuber,* Shakespeares *Fallstaff, Der Marquis von Keith, Florian Geyer, Othello, Der Fuhrmann Henschel, Der Richter von Zalamea, Faust* und der *Götz von Berlichingen* waren Rollen, die ihm auf den Leib geschrieben waren.

Früh entdeckte ihn auch der Film. Auf der Leinwand wurde er ganz rasch zu einem der beliebtesten deutschen Schauspieler. Zu sehen ist Heinrich George in frühen Stummfilmen wie *Kean, Lola Montez* oder *Lukrezia Borgia,* berühmt machte ihn die Rolle des Maschinenarbeiters Groth in Fritz Langs *Metropolis,* später begeisterte er als Emile Zola in Richard

Vater Heinrich George in Beschützpose: Hier mit Kristina Söderbaum in Veit Harlans Nazi-Propagandafilm ›Kolberg‹

Oswalds *Dreyfus,* als Franz Biberkopf in Phil Jutzis Döblin-Verfilmung *Berlin Alexanderplatz.*
Herbert Ihering, Chronist des deutschen Theaters und Films in den dreißiger Jahren, schrieb über den Döblin-Film: *»Heinrich George legt eine grandiose Solonummer hin. Er zieht alle Register vom naiven, dumpfen Michel bis zum rasenden Kraftlackel. Simson vom Alexanderplatz. Aber er zieht eben – Register«.*
Doch wie sehr Ihering den Schauspieler George schätzte, geht aus einer Theaterkritik von 1925 hervor. Hier schrieb er über Erwin Piscators Inszenierung des politischen Revolutionsstücks *Sturmflut* an der Volksbühne:
»Außerordentlich Heinrich George. Wenn man bedenkt, was

sonst an falscher Diskretion, an falschen Tränen in Berlin gelei-
stet wird – eine durch ihre nüchterne Klarheit, männliche Si-
cherheit, durch ihren sachlichen Humor faszinierende Gestal-
tung. Georges Granka Umnitsch zerfließt nur einmal im
Walde. George spielt einen Volksmenschen, keinen posieren-
den Heros. So gelingt es ihm mühelos, über den Bruch zwi-
schen der Privatexistenz und der Bedeutung der Rolle hinweg-
zukommen. Er spielt dokumentarisch.«

Heinrich George, der entscheidend zum Ansehen seiner
Schauspielergeneration beigetragen hat und in der Weimarer
Republik eher den progressiven Kräften zugerechnet wurde,
war gerade wegen der von ihm ausgehenden Persönlichkeits-
kraft ein dankbares Objekt für die staatliche Kunstproduk-
tion. Wie mit solchen Kräften manipuliert werden kann, das
zeigten die Machthaber des Dritten Reiches aufs deutlichste:
In *Hitlerjunge Quex* spielte George die menschlich rührende
Person des kommunistischen Vaters, dessen Junge Pimpf geworden ist und der von dessen Hitlerjugendführer eine Lek-
tion in Vaterlandsverehrung erhält. Gerade dadurch, daß Regisseur Hans Steinhoff hier den Vater und Kommunisten
nicht als düstere Unperson schilderte, sondern als einen Ver-
blendeten, der am Ende erkennt: »Hier ist eine Kraft, die
stärker ist« (natürlich der Nationalsozialismus), überzeugt er
um so mehr. Dies mag neben dem Nettelbeck in Veit Harlans
Kolberg die gefährlichste und ideologisch wirkungsvollste
Rolle Heinrich Georges in der Nazizeit gewesen sein. Anders
als Werner Krauß, Emil Jannings und Otto Gebühr, die Härte
und Unerbittlichkeit ausstrahlten, war er in seinen Rollen
nicht nur der Herrschende, sondern auch zugleich verständ-
nisvoller Vater und Mensch, und damit eine um so überzeu-
gendere Identifikationsfigur.

So erschütterten seine Rollen des Andreas Schlüter oder des
Peter Henlein das Publikum und machten es gefügig auch für
das, was über die Rampe und von der Leinwand herab in Pro-
pagandaabsicht verströmt wurde. Anders als die vielen, die
sich in herausragender Stellung opportunistisch dem Nazi-
staat zuwandten, ließ sich Heinrich George ähnlich wie
Gustaf Gründgens – in vollem Glauben an seine darstelleri-

sche Profession – für eine Ideologie benutzen. Neben den Propagandafilmen (zu denen auch *Friedrich Schiller, Jud Süß, Andreas Schlüter* zählten) gab es aber immer wieder herausragende Charakterrollen wie die Titelrolle in Gustav Ucikkys Puschkin-Verfilmung *Der Postmeister.* 1933 inszenierte Heinrich George den Film *Schleppzug M 17,* in dem er selbst, neben seiner Frau Berta Drews, die Hauptrolle spielte.

Götz George über Heinrich George

Mein Vater hätte heute keinen Stellenwert mehr. Diese ganze Generation von großen Schauspielern ist ausgestorben. Und zwar zu einem Zeitpunkt, wo vielleicht noch ein oder zwei Giganten etwa von 1960 bis 1965 existiert haben, aber die sind sozusagen verkümmert. Bei meinem Vater wäre das genauso gekommen, wenn er weitergelebt hätte. Der hätte die fünfziger Jahre noch so gerade durchgestanden, vielleicht mit 'ner Intendanz und mit zwei, drei oder vier nachhaltig tollen Filmen – weil da halt noch die Crew der guten Regisseure vorhanden war, aber Sie glauben doch nicht, daß sich auch nur ein Jungfilmer rangewagt hätte an dieses Genie. Der wäre beschäftigungslos herumgelaufen. Im Fernsehen hätte er vielleicht als absolute Anerkennung seiner Kunst einen *Tatort*-Kommissar angeboten bekommen. Der hätte doch gesagt: Ich scheiß' euch vor den Koffer, das hat doch mit dem Beruf nichts mehr zu tun. Und dieses Intendantenkarussell hätte er doch nicht mitgemacht.

Was wir heute treiben, ist nichts weiter als ein Überlebenstraining. Bei einem Film oder Fernsehspiel geht's mal auf, aber das ist immer sehr kurzfristig. Ein Star wie mein Vater konnte einen hervorragenden Film machen und gleichzeitig einen Flop landen, man hätte es ihm nicht übelgenommen. Er konnte *Heimat, Wenn der Hahn kräht* und den *Postmeister* drehen, alles hatte die gleiche Qualität – durch ihn. Das waren Sachen, die hatten Bestand. Eine Rolle in den Sand zu setzen, wurde nicht übelgenommen. Heute nimmt man mir schon übel, wenn ich einen Kommissar spiele. Der Beruf ist ein Vabanquespiel geworden, und deshalb muß man spekulieren wie an der Börse. Man kauft sich dann lieber ein Papier, wo man weiß, das funktioniert. Denn es gibt nichts Schlimmeres als dreieinhalb Monate intensiv an einem Film zu arbeiten und dann ein Resultat zu haben wie *Aus einem deutschen Leben,* wo dann so dreihundertfünfzig Leute reingingen. Das zahlt sich nicht aus – weder für mich noch für die anderen. Genauso ist es auch am Theater. Du mußt gewisse Kompromisse einfach eingehen. Das ist das Fürchterliche in der heutigen Zeit, wo das Fernsehen einfach so dominierend ist, und sich jeder überlegt: Heute abend habe ich zwar 'ne Karte für *Lulu,* aber vielleicht guck' ich doch lieber Fußball.

Für mich war in meiner Jugend Vater immer ein großes Vorbild; Mutter merkte, was ihr da als Persönlichkeit verlorengegangen war; das steigerte sich dann bis zu ihrem Tod, als sie erkannte, was für Hühner da am Theater herumlaufen und daß Heinrich George – wie Jürgen Fehling sagte – der Steinadler gewesen ist in einem Hühnerhaufen. Nach dem Krieg war es ja nun wirklich so, daß du zwar ambitionierte, aber durch den Krieg ausgelaugte Schauspieler hattest, die mit Mühe und Not wieder versuchten, anzutraben. Und da gab es eben noch Fritz Kortner, es gab Horst Casper und Walter Frank und ein paar aus der zweiten Garde; keine Phantasie, keine Großzügigkeit, kein großes Theater.

Wir redeten viel über das Theater der damaligen Zeit und über Vater. Da wurde das zu einem Freundschaftsbild, und dann sah ich ja viele Filme von ihm und sagte: Mensch, so möchtest du wirklich mal werden. Deshalb war diese Begegnung mit Vater, obwohl sie gar nicht stattgefunden hat, für mich so nachhaltig.

Die Mutter

Neben Bernhard Minetti, Martin Held und Carl Raddatz gehörte Berta Drews zu den großen Charakterfiguren des deutschen Nachkriegstheaters, niemand auch nur annähernd Vergleichbaren sah man zu jener Zeit auf deutschen Bühnen. Dabei hatte die 1901 in Berlin geborene, in Stettin und Posen aufgewachsene Schauspielerin eigentlich Sängerin werden

Berta Drews mit ihren Söhnen Jan und Götz (1942)

wollen. Drei Jahre lang hatte sie an der Berliner Musikhoch-
schule studiert, doch dann war sie an Max Reinhardts Schauspielschule gegangen. 1924 debütierte sie am Württembergi-
schen Landestheater in Stuttgart und ging zwei Jahre später
an Otto Falckenbergs *Münchner Kammerspiele.* Dort spielte
sie Gerhard Hauptmanns *Dorothea Angermann,* die Hanne
Schäl im *Fuhrmann Henschel,* die Frau Motes im *Biberpelz,*
das Julchen in Carl Zuckmayers *Schinderhannes,* die Eliza in
George Bernard Shaws *Pygmalion,* die Jenny in Bertolt
Brechts *Dreigroschenoper,* in Ferdinand Bruckners *Krankheit der Jugend,* in Frank Wedekinds *Frühlingserwachen.* 1930

holte man sie ans Staatstheater nach Berlin. Als sie am Gendarmenmarkt die Adelheid in Goethes *Götz von Berlichingen* darstellte, begegnete sie Heinrich George, dem Titeldarsteller des Stücks. Mit ihrer zweiten Berliner Rolle kam dann der ganz große künstlerische Durchbruch: 1931 an der *Berliner Volksbühne* in Frank Molnars *Liliom* als Marie neben Hans Albers in der Titelrolle. Berta Drews gehörte jetzt zu den großen Schauspielerinnen. Sie spielte in Ibsens *Peer Gynt* die Solveig, die Frau Hurtig in Shakespeares *Heinrich IV.*, in Schillers *Don Carlos* die Eboli und die Orsina in Lessings *Emilia Galotti*.

Seit der Ehe mit Heinrich George war ihre Bühnenarbeit hinter die neuen Pflichten als Hausfrau und Mutter der beiden Söhne Jan und Götz zurückgetreten. Da sah man Berta Drews seltener auf der Bühne, der alte Herr hätte am lieb-

Götz George und Mutter Berta Drews 1973 zusammen auf der Bühne: ›Thérèse Raquin‹

In der ›Fastnachtsbeichte‹ übernahm Berta Drews die Rolle der Mutter: wie im richtigen Leben.

sten gesehen, wenn sie ganz verzichtet hätte, doch dazu war sie zu sehr Schauspielerin. Dann war der Krieg zu Ende, Heinrich George kam in Gefangenschaft, wurde krank und starb.

Berta Drews begann noch einmal von vorne, mußte noch einmal von Null anfangen. Der Reichtum war verschlungen, das große Haus nur noch Ballast: Berta Drews mußte jetzt Geld verdienen, Kinder großziehen. Sie baute eine Karriere auf, erst jetzt wurde sie die große, reife Charakterdarstellerin, als die sie dreißig Jahre lang das Berliner Theaterleben in Bewegung halten sollte. Eine ihrer letzten großen Bühnenrollen spielte sie neben Martin Held in dem russischen Rentnerstück *Einmal Moskau und zurück* von Alexander Michailowitsch Galin: eine alternde Ballerina, zweihundertmal auf der Bühne, ein rauschhafter Erfolg am Ende.

Mit Berta Drews verlor das deutsche Theater eine überragende Schauspielerin. Das arme deutsche Kino hatte für sie ohnehin nur wenige Rollen, in denen sie sich entfalten konnte. Unter ihren zwei Dutzend Filmen gab es ein paar kleine schauspielerische Kostbarkeiten, die oft aus Klischee und Untalent herausragten: die Erzieherin in Alfred Brauns *Mädchen hinter Gittern,* das Fräulein Peuthert in Falk Harnacks *Anastasia,* die Frau Bäumler in William Dieterles *Fastnachtsbeichte,* wo Götz ihren Sohn spielt, die Frau Brehm in Erica Balquets *Zu jung für die Liebe.* Auch in einigen der ganz, ganz wenigen guten Filme war sie zu sehen, wie etwa in Wolfgang Staudtes dänisch-deutschem Film *Ciske, ein Kind braucht Liebe* als Frau Freimuth in der deutschen Version, als Mutter Braats in Wolfgang Petersens Kinodebüt *Einer von uns beiden* und als Oma Anna in Volker Schlöndorffs *Die Blechtrommel,* eine Rolle, die – wie sie in ihren Erinnerungen schrieb – ihr einen Traum verwirklichte: noch einmal die alte Heimat wiederzusehen.

»Sie trifft die massiv ordinäre Damenhaftigkeit solcher Existenzen ohne jede Übertreibung, ohne Grellheit großartig« schrieb Friedrich Luft 1950 über ihre Darstellung in Helmut Käutners Bühneninszenierung von Arthur Millers *Tod eines Handlungsreisenden;* oder ein andermal: »... die älteste der Schwestern, die um Liebhaber und Bräutigam gefoppt wird. Sie hat eine gute Art, das Hochfahrende, Bessergestellte und Einfältige dieser Figur darzustellen«, über Karl Heinz Stroux' *Bernarda Albas Haus* von Llorca, 1952; »Ein rosa Stück mit kleinen, schwarzen Borten. Der von falschem Pathos starrende Drache von einer alternden Tragödin. Das macht die herrliche Berta Drews mit allen Mitteln der Komik, die auch noch die Drastik erträglich macht«, über Käutners Inszenierung von Anouilhs *Colombe;* Lufts Kritiken sprachen von ihrer »prallen Direktheit«, dem »volksliedhaften Kind der Liebe«, der »Wandlung von der Straßensängerin zur flotten Geschäftsfrau, daß die Ahnenbilder im Schloß wackeln«. Der unerbittlich strenge Herbert Ihering begeisterte sich über ihre Marie in Molnars *Liliom:* »Äußerste Schlichtheit und künstlerische Beherrschung der Mittel. Innere Kraft, keine Sentimentalität – Wundervoll.«

Götz George über Berta Drews

Diese Umstrukturierung, der verlorene Krieg und Vaters früher Tod, haben mich ganz eigenständig denken lassen. Das

Berta Drews mit den Söhnen Jan und Götz

heißt immer auch als Schutzpatron oder – so habe ich mich zumindest in jungen Jahren und auch dann später immer gefühlt – sozusagen als Beschützer meiner Mutter, die auf einmal auf sich selbst gestellt war und eigentlich ja gar nicht so viel künstlerische Erfahrung gehabt hat; sie war ja sehr behütet in dem Georgeschen Kreis und war eine Schauspielerin, die zur Mutter degradiert war.

Sie wurde als Schauspielerin nicht so gefordert, durfte mal spielen, aber Vater sah das nicht so gerne. Er wollte ein intaktes Familienleben.

Damals, in den frühen dreißiger Jahren, hat sie fast gar nicht gespielt. Sie wurde da sehr zurückgehalten, mußte sich ja auch notgedrungen um die Kinder kümmern, das war die Aufgabenstellung, die Vater verlangte.

Finanziell war ja alles völlig abgesichert durch seine Popularität und seinen Fleiß. Darunter hat Mutter bis zu einem gewissen Grad gelitten, weil sie natürlich auch spielen wollte. Und es war für sie doppelt hart, dann wieder anzutreten – nach dem Krieg.

Mutter hat nach seinem Tod wirklich neu angefangen, richtig zu spielen und vielleicht zu leben. Sie mußte von Wannsee, wo wir wohnten, zum Anhalter Bahnhof, morgens zum Proben, dann wieder zurück – den Kindern Essen kochen – und abends dann zur Vorstellung.

Also das war eine Zeit, die wir ihr ungeheuerlich danken, denn da hat sie sich wirklich um die Kinder und um ihren Beruf verdient gemacht.

Nun waren die Zeiten damals anders. Das würde heute keiner mehr schaffen. Hinzu kommt, daß sie sich bestätigen mußte und wollte. Sie hat mit den größten Regisseuren gearbeitet, hat natürlich zwischenzeitlich auch Fernsehen gemacht, aber nur wenn ihr Zeitplan es zuließ. Sie hat oft ihre Sommerferien geopfert und mit Staudte gearbeitet. Die große Zeit war die mit Hans Lietzau. Lietzau und sie waren ein Gespann. Unter seiner Hand zu arbeiten war für sie ein Glücksfall. Das gibt's ja in dieser Kontinuität nicht mehr. Lietzau war ja quasi der Hausregisseur in Berlin. Sie hat fast bis zu ihrem Tod Theater gespielt.

Der Sohn

Mit solchen Eltern – vor allem einem solchen Übervater – im
Rücken muß man sich schon behaupten, vor allem wenn die
Legende einem andichtete, daß Götz von Berlichingen für
den Vater so sehr Identifikationsfigur war, daß er den Sohn
nach ihm benannte.

*Der Übervater im Rücken: der fünfzehnjährige Götz George mit seiner
Mutter vor einem Porträt Heinrich Georges*

Fünfzehn Jahre Papas Kino –
1953 bis 1968

Götz George beginnt seine Kinokarriere in Komödien, Krimis, Schul- und Liebesgeschichten. Der Fünfzehnjährige ist Partner der jungen Romy Schneider in *Wenn der weiße Flieder wieder blüht* – obwohl er da erst eine Mini-Rolle spielt – und buhlt gemeinsam mit Burgschauspieler Walther Reyer um die Gunst von Johanna von Koczian in Wolfgang Liebeneiners *Jacqueline*. Er spielt mit Sonja Ziemann und Elke Sommer, Marie Versini und Eleonora Rossi-Drago. Auf gut zwei Dutzend Spielfilme bringt es Götz George zwischen 1953 und 1968 – fünfzehn Jahre Papas Kino! Warum er nicht schon damals zu den beliebtesten Stars gehörte? Vielleicht, weil ihm die oberflächliche Schwerelosigkeit fehlte, weil es in seinen Rollen stets etwas gab, das nicht so leicht zu fassen, nicht so leicht wegzuschieben war – Götz George repräsentierte im Film eine Figur mit Kanten und Widerhaken. Und daneben spielte er immer wieder auf der Theaterbühne, von 1958 bis 1963 jeweils sechs Monate im Jahr bei Heinz Hilpert in Göttingen.

Doch damals war er schon fast ein Star: 1960 erhielt er das *Filmband in Silber,* einen Bundesfilmpreis für seine liebenswerte Boxer-Rolle in *Jacqueline,* 1961 den *Preis der Deutschen Filmkritik* für seine Rolle in *Kirmes* von Wolfgang Staudte, 1962 zum ersten Mal den *Bambi* als beliebtester Schauspieler – übrigens gemeinsam mit Loni von Friedl, die später fast zehn Jahre lang seine Frau und Partnerin war. Die Filme, in denen er spielte, waren zum größten Teil Dutzendware, doch darunter gab es auch einiges, das auch im nachhinein noch Bestand hatte. So war etwa der bei der DEFA entstandene Film *Alter Kahn und junge Liebe* von Hans Heinrich mehr als alberne Kolportage. Die Geschichte vom Vater, der sich für seinen Sohn aufopfert, und vom jungen Paar, das gemeinsam seine Zukunft in die Hand nimmt, hat schon sehr viel mit der Gegenwart, mit der Zeit, mit der Überwindung der schweren Nachkriegsjahre zu tun. Auch Götz Georges

›Wenn der weiße Flieder wieder blüht‹

fünfte Kinorolle, der Boxer Gustav neben Johanna von Koczian in der Titelrolle *Jacqueline,* war zumindest eine durchgestaltete Rolle, ein unterhaltsames, sicher inszeniertes Kinostück.

›Jacqueline‹

Der nächste Film, in dem er mitwirkte, war Wolfgang Staudtes *Kirmes,* ein Film, der für damalige Verhältnisse von der Thematik her aus dem Rahmen fiel. Er handelt von einem jungen Deserteur, der durch die Gnadenlosigkeit seiner Umgebung in einen einsamen Tod getrieben wurde. Fünfzehn Jahre später kommt die grausame Wahrheit ans Licht: Auf einem Kirmesplatz werden die Gebeine des Unglückseligen ausgegraben.

Das Drehbuch von *Kirmes* hatte Wolfgang Staudte selbst nach einer Idee von Claus Hurdalek geschrieben; der Film hinterläßt einen zwiespältigen Eindruck: Auf der einen Seite ist das in seiner dramaturgischen Konzeption, in der Poesie und in der Bitterkeit der Anklage Kino, das seinesgleichen

Durch seine Rolle in ›Jacqueline‹ wurde Götz George schlagartig zum Hoffnungsträger der deutschen Filmschaffenden; im Hintergrund Johanna von Koczian

sucht, auf der anderen Seite geht Staudte emotional oft an die Grenze – etwa wenn er die Liebesgeschichte der lebens- und liebeshungrigen Französin und des jeder Zärtlichkeit entwöhnten Soldaten Robert erzählt: ganz nahe, ein Tasten nacheinander, ein Sichfinden.

»Aber nicht nur die in der Gegenwart spielende, viel zu summarische Rahmenhandlung, auch die ausgedehnte Rückblende in die Vergangenheit läßt den Zuschauer einigermaßen ratlos. Naive Gemüter und besonders Jugendliche (von den Unverbesserlichen gar nicht zu reden) könnten aus ihr nur allzu leicht den Schluß ziehen: Hätte der Soldat Mertens seine Pflicht getan, wäre er nicht davongelaufen, dann hätte er diese Katastrophe gar nicht angerichtet. Je weiter der Hitlerkrieg uns zeitlich rückt, um so dringlicher muß die moralische Berechtigung zur Desertion aus Hitlers Armeen begründet werden.

Bleibt das Problem, daß Staudte offensichtlich in erster Linie

1960 erhielt Götz George neben Bernhard Wicki und dem französischen Regisseur Claude Chabrol den Preis der Filmkritik

1960 erhielt Götz George auch den Bundesfilmpreis und befand sich damit in bester Gesellschaft: mit Hanns Lothar, Cordula Trantow, Bernhard Wicki, Nadja Tiller, Walter Giller und Edith Schulz-Westrum

interessierte und dem er auch den weitesten Raum ein-
räumte: das Brechtsche Thema von der Unfähigkeit, gut zu
sein in einer unguten Zeit. Alle, die dem Soldaten Mertens
begegnen, tragen, durch den Zwang der Verhältnisse, einen
Teil Schuld an seinem Tode ... Die Personen bleiben, trotz an-
erkennenswerter darstellerischer Anstrengungen, Klischees
oder Papierfiguren (am penetrantesten wohl die Französin,
die mit jedem ins Bett zu gehen und dabei ›geistreiche‹ Bon-
mots über deutsche Spießermoral zum Besten zu geben hat);
denn Staudte hat sich nicht für einen konsequent durchgear-

1962 erhielt G. G. einen Bambi und gehörte damit neben Heinz Rühmann, Paula Wessely, Loni von Friedl, Ruth Leuwerik, Sophia Loren und Rock Hudson zu den beliebtesten Schauspielern in der Bundesrepublik

beiteten Stil entscheiden können. Er schwankt zwischen Karikatur à la *Untertan* und Realismus à la *Rotation«*, schrieb Theodor Kotulla, in der Zeitschrift *Filmkritik* (8/1960).
Dennoch, Wolfgang Staudte hat nach *Kirmes* nie mehr einen Film gedreht, der so sehr die Verlorenheit des einzelnen, die Ausweglosigkeit einer Situation demonstrierte. Ein solcher Film war in der Bundesrepublik 1960, wo Gedankenlosigkeit, Albernheit, Geistesferne und Unbedenklichkeit gegenüber Geschichte und Gegenwart die Leinwand füllten, einfach von ganz großer Bedeutsamkeit. Natürlich löste ein solcher

Zündstoff Hohn und Wut aus, denn einer, der nicht nur seine Fahne verrät, sondern auch seine Distanz verliert, so jemanden kann und darf es nicht geben ... oder?

Kirmes gehörte zu den wenigen damals in der BRD entstandenen Filmen, die sich konsequent und kompromißlos gegen Krieg und Faschismus aussprachen.

›Kirmes‹

»Angeklagt ist allein der Krieg, und gemeint ist, daß es nur ein moralisches Verhalten gibt: Mit aller Kraft gegen den Krieg zu sein, den Anfängen zu wehren. Wenn es zu spät ist, gibt es nur noch Opfer, Opfer des Krieges und nicht nur Opfer des Tötens«, sagte Wolfgang Staudte zu seinem Film.

Für Götz George, der den desertierenden Robert Mertens spielt, wurde das eine ganz große Herausforderung. George hatte ein Jahr vorher für die Rolle des Gustav Bäumler in Wolfgang Liebeneiners *Jacqueline* den Bundesfilmpreis erhalten, Staudte hatte ihm die erste Hauptrolle in einem Film gegeben, der internationale Anerkennung fand und neben Bernhard Wickis *Brücke* und Kurt Hoffmanns *Wir Wunderkinder* zu den ganz wenigen westdeutschen Filmen gehört, die sich überhaupt ernsthaft dem Thema Nationalsozialismus gestellt haben. Das Kinopublikum war irritiert, reagierte teilweise mit Ablehnung und Wut, vielleicht wohl, weil die Mehrheit der Deutschen einem Deserteur, einem Vaterlandsverräter, auch heute noch Verachtung entgegenbringen würde.

Auf diese irritierende *Kirmes* folgte wieder eine konventionellere Arbeit für Götz George: William Dieterle, gerade aus den USA zurückgekehrt, besetzte ihn als Clemens Bäumler in seiner Verfilmung von Carl Zuckmayers *Die Fastnachtsbeichte,* doch dem großen Hollywood-Regisseur war kein glückvolles Comeback gelungen. Zwar bot der Film im Gegensatz zur Monumentalschnulze *Herrin der Welt,* mit der Dieterle 1959 seinen bundesdeutschen Einstand gegeben hatte, gepflegte Kinounterhaltung, doch außer den Darstellerqualitäten und der Tatsache, daß Berta Drews im Film Götz Georges Mutter spielt, gab es kaum etwas Bemerkenswertes. Im gleichen Jahr, 1960, spielte Götz George eine Hauptrolle in Leopold Laholas Kriegsgefangenenfilm *Der Teufel spielt die Balaleika,* der zwar von zahlreichen Kritikern bei uns hoch gelobt wurde, aber im Grunde nur Klischees und Vorurteile verbreitete. Für Götz George war es kein Weg nach vorne, allenfalls eine interessante Erfahrung.

Im Jahr darauf arbeitete er an vier Filmen mit. In Helmuth Ashleys *Mörderspiel,* der Geschichte eines krankhaften Frauenmörders, spielte er neben ausgezeichneten Schauspielern

Götz George und Ursula Heyer in ›Die Fastnachtsbeichte‹

wie Robert Graf und Wolfgang Reichmann und lernte den großen schwedischen Kameramann Sven Nykvist kennen und bewundern; an Alfred Vohrers *Unser Haus in Kamerun* verärgerte die unsäglich banale Handlung, und Paul Verhoevens Verfilmung des Boulevard-Bestsellers *Das Fenster zum Flur* unter dem Kinotitel *Ihr schönster Tag* war allenfalls für Inge Meysel ein großer Erfolg. Jürgen Goslar schließlich versuchte mit *Das Mädchen und der Staatsanwalt* aus einer haarsträubenden Kolportagestory einen guten Film zu machen.

Popularität für Götz George bedeutete eine von Harald Reinls Kreationen. Der österreichische Arnold-Fanck-Schüler und promovierte Rechtsanwalt hatte mit der Entdeckung von Karl Mays beliebten Jungen-Schmökern fürs bundesdeutsche Kino eine ausgezeichnete Nase. Der Mann, der den Heimatfilm und das Familienkino à la *Rosen-Resli* erfunden hatte, kreierte mit den zum Teil in Jugoslawien gedrehten Winnetou-Filmen nicht nur für die BRD ein Erfolgsgenre, sondern wurde dadurch auch zum Vater des europäischen Western. Denn ohne Reinls *Schatz im Silbersee* hätten weder Sergio Corbucci noch Sergio Leone ihre Italo-Western gedreht. In diesem ersten deutschen Western spielt Götz George neben Old Shatterhand Lex Barker und Winnetou Pierre Brice den jugendlichen Helden Fred Engel, für den er – übrigens im gleichen Jahr wie seine spätere Frau Loni von Friedl – mit dem *Bambi* ausgezeichnet wurde.

Von Sergio Leone war Götz George damals begeistert.

Ich wurde damals ein ganz großer Fan von Leone und ich dachte mir, so muß man Filme drehen, und da interessiert's mich überhaupt nicht, ob das ein Western ist oder ein ambitionierter Krimi oder was weiß ich. Leider habe ich nie mit Leone gedreht.

Der erste Italowestern, den ich gesehen habe, war Leones Für eine Handvoll Dollar. *Das war eine ganz klare Sache, schon vom Outfit her so genial, daß dann, was danach folgte eigentlich immer nur nachgeahmt schien. Das war Leones ganz große Zeit. Später habe ich dann in Italien von ihm Kolossal-Schinken gesehen, da merkte man einfach, daß er für diese Aufgabenstellung gar keinen Sinn hatte.*

›Ihr schönster Tag‹, der auch unter dem Titel ›Das Fenster zum Flur‹ lief: Götz George und Sonja Ziemann

Da kenne ich auch ein Stück Vorgeschichte. Ich war mit Sieg-hardt Rupp sehr gut befreundet, und den hatte gerade die Con-stantin-Film eingekauft. Man kriegte damals so einen Options-vertrag und mußte für eine feste Gage drehen. Dadurch hatten

Kraftpaket George: ›Der Schatz im Silbersee‹

die sich Schauspieler und Termine gesichert. Ich hatte bei der UFA einmal einen Vertrag über drei, vier Filme.

Also Sieghardt Rupp kam damals völlig verzweifelt zu mir nach Madrid, wo wir einen Western drehten – Sie nannten ihn Gringo hieß der, und der Regisseur war Roy Rowland, ein

G. G. als Mace in ›Sie nannten ihn Gringo‹

Amerikaner, der neue Maßstäbe setzen wollte, zumindest für den deutschen Film. Also Rupp hatte gerade bei Leone Für eine Handvoll Dollar *gedreht und war tief gekränkt. Er sagte, so etwas hätte er noch nie erlebt: ein amerikanischer Schauspieler, der also nur noch mit Hanteln trainiert und auch ganz schlecht ist, aber irgendwo hat er durch seine Einfachheit schon wieder was, was aber nicht mit der wirklichen europäischen Schauspielkunst zu vergleichen ist: also einfach ein Amerikaner – das glaubt man einfach nicht –, und ein noch schlimmerer Regisseur, der permanent mit einem weißen Hut rumläuft, weil er sonst einen Sonnenbrand kriegt, und immer wie ein rosa Schweinchen aussieht und der den Clint Eastwood – das war der Schauspieler – bekniet, er solle doch wenigstens eine kleine Reaktion im Gesicht haben, wenn er den Saloon betritt. Und der ging immer wieder raus und kam jedesmal mit dem gleichen Gesichtsausdruck rein, ohne etwas zu machen, bis der Leone verzweifelte, und natürlich auch die deutschen Schauspieler, die das überhaupt nicht kapierten, weil wir ja prädestiniert sind, eher viel zuviel zu machen, um uns zu beweisen. Doch dieser Clint Eastwood blieb stur, er sagte, er mache das, und dann kam wieder die Klappe, Kamera, Action, und dann kam er wieder rein, wieder mit dem gleichen unbeweglichen Gesicht. Also Rupp hatte das so plastisch erzählt, daß ich es nicht vergessen habe. Drei Monate später rief mich Sieghart an und sagte: Du mußt dir unbedingt den Film angucken. Ich habe mich völlig getäuscht, das ist für mich eine Offenbarung. Der Film ist so toll. Das war* Für eine Handvoll Dollar. *Und als ich das sah, merkte ich, wie sehr sich das von unseren Karl-May-Schinken abhob. Aber daran sehen Sie beispielsweise unsere deutsche Märchenerzählweise. Die Italiener, die haben das ja dann verfeinert. Was die für ein Outfit haben, was für ein Gespür, wie man Leute anzieht, wie man Situationen beschreibt, wie man Spannung erzeugt, wie man Geschichten erzählt. Da war ja jeder Italowestern besser als die amerikanischen Western, weil er einfach vom Outfit her so toll war, wenn man da nur diese langen Staubmäntel sieht. Und als Leone dann den großen, herrlichen Film* Spiel mir das Lied vom Tod *gedreht hat, so etwas habe ich im amerikanischen We-*

›Nur tote Zeugen schweigen‹

stern nie gesehen. Das ist einfach eine Umsetzung, das hätten
wir nie geschafft.   *(G. G.)*
Kaum einer der Filme, die Götz George in den kommenden
Jahren drehte, erweckte besondere Aufmerksamkeit. Die
routinierte Arbeit des Spaniers Eugenio Martin *Nur tote Zeu-*
gen schweigen war trotz routinierter Regie wenig weltbewe-
gend; auch Kurt Hoffmann enttäuschte mit der Komödie
Liebe will gelernt sein, die immerhin auf einem Bühnenstück
von Erich Kästner basierte, der auch das Drehbuch verfaßt
hatte. *Liebe will gelernt sein* war übrigens der erste Spielfilm,
in dem Götz George an der Seite von Loni von Friedl gespielt
hat. Immerhin war Hoffmann so routiniert, daß das Ganze
doch stellenweise spritzig und unterhaltsam ablief.

51

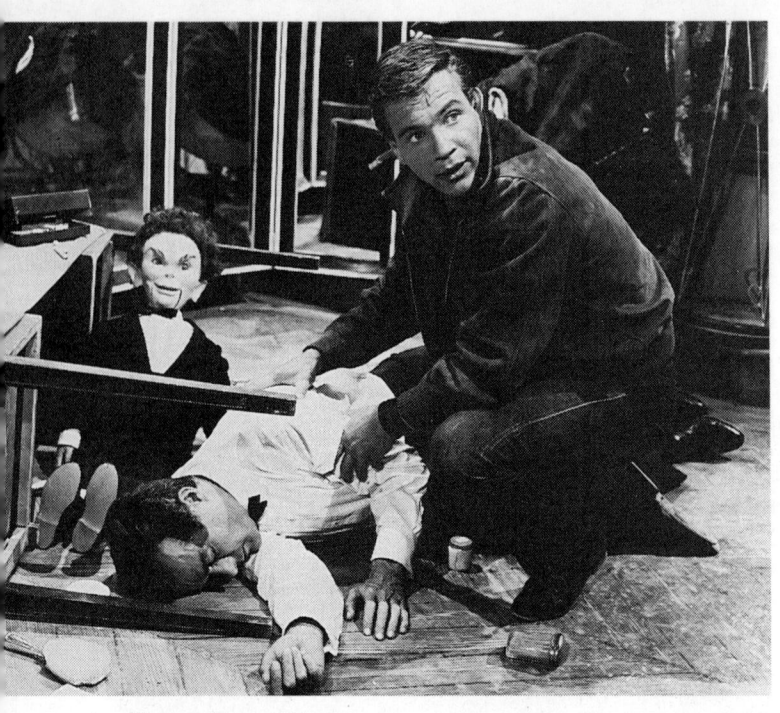

›Nur tote Zeugen schweigen‹

Edwin Zboneks *Mensch und Bestie* von 1963 basierte auf einer Idee von Robert Azderball und war eine *Kain & Abel*-Geschichte, war eine düstere Fluchtgeschichte von zwei Brüdern. Der eine ist KZ-Aufseher, der andere schlägt sich zu den Russen durch, um die Ermordung der Häftlinge zu verhindern. Doch der Film, vom Drehbuch her beachtlich, war so schleppend inszeniert, daß sich nach der Premiere bei den Berliner Filmfestspielen 1963 kein Verleiher fand. Das realistische Thema und der hoffnungslose Ablauf der Story verurteilten den Film ohnehin von Anfang an dazu, ein Flop zu werden. Erst im Jahre 1980 erschien der Film dann unter dem Titel *Die Flucht* völlig umgeschnitten kurz in den Kinos, war aber ganz rasch wieder verschwunden.

›Mensch und Bestie‹: Götz George in der Rolle des Franz

1963 drehte Wolfgang Staudte seinen zweiten Film mit Götz George: *Herrenpartie,* thematisch eine Abrechnung mit dem ewig deutschen Nationalismus und Militarismus: Ein Männergesangsverein kommt in ein jugoslawisches Dorf, in dem unter den Nazis alle Männer hingerichtet wurden. Haß schlägt den Deutschen entgegen, und diese antworten, weil sie nichts begreifen, mit militärischer Strategie. Als eine Brücke in die Zukunft wollte Wolfgang Staudte diesen Film sehen, doch so ganz sollte das damals in den sechziger Jahren nicht überzeugen: Zu sehr bleibt die Ausgangssituation konstruiert. Denn zwanzig Jahre nach Kriegsende ist ein solches Dorf ohne Männer auch in einer solchen Lage nicht denkbar. In der Realität hätten diese paar Deutschen nicht gewagt, die Einwohner zu bestehlen, allein, weil diese in der Übermacht waren. Stilistisch gelingt es nicht überzeugend, die satirisch-kabarettistischen und realistischen Elemente zu vereinen.

Manfred Delling hat in der Zeitschrift *Film* (1964/Nr. 8) folgendes geschrieben: »*Das Erzübel des deutschen Films, der Realität auszuweichen oder sie zu manipulieren, hat der Einzelgänger Staudte so sehr vermieden, daß selbst diejenigen, die erfreulicherweise dauernd nach Realität im deutschen Film verlangen, sie, mit ihr konfrontiert, schon nicht mehr zu erkennen in der Lage sind. Ich glaube nicht, daß der Fall Wolfgang Staudte, wie Uwe Nettelbeck gesprächsweise meinte, eine ›ebenso rührende wie hoffnungslose Angelegenheit‹ ist …* Kein deutscher Film der letzten Jahre forderte zu solch ernsthafter Auseinandersetzung heraus wie diese* Herrenpartie.«

Der Film fand sein Publikum nicht, und man startete in der konservativen Presse – etwa dem Filmwirtschaftsblatt *Filmecho* – gezielte Polemik gegen den Film.

Herrenpartie ist dennoch neben *Rosen für den Staatsanwalt* und *Kirmes* einer der wenigen bedeutsamen BRD-Produktionen des deutschen Regisseurs, der sein Hauptwerk (beispielsweise *Die Mörder sind unter uns* und *Der Untertan*) in Babelsberg in der DDR gedreht hat.

Zudem zählt *Herrenpartie* zu den wichtigsten westdeutschen Nachkriegsproduktionen.

Götz George spielt die wichtige Rolle des Herbert Hacklän-

EIN FILM VON WOLFGANG STAUDTE

HERRENPARTIE

NEUE-EMELKA-VERLEIH SCHORCHT

Herbert Hackländer alias Götz George bemüht sich nach Kräften um Versöhnung: ›Herrenpartie‹

der, der gegen seinen Vater und die anderen »alten Herren« opponiert. Nach *Kirmes* ist dies erst seine zweite große, überzeugende Rolle in einem wichtigen Film.

Nach *Herrenpartie* gab es für ihn wieder nur bedeutungslose Rollen: ein paar Karl-May-Western wie *Unter Geiern* und *Winnetou und das Halbblut Apanatschi*, einen *Piroschka*-Aufguß nach dem Kurt-Hoffmann-Erfolg mit Liselotte Pulver – jetzt *Ferien mit Piroschka,* den Horror-Film *Der Todeskuß des Fu man Chu* und den Kriegsfilm *Himmelfahrtskommando El Alamein* sowie eine winzige Rolle in Jean-Luc Godards *Le vent d'est.* Götz George hatte mit den beiden Staudte-Filmen einen künstlerischen Durchbruch geschafft, doch der Film in der Bundesrepublik lag so darnieder, daß der begabte Nachwuchs zwangsläufig verkümmern – oder auswandern mußte, wie Romy Schneider, die das frühzeitig erkannt hatte.

Als der junge deutsche Film Papas Kino ablöste, paßte Götz George nicht in die neue Kinolandschaft. Er war nicht der

55

Marie Versini, Götz George und Terry Torday in ›Ferien mit Piroschka‹

junge, drahtige, leichtgewichtige Typ, wie ihn Peter und Ulrich Schamoni, Franz Josef Spieker oder May Spils hätten einsetzen können, und er war andererseits auch zu bürgerlich, zu konservativ in der Auffassung von Schauspielerei,

Theater und Film, als daß er dorthin hätte gehören können, wo Rainer Werner Fassbinder, Rosa von Praunheim oder Jean Marie Straub/Daniele Huillet arbeiteten.

In Rainer Werner Fassbinders künstlerisches Umfeld hätte al-

Joachim Fuchsberger und Götz George in ›Himmelfahrtskommando El Alamein‹

Götz George und Loni von Friedl an ihrem zweiten Hochzeitstag

lerdings auch ein Götz George gepaßt. Es ist nie zu einer Zusammenarbeit gekommen, obwohl George ursprünglich für die Rolle des Jochen in der Arbeiter-Familienserie *Acht Stunden sind kein Tag* vorgesehen war.

Man sprach damals von Mißverständnissen zwischen Fassbinder und George, doch vornehmlich scheiterte das Projekt am

Götz George mit Tochter Tanja im Juli 1968

Termin, weil George in Hansgünther Heymes *Martin Luther und Thomas Münzer* in Köln verpflichtet war.

Rainer Werner Fassbinder, der geradezu besessene Regisseur, der ja vom Theater kam, hatte um sich einige der besten darstellerischen Talente seiner Zeit vereinigt und in seinen Bühnen- und Filminszenierungen herausgestellt: Ingrid Caven und Margit Carstensen, Peter Kern und Eva Mattes, Klaus Löwitsch und Kurt Raab, Hanna Schygulla und Volker Spengler (und kurioserweise war Götz Georges Bruder Jan in *Götter der Pest* und in *Amerikanischer Soldat* in kleinen Rollen aufgetreten). Andererseits hatte sich Fassbinder auch jener Darsteller erinnert, die im seichten Schnulzenkino nie künstlerisch ausgelotet wurden, wie Karlheinz Böhm und Adrian Hoven, Cornelia Froboess und Karin Baal, Christine Kaufmann und Barbara Valentin oder auch Joachim Hansen, Heimatfilm-Star Rudolf Lenz, den Fassbinder vom Image des *Försters vom Silberwald* wegholte, und schließlich Eddie Constantine, einem der wenigen Stars, von dessen Image und Charme der Junge Deutsche Film – und hier nicht nur Fassbinder – wirklich profitierte. Gestandene Bühnen- und Filmdarsteller, die der Junge Deutsche Film vernachlässigt hatte, entdeckte er fürs Kino wieder: Mario Adorf und Wolfgang Kieling, Luise Ullrich und Gisela Uhlen, Helen Vita und Bernhard Wicki – und nicht zu vergessen Brigitte Mira und Rudolf Platte.

Im *Jungen* und *Neuen Deutschen Kino* hat zwar Götz George keine Rolle gespielt, doch »weg vom Fenster« – wie es in Porträts des neuentdeckten Fernsehstars hieß – war er niemals. Götz George war von Anfang seiner Karriere an nie nur Kino-Schauspieler, das Theater hatte ihn nicht losgelassen, im Gegenteil, es spielte immer die wichtigere Rolle. Vielleicht wäre er, der es gewohnt war, Vätern zu folgen und auf den Ratschlag der Mutter zu hören, nie beim vertrackten, meist doch nur oberflächlichen Kino geblieben, wenn ihn Heinz Hilpert, der kluge, umsichtige Theatermann, nicht gerade darin bestätigt hätte. Hilpert hatte früh erkannt, daß Kino und Fernsehen dem Schauspieler andere wichtige Ausdrucksmöglichkeiten mitgeben, zumal er ja selbst in den drei-

1968

ßiger und vierziger Jahren ein paar Spielfilme inszeniert
hatte. So hat er im Grunde durch Rat und Hilfe mehr zum
Aufbau des Stars Götz George beigetragen, als es das ganze
deutsche Nachkriegskino je für eines ihrer Talente zu tun für
nötig hielt: In der Bundesrepublik bedient man sich der sogenannten *Marktwerte,* solange sie anhalten; fallen sie im Kurs,
so entledigt man sich ihrer wieder. Darunter hatte nicht nur
George zu leiden: Kaum jemand hatte außer Fassbinder die
Hanna Schygulla besetzt, Bruno Ganz war weit mehr in ausländischen Filmen zu sehen, erst recht aber Nastassja Kinski;
Marius Müller-Westernhagen konnte man sich nur in *Theo-*
Rollen vorstellen – um nur einige wenige Beispiele zu nennen. In den Jahren 1970 bis 1976 gab es für Götz George in

der Bundesrepublik keine Kino-Rollen, so wurde aus ihm, der sicher in Frankreich, Italien oder den USA ein erfolgreicher Kino-Star geworden wäre, bei uns ein immer beliebterer Fernsehdarsteller, der vor allem in Kriminalreihen wie *Kommissar, Tatort, Der Alte* oder Mini-Serien à la *Café Hungaria* oder *Zwischen den Flügen* eingesetzt wurde. Erst 1977 verschaffte ihm Theodor Kotulla ein Kino-Comeback.

Das Kino hat sich bei uns stets unökonomisch verhalten: Als das Fernsehen in den fünfziger Jahren zur bedrohlichen Konkurrenz wurde und die Sitzreihen in den großen Kinosälen sich leerten, ließ man die Lichtspielhäuser vergammeln, bis die Besucherzahlen auf wenige unbeirrbare Kinofans zurücksanken. Später dachte man sich etwas ganz Neues aus: Aus großen, schönen Kinopalästen wurden unbequeme kleine Minikästen, mit denen man das ohnehin nicht attraktive Filmangebot erweitern wollte. Als auch diese Rechnung nicht aufging, fand man unter den Fernsehlieblingen endlich attraktive Köpfe fürs Kino: Otto Waalkes, Loriot und natürlich Schimanski. Sich um Stars zu kümmern, neue Talente aufzubauen, das hält man bei uns immer noch nicht für nötig. – Doch das ist bereits Vorgriff auf ein späteres Kapitel.

Von Staudte zu Kotulla

Ausbruch aus der Kinokonfektion

Doch zurück in das Jahr 1960, als Wolfgang Staudte, von der DEFA kommend, im Westen schon fünf Filme gemacht hatte, fünf Filme und fünf düstere Erfahrungen mit einer Filmindustrie, die nur an Wirtschaftsdenken orientiert war, mit einer Kinokultur, die zwischen Edgar Wallace und Karl May pendelte und bei der Helmut Käutner mit seinem Ruhrgebiets-Hamlet *Der Rest ist Schweigen* oder der Sozialkolportage *Schwarzer Kies* schon die Spitze bedeutete und wo Kurt Hoffmann, der damals beste Komödienregisseur, mit *Wir Wunderkinder* politische Zeitsatire und Vergangenheitsbewältigung nicht zu Ende dachte und den bösen Ex-Nazi am Schluß höllenwärts schickte.

Zu dieser Zeit entdeckt Wolfgang Staudte in Götz George den Protagonisten für seine unbequeme Reise in eines der unbescholtenen Eifeldörfer, in dem man auf dem Marktplatz die Erinnerung an böse Zeiten entdeckte, den begabten Jungen von zweiundzwanzig als Hauptdarsteller für *Kirmes* und später für die *Herrenpartie*. Hier beginnt Götz Georges schauspielerische Bedeutung im Film, hier beginnt auch sein Stellenwert in der Geschichte des antifaschistischen Kinos. Es ist eine folgerichtige, beinahe organische Fortsetzung, als Theodor Kotulla ausgerechnet Götz George 1976 für seinen Film *Aus einem deutschen Leben* für die Rolle des Franz Lang alias Rudolf Höß, des Lagerkommandanten des Konzentrationslagers Auschwitz, holt. Vielleicht ist es eine unbewußte Identitätssuche abseits des schwergewichtigen Vaters, als Götz George dieses sehr nüchterne, erschreckend kühle Porträt des Rudolf Höß – im Film heißt er Franz Lang – verkörpert. Höß/Lang, der mit der Gefühllosigkeit eines Androiden operiert, läßt am Ende ohne Zögern, *»weil ihm ja kein anderer Weg offengestanden habe«*, zwischen 1941 und 1944 Millionen von Juden umbringen.

Götz George spielt dieses Ungeheuer zurückhaltend, klar,

Juliette Mayniel und Götz George in ›Kirmes‹

bewegungslos: einen einfachen, scheinbar harmlosen, exakten Kleinbürger, der tut, was man ihm sagt, den Massenmörder als Biedermann. Gerade so wird in dieser Figur deutlich, wie einzelne Menschen durch ihr Handeln einen solchen Staat stützen konnten.

Doch so sehr die Rolle des Höß/Lang ein schauspielerischer Erfolg war, so brachte sie um so mehr die Konfrontation mit dem Vater: Immer wieder wurden Heinrich und Götz verglichen, der Sohn am Vater gemessen, sei es nun, daß man seine Darstellung in *Aus einem deutschen Leben* als eine Art Sühne für die Schuld des Vaters zurechtbog oder aber die leichten, lockeren Komödien- und Abenteurerrollen als eines George unwürdig erachtete.

Und da erinnere ich mich an eine ebenso spontane wie sehr lebendige Diskussion mit Studenten der Belgrader Hochschule im Frühjahr 1978. Das Belgrader »FEST« hatte zu einem einwöchigen Symposium geladen, die Teilnehmer sollten jeweils anhand eines aktuellen Filmbeispiels zum Thema »Film- und Zeitgeschichte« einen Diskussionsbeitrag leisten. Da im offiziellen Programm Joachim C. Fests *Hitler – eine Karriere* lief, fragte man mich, ob ich zu diesem Thema ein Referat beisteuern würde. Ich hatte mich mit Fests zwiespältigem Hitlerporträt bereits in mehreren Aufsätzen und Podiumsdiskussionen zum Thema Faschismus auseinandergesetzt. Für das jugoslawische Publikumsfestival schien es mir notwendig, Fests manipulierter Dokumentation etwas anderes, Ehrlicheres und wirklich Antifaschistisches entgegenzusetzen, und so bat ich als Ergänzung zu meinem Referat, Theodor Kotullas *Aus einem deutschen Leben* vorzuführen. Das brachte zwar das

Elisabeth Schwarz und Götz George in ›Aus einem deutschen Leben‹

starre Reglement ein wenig durcheinander, doch da ich mich selbst um die Kopie bemühte und dafür sorgte, daß der Film nach Belgrad geschickt und terminiert wurde, akzeptierte man den Beitrag. Freilich war der Film nicht so sensationell, und man zeigte ihn abseits im Nebenprogramm, nachts in einem Universitäts-Campus. Mein Bemühen, Theodor Kotulla, den Regisseur und Autor, oder/und Volker Canaris, der sich als verantwortlicher WDR-Redakteur des Projektes angenommen hatte, nach Belgrad zu bekommen, scheiterte: Das war denn doch zuviel, zumal die Veranstalter an einer wirklichen Auseinandersetzung mit dem Thema Faschismus weniger interessiert waren als an Spektakulärem. So lief damals Ciminos *Deer Hunter* mit großem Erfolg, und auch *Hitler – eine Karriere* wurde immer wieder in Belgrads großen Kinopalästen vorgeführt. Die Auseinandersetzung mit den Nazis und dem Zweiten Weltkrieg war im jugoslawischen Kino stets in den Partisanenfilmen lebendig; Fests Film hatte etwas Spektakuläres, einen Schauwert, das kam vor allem auch bei der Jugend an. Da hatte natürlich Kotullas strenger, unspektakulärer Film, das nüchterne Porträt eines unauffälligen Monsters, eines Wolfs im Schafspelz, eines Massenmörders als Biedermann keine großen Konkurrenzchancen. Doch dann fand der Film überraschenderweise in Studentenkreisen doch ein interessiertes Publikum, und die Diskussionen, die aus eigener Initiative dann nach Kotullas Film in der Universität liefen, waren lang, ausführlich und interessant. Sie erfolgten in englischer Sprache, wurden im Saal gedolmetscht. Stundenlang verbrachte man im Gespräch nachts auf dem Campus.

Man hatte von derlei deutschen Filmen noch nichts gehört, war erstaunt, wie kompromißlos hier mit der Vergangenheit abgerechnet wurde, und ebenso darüber, wie ein junger Schauspieler, der doch offensichtlich einer der bekannten Stars war, sich in einer solchen Rolle engagierte und profilierte. Der Name George war in Belgrad vor allem durch die erfolgreichen Karl-May-Filme ein Begriff, aber auch als positive Gegenfigur der braunen Altherrenriege in der deutsch-jugoslawischen Koproduktion *Herrenpartie*. Über Heinrich

Die deutsche Reisegruppe steht der Feindseligkeit der jugoslawischen Landbevölkerung hilflos gegenüber: ›Herrenpartie‹

George wußte man allerdings deutlich mehr, denn die Filmbildung junger jugoslawischer Intellektueller bezog damals eine umfangreiche Kenntnis des westeuropäischen und amerikanischen Kinos mit ein.

So diskutierten wir auch sehr viel über Götz George – lange bevor er als Schimanski zum Begriff wurde –, über die mögliche Motivation für einen jungen deutschen Schauspieler, eine solche Rolle zu spielen. Deutsche Darsteller waren ein Begriff, ob Hansjörg Felmy oder Günter Lamprecht, Bruno Ganz oder Otto Sander, Klaus Löwitsch oder Dieter Laser, die Sanften und die Bulligen, die Hintergründigen oder die Zynischen – auch Götz George. George war besonders beliebt, weil von seiner Person eine Wärme, Anteilnahme, eine Überzeugungskraft ausgeht – und gerade das macht die Figur Höß/Lang so gefährlich und irritierend. Wir sprachen alle sehr frei und offen über unsere eigenen Motivationen, über unsere Vergangenheit, über die Zeitgeschichte und wie wir davon geprägt sind. Hier der Sohn eines großen Künstlers, der unter Hitler eine exponierte Stellung einnahm, dort jemand, dessen Familie in den Konzentrationslagern der Nazis geblieben war, auf der anderen Seite wieder der Sohn eines prominenten HJ-Führers, der noch gerade dem Jungvolk entgangen war und sich in den Wirren der Nachkriegszeit allmählich ein eigenes Weltbild, eine eigene Lebensauffassung zurechtgelegt hatte. Und in jenen Nächten – es waren insgesamt drei Diskussionen in verschiedenen Universitätskreisen – wurde vieles klar ausgesprochen, wurde deutlich, was Menschen dazu bringt, diesen oder jenen Weg einzuschlagen. Nun, Götz George, der bei Staudte in *Kirmes* das schlechte Gewissen der Deutschen, in *Herrenpartie* das gute Gewissen der Jungen und bei Kotulla die Normalität des Ungeheuers darstellte, der mit seiner schauspielerischen Kraft demonstrierte, daß nicht das grotesk verzerrte Grauen, sondern die biedermännische Bürgerlichkeit die furchtbarsten Verheerungen anstellen kann, war damals erst richtig eine der großen Hoffnungen des Kinos in der Bundesrepublik geworden.

Schimanski als Image – Schimanski als Idol

Andererseits: Eine solche Figur, ein solcher Schauspieler war nicht gefragt in der damaligen Filmproduktion. Das bundesdeutsche Kino lag arg darnieder, vegetierte zwischen allerlei Schnickschnack, Blödeleien und Überheblichkeit dahin oder führte ein Schattendasein neben dem Fernsehen. In Hollywood oder in Frankreich hätte man für einen Götz George als neues Gesicht sicher einen zentralen Platz gefunden, bei uns war das nicht der Fall. Hier waren andere Werte, andere Gesichter, andere Träume und Entlarvungen gefragt. So fand Götz George mehr Interesse beim Fernsehen, wurde nach und nach ein Fernsehschauspieler und schließlich in den achtziger Jahren ein Fernsehstar: Als Schimanski in der WDR-*Tatort*-Reihe als legerer, unkonventioneller und ebenso schlagkräftiger Antikommissar fand er ein neues Ego, das aber für den Schauspieler Götz George nur Zwischenstation sein konnte – eine gefährliche Zwischenstation allerdings, wenn man an viele andere Schauspieler denkt, die immer wieder nur mit großen Anstrengungen aus einer Identifikationsrolle herauskamen. Doch erst einmal setzte er die erfolgreiche WDR-*Tatort*-Tradition von Sieghardt Rupps Kressin oder Hansjörg Felmys Haferkamp in seinem Schimanski fort. Schon seit Beginn der ARD-Gemeinschaftssendung *Tatort* unterschieden sich die Beiträge der Kölner durch Lockerheit, Spannung und Spiellust, nie nahmen sich die Kommissare ganz ernst, und sie entwickelten dennoch einen Identifikationsgrad hohen Ausmaßes wie außer ihnen gerade noch Fritz Eckardts Marek oder Manfred Krugs Stoever. Schimanski, auch »Schimi« genannt, geht ganz eigene Wege; es ist eine Figur, die Bernd Schwamm von der Bavaria, Hajo Gies und, nachdem man ihn für die *Schimanski*-Rolle auserkoren hatte, auch Götz George gemeinsam kreierten. Sie schrieben die meisten Stories oder gaben die Inszenierungen und Stoffe an Freunde weiter, wie Ilse Hofmann, Peter Adam oder zuletzt auch Theodor Kotulla.

Sein ungehobelter, aufmüpfiger Rockercharme machte den Hauptkommissar Schimanski zu einer der beliebtesten Fernsehfiguren. Er trinkt Dosenbier, ist wortkarg, läßt sich auch einmal zu einer kleinen Ungesetzlichkeit hinreißen, wenn's um die gute Sache geht, und seine Beliebtheit, sein Image bei den Fernsehzuschauern läßt ihn in den Polizeihierarchien bedenklich erscheinen: So ist kein Polizist, kein Kommissar, kein Mann des Rechts – stöhnt es manchmal aus den Revieren, und die braven Originalkollegen scheinen dabei immer wieder zu vergessen, daß dieser »Schimi« ganz Kunstfigur ist und die Autoren und Regisseure stets darauf bedacht sind, daß man die Kinowelt nicht mit der Wirklichkeit verwechseln kann.

Der große Vorzug der Schimanski-*Tatorte* liegt darin, daß den Machern auch bei denkbar schwachen Stoffen immer wieder genügend einfällt, um neunzig Minuten Unterhaltung über den Bildschirm zu bringen. Wie hoch das einzuschätzen ist, kann man nur ermessen, wenn man den *Tatort* mit den inzwischen in Senilität erstickenden ZDF-Produktionen *Der Alte* und *Derrick* vergleicht – da ist noch der schwächste und eitelste *Schimanski* gute Unterhaltung.

»Faust und Bauch und Tränendrüse statt liebloser, entrückter Intellektualität. Und Götz George ist eben einer der wenigen Darsteller, die so etwas überzeugend bringen können. Er hat den sensiblen Vitalismus mit dem Bärencharme drauf und eine unterschwellig erotische Gewalttätigkeit – ganz der Papa!« (Hubert Haslberger in Film Korrespondenz)

»Immer noch (trotz der Mitte vierzig seines Darstellers Götz George) diese jugendlich-improvisatorische Existenz? Ei, gewiß doch! Die Eigenschaften und Verpackung eines erfolgreichen Markenartikels, das wissen Werbeleute, darf man nur sehr vorsichtig verändern. Im Gegenteil: Schimanski-George pflegt seine Maschen. Wie er eine Bierbüchse jongliert, wie er sich ins Bett wirft, wie er telefoniert und wie er unentwegt was futtert, wenn die Gefahr am größten ist – lauter Pirouetten. Und schöne Grüße von Narziß.« (Hans Bachmüller/ epd).

Und wie ist das Verhältnis Götz George – Schimanski, der –

Götz George in der ›Tatort‹-Folge ›Das Haus am Wald‹

ob George will oder nicht – immer mehr ein Teil von ihm wird? George sagt: »Dieser Schimanski ist eine ganz andere Figur als der Götz George. Der ist eher schlapp, der Schimanski pumpt sich auf. Schimanski muß sich ständig beweisen, Götz George nicht.«

Wie sehr sein Marktwert durch den Schimanski gestiegen ist, zeigt der Bambi, den er 1984 zum zweiten Mal erhielt: Wolfgang Penk, Peter Weck, Pamela Sue Martin, F.W. Räuker, Gitte, G. G., Thekla Carola Wied, Bernhard Vogel, Dieter Kronzucker und Peter Angerer bei der Verleihung

Mit *Moltke* von 1988 sind inzwischen zwanzig Schimanski-Tatort-Folgen gedreht, kein Zweifel, Götz George ist in diese Rolle gewachsen und auch in das Milieu:
Wir haben hier dieses Gebiet, dieses Revier, den Pott sieben Jahre lang in Anspruch genommen. Die Leute waren unwahrscheinlich fair zu uns, haben uns in allen Situationen unterstützt, und wir haben ihnen natürlich auch durch die Sendung – durch den Tatort – und durch die genaue Zeichnung des Gebietes geholfen. Wir haben Duisburg sicher ein bißchen populärer gemacht, und natürlich müssen wir zu dem Chaos, das hier ausgebrochen ist, Stellung beziehen. Das Problem aber ist auch: Man kann in so einem Unterhaltungsfilm nur etwas an-

*reißen, und wenngleich die Probleme der Stahlarbeiter bitter
ernst zu nehmen sind, darf für uns das soziale Umfeld immer
nur Hintergrund sein. Wir können dafür sorgen, daß das pfleg-
lich geschieht – und da ist der erste Film* Duisburg Ruhrort *von
Vocks/Wittenburg vorbildlich, denn sie sind sehr dicht ans Milieu gegangen, und dieses Milieu vermisse ich in späteren Büchern immer wieder –, aber wir dürfen auch nicht caritativ erscheinen und auch nicht den Eindruck erwecken, wir wollten
nur die Krisensituation spektakulär oder spekulativ ausnutzen. Wie andere Tatort-Reihen benutzen wir Duisburg als Hintergrund, sollte es den Duisburgern nicht mehr passen, dann
könnten wir ebensogut die Figur nach Wuppertal versetzen.*

Der Tatort-Krimi hat dabei eine fast ähnliche Funktion wie
die britische James-Bond-Figur: Eine Figur soll das Interesse
wachhalten. Während man bei uns bei Wechsel der Darsteller
auch die Personen austauscht – also nach Kressin Haferkamp
und dann Schimanski –, lassen die Bond-Produzenten die
gleiche Figur immer wieder von neuen Darstellern spielen.
Damit verliert die Figur jedoch völlig jeglichen Realitätsbezug: Kressin, Haferkamp, Schimanski sind unterschiedliche
Personen, Typen, Charaktere. Doch die Gefahr, das Image
der Rolle zu behalten, ist für den Schauspieler nicht gering.
Während ein Roger Moore nur eine Lücke füllte, war Sean
Connery wie nach ihm vielleicht wieder Timothy Dalton das
Synonym für James Bond 007. Und da brauchte ein Charak-
terdarsteller wie Sean Connery Jahre, um von 007 wegzu-
kommen. Hansjörg Felmy blieb bis heute der Haferkamp des
deutschen Fernsehens, und auch Götz George wird lange
warten müssen, um den *Tatort*-»Schimi« abstreifen zu können, wenn er nicht öfter Gelegenheit hat, wie 1988 bei Frank
Beyer oder Reinhard Hauff, ein ganz anderes, schauspielerisch reizvolles Image anzunehmen. Götz George hat viele
Gesichter, der Schimanski nur eines; dennoch ist die Rolle
des Duisburger Kommissars für sein Selbstverständnis, für
seinen Marktwert, für seine Karriere auch bestimmend.

Dazu kommt bei uns ein sehr ungerechtes ungeschriebenes
Gesetz. Während die Filmindustrie in Hollywood immer wieder neue Gesichter, neue Talente – und nicht nur unter den

Schauspielern, sondern auch unter Autoren und Regisseuren – beim Fernsehen entdeckt, scheint hier ein Schauspieler – und sei er noch so talentiert –, der in einer Unterhaltungsschau spielt, fürs Kino untragbar. Es gibt eine Reihe ausgezeichneter junger Darsteller, die aus diesem Grund immer wieder aus Rollenangeboten herausgedrängt werden, und da ist eines der typischsten und gravierendsten Beispiele der ausgezeichnete, vielseitige Fernsehdarsteller Helmut Zierl, der nur wegen seiner Auftritte in *Das Traumschiff* von insgesamt drei Regisseuren nicht be- oder umbesetzt wurde.

Götz George ist da in einer etwas besseren Situation, weil seine Vergangenheit eine Kinovergangenheit ist und weil er immer wieder in erfolgreichen Filmen spielte und erfolgreich war. Das beste Beispiel sind Carl Schenkels *Abwärts,* einer der besten und erfolgreichsten Thriller der neueren Produktion, und schließlich Dominik Grafs *Die Katze.*

Die Schimanski-Figur hat auch ihre Tücken für Götz George – und dessen ist er sich bewußt: Die einen loben ihn wegen der Härte und Unerbittlichkeit, die anderen wegen seiner sozialen Gerechtigkeit. So ist er der Mann, der rot sieht, aber auch Robin Hood und Zorro, der Selbstjustizmann und der Mann, der den Kleinen gibt und den Großen nimmt.

Die Zukunft – der neue Trend?

Wenn Claudius Seidl am Ende seines Buches *Der deutsche Film der fünfziger Jahre* die rhetorische Frage stellt: »Die fünfziger Jahre, schon vorbei?« und wenn er die Tatsache, daß man in der Frühzeit des bundesdeutschen Kinos die wirklichen Talente brachliegen ließ, um die Feststellung ergänzt, daß sich die Situation bis heute nicht geändert hat, so trifft das genau den Kern der Sache. Denn die interessanten Stoffe, und vor allem darunter jene Projekte, die mit unseren künstlerischen Mitteln an Kulisse, Szenerie, Regie und Schauspielern machbar wären, werden nicht fürs Kino produ-

Dominik Graf (re.) erklärt Götz George und Heinz Hoenig die nächste Szene. Dreharbeiten zum Kinofilm ›Die Katze‹ in Düsseldorf

Wer hat recht – Dominik oder Götz? Dominik Graf und Götz George bei den Dreharbeiten zu ›Die Katze‹ vor dem Hintergrund der Düsseldorfer Nobelwelt

ziert, sondern könnten allein vom Fernsehen realisiert werden. Da aber die Produktionsbedingungen des Fernsehens ungünstig sind, da die Drehzeiten für viele ambitionierten Projekte zu kurz sind, fallen manche davon flach – wie man aus den Gesprächen mit Hajo und Martin Gies und Dominik Graf erfahren kann. Und die wenigen interessanten Kinofilme – jetzt auf Götz George bezogen, Carl Schenkels *Abwärts* und Dominik Grafs *Die Katze* – sind schon Ausnahmen. Beide Fälle schließlich beweisen aber aufs eindringlichste, welches Kapital unbenutzt bleibt: ein Kameramann wie der kürzlich jung verstorbene Martin Schäfer *(Die Katze)*, Regisseure wie Dominik Graf und Carl Schenkel, Schauspieler wie Hannes Jaenicke in *Abwärts* und Joachim Kemmer, Heinz

Hoenig und Ralf Richter in *Die Katze* und schließlich Götz George, der vor allem unter Schenkels Regie in *Abwärts* beweist, daß er ein nuancenreicher Schauspieler ist, der eben nicht nur durch seine Körperlichkeit, seine überzeugenden Stunts, seine physische Präsenz überzeugen kann, sondern der auch als völliger Looser überzeugen kann: Es beginnt wie gehabt mit machohafter Überheblichkeit, verändert sich in Unsicherheit, Skepsis, Angst und endet in totaler Hilflosigkeit. Bei Dominik Graf zwingt ihn die Rolle ins alte Klischee und dennoch: auch hier sind es Angst, Einsamkeit, Verzweiflung, die gelegentlich aufflackern. Und schließlich bei Frank Beyer im *Bruch* bricht das Komödiantische vollends durch: Dieser miese kleine Kellner Graf, der sich ständig wichtig macht und immer wieder versucht, mit den Profi-Schränkern Otto Sander und Rolf Hoppe mitzuziehen, das ist seit langem eine der hoffnungsvollsten, schönsten und nuancenreichsten Kino-Rollen von Götz George. Und von hierher wird man ihn neu einordnen müssen – und neu besetzen. Reinhard Hauffs argentinische Arbeit mit George wird vielleicht diesen Trend verstärken.

Perspektiven für einen Schauspieler
oder
Die Ohnmacht des Kinos – Die Macht des Fernsehens

I.

Bei uns in der Bundesrepublik hat das Kino nie einen besonders großen Stellenwert gehabt, auch nicht zu den Zeiten des Wirtschaftswunders, als auch Filmtheaterbesitzer noch zu den wohlhabenden Bürgern zählten. Vom Image her rangierte der Film bestenfalls als Trivialkunst weiter im Fahrwasser seiner Vergangenheit als Jahrmarktsattraktion. Man spürt schon den gewaltigen Unterschied, wenn man in anderen Ländern Kinopremieren beiwohnt. Das sind oft kulturelle Ereignisse, Volksfeste, einfach etwas Besonderes; bei uns zahlt man eine Karte, geht ins Kino und am Ende wieder nach Hause. Ausnahmen bestätigen die Regel, wenn man sich von ein bißchen Rummel ein besonders gutes Image verspricht. Als die Fernsehkonkurrenz das Kino massiv zu bedrohen begann, machte man das aufwendige Überlebenstraining aus Hollywood halbherzig mit, verlegte sich aber vorwiegend aufs Jammern darüber, daß das Publikum das Kino im Stich ließ. Die Entleerung der Kinosäle führte erst mal zu deren Verwahrlosung, man kümmerte sich nicht mehr um ansprechendes Aussehen, um Komfort und technische Brillanz, die unscharfen Bilder und krächzenden Lautsprecher dehnten sich wie eine Seuche über die bundesdeutsche Kinolandschaft aus, in Stadtteilen und in der Provinz wurden immer häufiger aus Kinopalästen Supermärkte. Dann eines Tages hatte einer die geniale Idee: Die Kinos sind alle zu groß, zu unpersönlich, laßt uns kleine gemütliche Räume machen, in denen sich der Zuschauer zu Hause fühlt; die Leinwand war da oft ein vergrößerter Fernsehschirm. Man glaubte, die Besucher wären so glücklich. Doch auch diese Rechnung ging nicht auf, obwohl es eine ganze Weile danach aussah. Erst als eine Reihe von gemütlich und großzügig eingerichteten Programmkinos einen festen, neuen Besucherstamm heranziehen konnten als die Jugend sich plötzlich für gut gemachtes, anspruchsvolles Kino zu interessieren begann, da mußte man doch spüren, daß an den alten Vorstellungen irgend etwas nicht stimmen kann. Doch daß man sich bei der Einrichtung von Kinos wie bei der Herstellung von Filmen auch einmal um formale und inhaltliche Qualitäten kümmern sollte, daß man vielleicht eine eigene nationale Filmkultur errichten könnte, auf diese Idee kam man nicht.

Dabei verfügte das Kino in der Bundesrepublik zu allen Zeiten über eine Reihe hervorragender Kräfte, routinierte Regisseure wie Peter Beauvais, Kurt Hoffmann, Rudolf Jugert und andere. Später kamen eine Reihe talentierter neuer Leute wie Rainer Werner Fassbinder, Reinhardt Hauff, Werner Herzog, Volker Schlöndorff und Wim Wenders hinzu, und in jüngster Zeit kann man auf Klaus Emmerich, Dominik Graf und Carl Schenkel bauen – nicht zu vergessen die vielen Individualisten wie Alexander Kluge, Helke Sander oder Straub/Huillet und Ula Stöckl, nicht zu vergessen Herbert Achternbusch. Doch welche Chancen haben sie alle in unserer von merkwürdig verschrobenen, abgehobenen Marktvorstellungen beherrschten Medienlandschaft, die von alter, unguter Tradition geprägt ist?

II.

Der deutsche Film wurde 1917 mit einem Geheimfonds von Ludendorff gegründet. Daraus entstand die UFA, in der noch in den zwanziger Jahren Majore in den Aufsichtsräten saßen. 1928 kaufte Hugenberg, Führer der Deutsch-Nationalen, die UFA zur Abrundung des Scherl-Konzerns, dem Springer-Verlag der zwanziger Jahre. Im Dritten Reich wurde der Film verstaatlicht. Aber nur mittelbar; an der Basis wirtschaftete die Wirtschaft, unten Gewinne, oben politische Leitsätze von Goebbels. Noch heute werden die Verwaltungsratsmitglieder der Filmförderungsanstalt auf eine Rüstungswirtschaftsverordnung aus dem Jahre 1943 vergattert, die für Parteigenossen, die in »Organen der Wirtschaftslenkung«,

Kartellen und berufsständischen Organisationen saßen, galt. Dieser Besitzstand aus Herrschaftswissen war bis zur UFA-Krise von 1962 intakt. Die Tradition des deutschen Films ist alt und ehern. Unser Filmförderungsgesetz ist im Grunde die Wiederbelebung dieser Allianz: Schnulzenkartell – politisches Rechtskartell.

Hans Richter in »Kampf um den Film«, 1929 (!): »Die Minderwertigkeit der meisten Filme erklärt man mit dem Hinweis, das Publikum wolle schlechte Filme, die Produktion gehe bankrott, wenn sie sich diesem Diktat des Publikums nicht füge usw. Es ist unbestreitbar, daß das große Publikum an schlechten Filmen viel Freude hat.«

Die Filmgeschichte ist neunzig Jahre alt. Während dieser ganzen Zeit gab es immer wieder Krisen, bei denen der Kinobesuch austrocknete, weil die Filmproduktion Monokulturen von Filmen herstellte, die die Zuschauer vertrieben, die andere Interessen hatten.

III.

Unter solchen Voraussetzungen ist es dann kein Wunder, daß man nicht nur Drehbuchautoren und Kameraleute verkümmern läßt, sondern auch die, die das Ganze schließlich über die Rampe beziehungsweise die Leinwand bringen müssen, die Schauspieler. Ist man schon in den früheren Zeiten mit Künstlern wie Martin Held oder Robert Graf, Wolfgang Reichmann oder O. E. Hasse, Marianne Hoppe oder Hildegard Knef und ganz besonders der jungen Romy Schneider umgegangen, als wären sie lästige, arrogante Individualisten und nicht große, selbstbewußte, aber auch sensible Schauspieler, so hat man es auch bei uns nie verstanden, Schauspielkunst als »Kapital« zu nutzen oder gar Stars aufzubauen. Wen Claudia Messner in *Zabou* nicht überzeugte, der konnte sich in zwei ganz unterschiedlichen Filmen von ihrem Talent als Schauspielerin überzeugen lassen: In Xaver Schwarzenbergers entrümpeltem Ganghofer-Film *Gewitter im Mai* und in Axel Cortis *Welcome in Vienna* zeigte sie vielseitiges Talent. In Carl Schenkels erfolgreichem Spielfilm *Abwärts* war ein junger, vielseitiger Darsteller aufgefallen: Hannes Jaenicke, Hajo Gies hat ihn in *Zabou,* Dominik Graf in dem Telespiel *Die Beute* besetzt, doch ähnlich wie die nicht minder talentierten Heinz Hoenig und Ralf Richter, die beiden Bankräuber in Dominik Grafs *Die Katze,* verdanken diese Begabungen ihre künftige Karriere nicht einer vernünftigen Produktionsplanung, die auch die Förderung von Talenten mit einschließt, sondern der Umsicht und dem Interesse von Regisseuren, die sie besetzen, denn Jaenicke, Hoenig und Richter, aber auch Claudia Messner wären Schauspieler, Talente, Gesichter, die eine Filmbranche, die etwas auf sich hält, aufbauen würde. Denn wie in den USA, wo es vor zehn Jahren noch so aussah, als gäbe es keine neuen individuellen Gesichter und Charaktere und wo heute Filmemacher aus dem vollen schöpfen dürfen, hat sich auch bei uns einiges geändert, und vielleicht ließen sich auch bei uns bislang unbekannte Talente zu zugkräftigen Stars aufbauen wie in Amerika, wo sich Produktions- und Werbebüros um Schauspieler wie Rosanna Arquette, Kim Basinger und Daryl Hannah, Matthew Broderick, Michael J. Fox und Matthew Modine kümmern. Nicht zu vergessen Tom Hulce, der durch den Welterfolg von *Amadeus* zu einer Art neuem Kultschauspieler wurde. Bei den Bühnen hat man das bei uns längst erkannt, unter Peter Zadek und Jürgen Flimm, Claus Peymann und Peter Stein wurden und werden konsequent Talente aufgebaut, gefördert und herausgestellt. Ob Edith Clever oder Jutta Lampe, Bruno Ganz oder Otto Sander: hier hat sich die Tradition von Leuten wie Heinz Hilpert oder Rudolf Noelte fortgesetzt.

IV.

Es war mehrfach in den Gesprächen mit Götz Georges Regisseuren und Kollegen davon die Rede, wie miserabel die Situation des Schauspielers in der Bundesrepublik im Gegensatz zur Lage in den USA, aber auch in den europäischen Nachbarländern ist. Unser armes Kino, arm nicht nur an finanzieller Liquidität, sondern auch an Geist, an Einfällen oder an sozialem und politischem Bewußtsein, läßt seine be-

sten Kräfte verkümmern. Keine Seifenfirma, kein Zigaret-
tenfabrikant würde die Ware so lieblos und unqualifiziert ver-
packen und anbieten wie es die Kinobranche ständig tut,
sagte einmal ein sehr profilierter PR-Mann einer großen amerikanischen Filmfirma in einem Interview – und kurz nach
der Veröffentlichung hatte man ihn fristlos entlassen, er war
lange »blacklisted« und konnte erst Jahre später wieder Fuß
fassen. Das liegt zwanzig Jahre zurück, aber geändert hat sich
bei uns de facto nicht viel. Als die Krise des Films in der Bundesrepublik am größten war, stand das Fernsehen, selbst auf
Kinofilme angewiesen, als Partner zur Verfügung. Inzwischen
werden nicht nur bei uns in der Bundesrepublik Deutschland,
sondern auch im europäischen Ausland Kinofilme erst durch
die Fernsehbeteiligung möglich gemacht. Vorbildlich funktioniert das bis heute in Italien, wo die staatliche Fernsehanstalt
RAI die Meisterwerke von Federico Fellini, Ermanno Olmi
und Paolo und Vittorio Taviani, sowie Francesco Rosi produziert hat. Auf der anderen Seite wäre das neue britische Kino
der Peter Greenaway, Stephen Frears und Neil Jordan ohne
Beteiligung von Channel 4 nicht denkbar. In der Bundesrepublik hat sich die Situation der Filmemacher erst verbessert, seit
das Kino-Fernseh-Rahmenabkommen existiert. Zuvor haben
Regisseure wie Reinhard Hauff, Werner Herzog, Hans W.
Geissendörfer oder auch Wim Wenders ausschließlich fürs
Fernsehen inszeniert und erst sehr viel später einige ihrer Arbeiten ins Kino bringen können. Ein Negativeffekt der Fern-
sehdominanz war eine Zeitlang, daß Filmemacher beim Dre-
hen den Bildschirm im Kopf hatten und dabei gelegentlich auf
Szenenkonstellationen und Einstellungen verzichteten, die
nur im Kino wirksam sein können.
Götz George ist Schimanski, ein Fernsehstar, der auch im
Kino Publikum anlockt, aber er ist vor allem ein hochbegab-
ter Bühnen- und Filmschauspieler, der – wann immer er die
Chance hat, aus dem Rollenklischee auszubrechen – seine
Vielseitigkeit unter Beweis stellen kann. Sicher, die Schi-
manski-*Tatorte* sind unterhaltsam, oft auch intelligent und
hintergründig. Nur – sie können das breite Spektrum eines
guten Schauspielers nicht ausfüllen.

Das Theater und Götz George

Saroyan, der immer wieder in seiner armenischen Kindheit kramt, stellt Zauberjungens auf die poetischen Beine. So einer ist Jonny, und ihn gibt selbst ein Zauberjunge, Götz George, Heinrichs Sohn. Thalia erhalte ihm seine hochtalentierte Unbefangenheit – so zitiert Berta Drews in ihrem Buch *Wohin des*

Götz George als Tell-Knabe am Schiller-Theater, links neben ihm Paul Esser

Weges? aus einer Kritik zum ersten Bühnenauftritt ihres Sohnes, und in der Kritik zu den Sartreschen *Fliegen* von 1963 in Göttingen heißt es schlicht: »*... und vor allem Götz George, ein gesammelter, seiner Sache von Anfang an sicherer Orest.* Nicht auf der Bühne, sondern als Fernsehinszenierung des Theatermanns Ludwig Cremer sah ich Götz George 1982 als N. Richard Nashs Bill Starbuck in *Der Regenmacher.* Als Kinokenner denke ich unwillkürlich an Burt Lancaster und Katharine Hepburn in Joseph Anthonys Verfilmung von 1956, doch bei diesem Fernsehfilm vergaß ich Hollywood recht rasch, denn das Schauspieler-Ensemble bot überzeugende Präsenz – ob Walter Richter, Rolf Becker und Jochen Schroeder als die Leute von der Curry-Farm oder der ständig mißmutige Witwer von Günter Lamprecht –, obwohl die Fernsehregie einen unentwegt mit Großaufnahmen bombardierte und Charly Niessen mit unsensibler Western-Musik falsche Stimmung schürte. Eine wirkliche Entdeckung aber war das Hauptdarstellerpaar: Cornelia Froboess, das Tralala-Mädchen aus den Endfünfziger-Schnulzen *(Wenn die Conny mit dem Peter),* war eine wundervolle herb-schöne Lizzie, die ihre letzte Hoffnung in dem charmanten Schwindler Bill sieht, den Götz George spielt. Und gerade er erwies sich hier – es war 1982, nachdem bereits die ersten vier *Schimanski*-Tatorte gedreht waren – als Schauspieler der leisen Töne. George verzichtete auf aufdringliche Lustigkeit (was einige Kritiker als Mangel an *komödiantischem Feuerwerk* vermißten), er war überraschend dezent und menschlich, ohne jeden Anflug von *Schimanski*-Allüren – sechs Jahre später spielt er bei Frank Beyer den gar nicht mehr so liebenswerten Gauner Graf in der Kriminalkomödie *Der Bruch.*

Götz George ist von Anfang an vor allem Bühnenschauspieler. Er liebt das Theater, den Kontakt mit dem Publikum, die Möglichkeit, von Mal zu Mal zu wachsen, zu verändern, Intensität zu steigern. Heinz Hilpert hat ihn gemacht. Norbert Baensch, Dramaturg am *Deutschen Theater* in Göttingen, hat als Regieassistent mit dem jungen George gearbeitet. Der kam mit dem ganzen Pathos des Übervaters nach Göttingen. Er hatte alle Filme mit Heinrich George gesehen, er war besessen, doch Heinz Hilpert hat ihm das Sprechen, das Spielen beigebracht. Der junge Götz muß ein übersprudelndes Talent gewesen sein, faszinierend, aber noch ungeformt, unbehauen – Hilpert hat ihn gemacht, hat ihm die Möglichkeit verschafft, die ganze Palette des Theaters auszukosten. Götz George hat mit jungen und mit erfahrenen Regisseuren gearbeitet, hat Klassiker und die Moderne gespielt und die Voraussetzungen für eine wirklich große Schauspieler-Karriere bekommen – das Talent indes, die Voraussetzung für den Künstler, war in reichem Maße vorhanden. Nach Heinz Hilperts Tod ist er allerdings nicht mehr in ein festes Ensemble gegangen, hat nur noch Gastspiele gemacht – und Tourneen.

Bei den Tourneen habe ich ganz einfach einen viel größeren Spielraum, und das wird immer unterschätzt. Man kann sich da freispielen und wird von den Zuschauern sehr genau kontrolliert. Es ist ja – wenn man so will – jeden Abend Premiere, und ich mache das ja inzwischen schon zum sechzehnten Mal. Das erfordert schon eine ungeheure Disziplin. (G. G.)

Freilich ist es auch Knochenarbeit, jeden Abend vor einem kritischen Publikum um die Gunst zu buhlen, jeden Abend das Stück neu einzurichten, sich auf die jeweiligen Bühnenverhältnisse einzustellen.

Wichtig ist bei einer solchen Tournee, daß man mit Kollegen arbeitet, von denen man weiß, daß man mit ihnen eine lange Zeit spielen und zusammensein kann. Das ist gar nicht so leicht, vier Monate lang ganz eng zusammenzusein, das Bestmögliche aus den Gegebenheiten zu machen – das ist aber auch etwas, was du sonst bei einem Theater nie in den Griff bekommst. Da kommst du zwei-, dreimal in der Woche oder du spielst en suite und ziehst deine Sache ab. Natürlich kommt es auch darauf an, wie intensiv so eine Inszenierung erarbeitet ist. Aber du hast da nicht diese technische Aufgabenstellung, und die ist auch für einen Schauspieler wichtig. Du mußt jeden Tag neu einleuchten – da fahren ja nur zwei Bühnenarbeiter mit –, du mußt teilweise umbauen, weil keine Vorhänge da sind, du bist wieder der alte Striese, und das liegt mir halt irgendwo.

Ein Hauch von Abenteuer ist natürlich auch dabei. Ich erinnere mich an Begegnungen mit Peter Brogle oder Martin

Lüttge, die von ihren Erfahrungen mit dem Zelttheater ganz begeistert waren, begeistert von diesem Wanderleben, den allabendlichen Auseinandersetzungen mit dem Publikum, das mitgeht oder nicht mitgeht, wo man plötzlich nachdenkt, warum dieser oder jener Gag nicht kommt. Liegt es vielleicht an der mangelnden Konzentration, oder hat man was verpatzt? Oder ist auch nur das Publikum drunten im Parkett nicht aufmerksam – vielleicht muß man es überlisten und wachtrommeln oder auch mal durch Schweigen in Aktion versetzen. Da hat man das klassische Tournee- und Startheater wie *Der Grüne Wagen* in schrecklicher Erinnerung, denn da wurden ja oft ein paar großartige Stars wie Elisabeth Bergner oder Käthe Gold, Bernhard Minetti oder Hans Christian Blech als Zugpferde genommen und mit einem mehr schlecht als recht zusammengewürfelten Ensemble mit Standardinszenierungen vom Fließband auf Reisen geschickt (Routine-Regisseure haben da oft mal nur schnelles Geld verdient) – das hat einem Theaterliebhaber bald derlei Präsentationen vergällt, bis man dann bei *Peter Brogle's Schaubude,* Marin Lüttges' Theaterhof *Priessental* oder den *Fliegenden Bauten* eines Besseren belehrt wurde. Hier gilt im Ansatz, was das *teatro campesino* in Mexiko erreicht: das Theater wieder als Vergnügen, als Volksbelustigung zu entdecken, es aus dem geheiligten Rahmen des Musentempels, den nur Eingeweihte betreten, zu befreien. Etwas Derartiges versuchten zu Beginn der achtziger Jahre Dario Fo mit seinem Ensemble und George Tabori, der im Zirkuszelt Samuel Beckett inszenierte.

Bei einem Gespräch vor Beginn des Festivals *Theater der Welt '81* in Köln sagte mir Rainer Werner Fassbinder, der später während des Theaterfestes einen Film über die Veranstaltung machte:

Mich interessiert heute, was die Leute vom Squat Theatre *oder was Boby Wilson macht, und ich hoffe, daß ich einiges von dem wiederfinde an Elan und Experimentierlust, was für mich und meine Freunde damals Beweggründe waren, Theater zu machen: daß man nämlich auf dem Theater mehr Zeit hat, etwas auszuprobieren. Da waren die Proben wichtig, hatte Bedeutung, was die Leute auf den Proben entwickelten. Premie-*

1974 spielte Götz George mit Sonja Ziemann in Tennessee Williams' ›End-station Sehnsucht‹

ren sind immer nur wichtig für Leute, die eh wissen, was sie machen, wohin sie tendieren. Theater ist an sich eine elitäre Sache, aber wenn viele Leute Theater machen, wenn es viele Gruppen gibt, dann ist das anders. Aber die herkömmlichen Formen des Theaters finde ich langweilig. Da wird nur noch etwas Fertiges ausgestellt, und das muß dann auch noch möglichst chic sein. Ich glaube nur an ein Theater, das sehr viel mit den Inhalten zu tun hat und mit den Leuten, die mit diesen Inhalten umgehen. Für mich ist die Form des mexikanischen Wandertheaters oder dem von Vittorio Gassman in Italien schon ein Ansatz dessen, was mir vorschwebt, auch die Rote Rübe *oder* Squat, *doch das Beste, finde ich, ist, wenn Publikum und Theaterleute gemeinsam Theater machen – nicht in der Art von Claus Bremers* Mitspiel-Theater, *sondern noch konsequenter, noch improvisatorischer.*   *(Fassbinder)*

87

Wenn man sieht, was heute in den Stadt- oder Staatstheatern los ist, wie da gekämpft und intrigiert wird und schlechtes, kaum innovatives Theater rauskommt – die wenigen Ausnahmen bei Jürgen Flimm, Peter Zadek, dem *Theater an der Ruhr* oder der *Berliner Schaubühne* abgezogen –, dann wünscht man keinem Schauspieler, der sich wirklich engagiert, aber auch keinem Regisseur, sich hier künstlerisch kaputt machen zu lassen. Und so sieht es Götz George:

Wenn man ein Anliegen an diesen Beruf, an die Schauspielerei hat und Theater spielen will, dann bemüht man sich um genaue Arbeit, und so hat es sich ergeben, daß wir meist unter Kollegen – mit denen ich auch arbeiten wollte – gemeinsam ein Stück, eine Inszenierung erarbeiteten. Und das hat sich dann auch bezahlt gemacht, und wir kriegten eigentlich das in den letzten Jahren auch wirklich honoriert – von den Kulturreferenten wie vom Publikum. Natürlich gibt es da manchmal Beschränkungen auf der Bühne, da haben sie nicht den Bühnenraum, um das Ganze wie geplant aufzubauen, aber da muß man sich eben dementsprechend mehr anstrengen, um das Manko im Spiel wieder wettzumachen. Ich habe die Erfahrung gemacht, daß sich hier eine so konzentrierte Arbeitssituation ergibt, wie sie bei einem festen Ensemble nicht in der Weise herstellbar ist. Da beschäftigt man sich tagsüber mit ganz anderen Dingen, dreht vielleicht einen Film, macht bis 18 Uhr Fernsehen und geht dann abends auf die Bühne. Das ist natürlich doppelte Belastung. Beim Tourneetheater ist es effektiv nur so, daß du dich von morgens bis abends auf die Rolle konzentrieren kannst. Das ist zwar wahnsinnig anstrengend, aber für mich war das immer so ein Freiraum. Ich gehe dann eben spazieren, bin mit den Kollegen im Bus. Da kommt eine gute oder eine weniger gute Stimmung auf, aber es ist immer eine grundsätzliche Sache, daß man feststellt: Da findet noch wirkliches Theater statt, da gibt es noch eine Reaktion vom Publikum, man spricht nach der Vorstellung mit den Leuten und erfährt wirklich etwas über die Wirkung der eigenen Arbeit, und das bringt für beide Seiten etwas.

Für Eberhard Feik, mit dem ich das letzte Mal auf Tournee war, war das ein einschneidendes Erlebnis, er hatte nur ein oder zwei Tourneen vorher gemacht und war voll begeistert, wie freundschaftlich, wie künstlerisch ergiebig so etwas ist, wenn man es wirklich ganz ernsthaft betreibt.

Eine Geldfrage ist das gewiß nicht. Beim Film oder beim Fernsehen verdient man das Mehrfache in wesentlich kürzerer Zeit. Es geht hier wirklich um Anliegen, um das Bedürfnis, Theater zu machen.

Und ein wirklich kreatives Theater, kreative, harmonische Ensembles fehlen weitgehend an unseren Bühnen.

Götz George über Götz George

Das waren wichtige Marksteine in meinem Leben. Mutter hat gesagt, der einzige, der dir wirklich – auch pädagogisch – das größte Rüstzeug mit auf den Weg geben kann, ist Hilpert. Das stimmte auch, und Hilpert hat mich auch gleich eingesetzt. Ich hatte nicht dieses Problem, daß ich erst mal dienen mußte. Hilpert war der einzige, der angerufen und meiner Mutter gesagt hat: »Also, dein Sohn geht mir nicht aus dem Kopf, der hat mir da gestern was vorgespielt, das ist so eigentümlich selbstbewußt und auch schon künstlerisch abgesegnet, und dann hat er mir auch noch gesagt, er hätte das selber auch inszeniert, also selber entworfen [was ja auch stimmte], den mußt du mir schicken. Ich kann dir nicht viel Geld geben, du mußt mit fünfhundert Mark zufrieden sein, aber den will ich gleich haben.« Also auch ein Glücksmoment. Und das hat sich alles als sehr positiv in meinem Leben entwickelt, daß das alles so ineinanderhakte, und dadurch kriegte ich auch sofort ganz tolle Rollen bei ihm und spielte mit sehr, sehr guten, bühnenerfahrenen Leuten zusammen. Dadurch war ich natürlich eingebettet, und auch diese Fairneß, die Hilpert mir gegenüber hatte! Er sagte: »Du mußt auch deinen Weg verfolgen, du mußt auch, wenn du schöne Filme angeboten bekommst, diese Filme um Gottes willen machen, ich kenne diesen Zwiespalt zwischen Theater und Film, das sollst du machen.« Also wir einigten uns auf einen Vertrag: »Ein halbes Jahr spielst du bei mir Theater.« Nachdem ich also zwei Jahre durchgespielt hatte, hat er dann gesagt: »Die nächsten Jahre machen wir so – du spielst bei mir zwei große Rollen, und das andere machst du mit der Filmarbeit.« Auch ein großes Entgegenkommen, was du eigentlich am Theater sonst nie so erfährst. Und dadurch lief das alles parallel: Ich machte meine Filme – bei Staudte hatte ich die Gelegenheit, in *Kirmes* zu spielen, die *Fastnachtsbeichte* machte ich, und dann habe ich mich vom Theater gelöst und mich eigentlich auch nicht mehr aufgrund meiner Erfahrungen bei Hilpert – an andere Thea-

Götz George mit Tochter Tanja (1984)

ter gebunden, auch nicht ans *Schiller-Theater,* da war ich
Gast. Wenn du Gast bist an einem Theater, wirst du schon anders behandelt als ein Ensemblemitglied. Ich war in Köln,
auch in München – immer nur gastweise, und das hat sich
auch wiederum sehr positiv gezeigt, obwohl das so ein Zwie-

Berta Drews und Götz George in ›Fastnachtsbeichte‹

spalt ist. Du trittst beim Ensemble schon mit einem Neidkom-
plex an, also dem Ensemble gegenüber bist du sehr aufge-
schlossen. Das Ensemble merkt, du hast so eine gewisse Be-
vorteilung von der Intendanz, von den Regisseuren. Da mußt
du dich auch durchsetzen. Es hat ein Für und ein Wider. Aber
das einzige Für, das es gehabt hat, war, daß ich eigentlich nach
diesen Stückverträgen ganz froh war, wieder mal zu wech-
seln. Das war ja immer für ein halbes Jahr so eine Anbindung
an einTheater, und dann spürte ich meine innere Unruhe, ich
wollte wieder etwas anderes kennenlernen. Deswegen habe
ich so eine Abneigung dagegen, fest in ein Ensemble einzutre-
ten, zu sagen, ich will jetzt so drei Jahre lang durchpowern,
weil ich da jetzt auch nichts mehr lernen kann, obwohl man
immer sagt, im Beruf lernst du nicht aus – aber ich glaube, bis

zu einem gewissen Grad hat man ausgelernt. Nicht so wie damals Vater meinte, als man ihn fragte, warum er nicht zu seinem fünfzigsten Geburtstag den *Lear* spiele, daß er noch nicht reif genug sei. Da ist was Wahres dran. Heute wird der *Lear* von viel jüngeren Leuten gespielt, mit Maske und so, damals machte man als Schauspieler eine stete Entwicklung, heute gibt es überhaupt keine Entwicklung mehr, sondern es ist ein Zufallstreffer, daß einer sagt, bitte spiel' doch bei mir mal das oder das, dann ist es vielleicht eine Traumrolle. Aber dann kommt es immer drauf an, wie wird so ein Stück ausgelotet, wie ist die Arbeitsatmosphäre, was will der Regisseur, ist er werktreu. Also so ein blindes Vertrauen hätte ich wirklich nur bei Peter Stein oder bei meinem großen Guru Rudolf Noelte. Da würde ich blind sagen, das ist okay, das ist richtig, wenn wir das zeitlich in Einklang bringen können, und das ist ja auch ganz schwierig, das muß man ja vorher planen, ein Jahr lang. Dann würde ich das machen. Wenn ich an den Arbeitsplan meines Vaters denke, die haben ja früher viel mehr gearbeitet, aber es stand unter einem anderen Stern, unter einem sehr großen künstlerischen Stern.

Heutzutage wird ein Künstler, ein Schauspieler – oder besonders auch Regisseur – verbraucht, weil der Druck so ungeheuer groß ist, sich beweisen zu müssen, die Leute ins Theater zu bringen, auch sich künstlerisch zu beweisen, die fürchterliche Häme, die umgeht, das Schreckgespenst in deutschen Landen. Denn jeder ist böse auf den anderen, keiner gönnt einem anderen einen Erfolg. Deswegen ist es eine ungeheure Abnutzung, und wenn ich so sehe, unter welchem Druck auch Dominik Graf *Die Katze* produziert und geleitet hat, muß ich sagen, da mußt du erst mal ein halbes Jahr Pause machen, um das zu verdauen, diese Kraftanstrengung, das ist wie wenn du als nicht so trainierter Mensch auf einmal zwei Zentner fünfzig stemmst, da geht man automatisch in die Knie. Und ich muß sagen: Zum Glück ist der Film aufgegangen. Es hätte ja sein können, daß das Publikum nicht reingegangen wäre. Was glauben Sie, was da für ein Leidensprozeß eingesetzt hätte. Da sagt der Regisseur, ich will mit diesem Beruf nichts mehr zu tun haben, denn was ist noch gültig in

Trotz seiner Filmkarriere blieb Götz George dem Theater treu; hier als Captain Plume mit Loni von Friedl in der Komödie ›Der Werbeoffizier‹

der heutigen Zeit, was hat noch Bestand. Der Druck ist so gewaltig groß, daß man versuchen sollte – zumal heute –, nur noch das anzunehmen, wovon man wirklich glaubt, daß es einem Spaß macht und daß man es körperlich und seelisch noch verkraften kann, aber ansonsten sollte man sehr vor-

Wenn ihm Zeit bleibt, geht er gerne auf Theater-Tournee: Götz George und Eberhard Feik in Gogols ›Der Revisor‹

sichtig mit sich umgehen. Und das habe ich auch in mein Lehrbuch geschrieben: Ich habe jetzt die ganzen Stationen durchgemacht und war vom Schicksal sehr bevorteilt, was natürlich auch damit zusammenhängt, daß ich wahnsinnig fleißig bin. Ich habe mir keine Aufgabe im Leben leicht gemacht.

Ich bin in Klausur gegangen, und das hat sich dann letztendlich ausgezahlt. Das wird sich bei jedem Menschen auszahlen, wenn er sich so vorbehaltlos einer Sache hingibt. Jetzt spiele ich schnell mal Theater, mache vormittags und nachmittags Synchron, das müssen wir alles unter einen Hut bringen, denn mit mir hatten es Aufnahmeleiter und Intendanten immer ganz leicht. Denn wenn ich mich für eine Arbeit entschieden habe, dann habe ich diese Arbeit auch gemacht und bin niemals dem Hang verfallen, drei Sachen auf einmal zu machen, wie man es ja oft wegen einer Familie aus pekuniären Gründen macht.

Götz George über ...

... Hajo Gies

Von allen Regisseuren besetzt er am genauesten. Er riskiert auch am meisten, und ich verlasse mich da auf ihn blind. Hajo schaut sich sehr viel um, geht viel ins Theater – das ist ein Teil seiner Arbeit. Und wenn jemand so angestrengt arbeitet und diese Arbeit ihm Freude macht, macht sich das zum Schluß bezahlt. Deshalb kriegt er immer eine erstklassige Besetzung zustande.

Hajo ist sicher kein Regisseur, der unüberlegt drauflosarbeitet. Er gehört nicht zu denen, die nur Idealvorstellungen im Kopf haben und dabei vergessen, daß die begrenzten Mittel ihre Verwirklichung gar nicht zulassen. Er paßt seine Vorstel-

Hajo Gies

97

lungen immer dem Rahmen an, der ihm gesetzt ist, und gerade deshalb sind seine Arbeiten in der Regel erstklassig.

Man muß in der Kunst einen ruhigen Kopf haben. Sobald man verkrampft ist – in der Malerei, der Musik oder der darstellenden Kunst –, kriegt man einen Knoten rein. Beim Hajo ist – wenn er zum Drehort kommt – der Kopf ausgeruht. Er läßt sich von der Produktion nicht an den Karren fahren, bleibt locker, und wenn die anderen ihre Prämie bekommen wollen, ihr Schulterklopfen, weil sie den Drehplan eingehalten haben und im Materialverbrauch perfekt gewesen sind, interessiert das den Hajo alles nicht. Dadurch gibt er dem Schauspieler eine ungeheure Ruhe und läßt keine Hektik aufkommen.

... Dominik Graf

Er ist sicher gegenwärtig einer der besten Regisseure in der Bundesrepublik. Er konnte seine Vorstellungen anfangs noch nicht ganz durchformulieren; er wußte sicher um seine Begabung, aber es fehlte ihm noch etwas, er hatte noch nicht die Mittel; wohl ein Bild im Kopf, wie man es machen könnte. Doch dann hat der Produktionsleiter gesagt: »Wir stellen Ihnen die Mittel dafür nicht zur Verfügung, machen Sie es kleiner« – und das wieder geht oft nicht. Man muß also etwas ganz anderes entwerfen, den einen oder anderen Gedanken vergessen und etwas Neues aufnehmen.

Unter den Regisseuren herrscht ein ausgeprägtes Konkurrenzdenken. Wenn der eine Regisseur was gemacht hat, und der nächste kommt, dann will der das besser machen, er sagt: »Ja, das hat der und der toll gemacht, aber es ist eben noch nicht ganz das, was ich mir vorstelle.« Das ist für uns ganz schön und anregend. Nicht umsonst habe ich immer dafür plädiert, mit neuen, jungen Leuten zu arbeiten, die noch unverbraucht sind. Und ich finde diese Art von Konkurrenzdenken, die ja nicht an die Oberfläche kommt, ganz nützlich. Aber der Dominik ist sicherlich einer der begabtesten Regisseure, er hat in der Intensität der Arbeit eine Ähnlichkeit mit Carl Schenkel.

Und jetzt schlägt sich in seiner Arbeit auch das private Glück nieder, die schöne Verbindung mit einer Frau, das Kind. Man darf das nicht unterschätzen. So ein Kind macht Männer locker, sie merken auf einmal, es gibt Wichtigeres auf der Welt als Film. Gerade Männer, bei denen eine menschliche Beziehung nicht aufgeht, werden ja oft zu absoluten Top-Managern, stürzen sich in Arbeit, bringen Höchstleistungen. Wenn das Menschliche und das Private stimmen, dann merkst du auf einmal: Was wir da machen, ist nicht so wichtig. Man wird in unserem Job sehr leicht dazu verführt, sich zu wichtig zu nehmen.

Dominik und Hajo haben ganz unterschiedliche Ansätze, und trotzdem haben sie eine ungeheuere Ähnlichkeit – auch im Humor. Das heißt, die kommen aus verschiedenen Positionen: Dominik hat eine klare Vorstellung, vermittelt das und bezieht uns in seine Arbeit ein, das gibt uns Sicherheit. Nur aus dieser Sicherheit heraus läßt sich überhaupt eine Szene richtig spielen. Und der Hajo macht etwas anderes. Er fragt uns erst einmal, was wir uns vorstellen, ähnlich dem, was ich von Brecht gehört habe, der erst mal gesagt haben soll: »Macht mal da oben« – und aus dem Angebot der Schauspieler, die ja alle Phantasie haben, kristallisiert sich etwas sehr Schönes und Lockeres heraus, und wenn man auf einem ganz falschen Dampfer ist, kann der Regisseur einschreiten. Wenn der Regisseur alles bis ins Detail vorschreibt, dann spürst du die Angst und Unsicherheit eines Schauspielers, und du merkst, der Junge ist nicht locker. Und das nehme ich einem Regisseur auch übel, wenn er dem Schauspieler nicht die Basis gibt.

... Ilse Hofmann

Ilse ist eine Schwester von Hajo. Sie ist ihm sehr ähnlich. Sie artikuliert sich als Frau, will und muß sich als Frau artikulieren, um sich gegen die Männerwelt zu behaupten. Sie macht das ganz toll, vor allem, wenn sie Spaß an Leuten hat und merkt, daß die Schauspieler sie akzeptieren. Bei mir geht es genauso: Wenn ich weiß, daß der Regisseur mich akzeptiert, gehe ich mit Freude an die Arbeit. Wenn die Inge merkt, daß sie die Schauspieler im Griff hat, blüht sie auf und macht wunderbare und sehr gescheite Sachen. Da ist es eine reine Freude, mit ihr zu arbeiten, weil sie wahnsinnig viel Humor hat. Sie hatte ja die schwere Aufgabe, den zweiten *Tatort* zu machen, und da mußte sie sich ganz besonders behaupten. Es dauerte damals lange, bis die Unsicherheit weg war. Sie wußte zunächst nicht, wie sie mit Machos umgehen soll, ich hatte keine Ahnung, wie ich diese Frau anzupacken hatte. Es kam zu Spannungen, die sich dann wunderbar gelegt haben, und es wurde ein sehr, sehr schönes Arbeiten, an das ich wirklich gerne zurückdenke. Nicht umsonst habe ich die Ilse mal bei der Bavaria vorgeschlagen, wo man ja den Frauen komischerweise ein bißchen kritisch gegenübersteht.

Ich habe später auch gesagt, ich würde gerne wieder mit der Ilse arbeiten, weil ich das schön und extrem routiniert fand. Ilse hatte beispielsweise beim *Tausch* Action-Szenen von sich aus arrangiert, die waren besser als bei den männlichen Regisseuren. Für mich ist auch sehr wichtig, daß sie ein echter Kumpel ist.

Bei der ganzen *Tatort*-Reihe waren alle Regisseure, mit denen ich zusammengearbeitet habe, menschlich okay; sie sind ungeheuer zuverlässig. Aber auch über die Arbeit hat man sich gefunden; dieses Thema *Schimanski* ist doch so, daß man nicht nach Hause geht und sagt, was haben wir eigentlich da gedreht. Das alles verbindet die Beteiligten über die Dreharbeiten hinaus miteinander.

... Theodor Kotulla

Theo ist für mich ein sehr gescheiter Mensch. Zwar ist er kein Intellektueller im eigentlichen Sinn, sondern auch Bauchmensch. Vielleicht beschreibt man ihn am besten als intellektuellen Bauchmensch. Das ist eine schöne Wiederbegegnung gewesen. Wir hatten ja damals *Aus einem deutschen Leben* zusammen gemacht, das war ganz Theos Verdienst und für ihn wie für mich ein schöner Erfolg. Theo war eigentlich von den Regisseuren der menschlichste, aber auch der unprofessionellste – durchaus auch im guten Sinne, weil er vielleicht nicht dieses Reservoir an Erfahrungen hat wie die anderen – er hat es einfach nicht auf der Filmhochschule gelernt –, hatte aber die gleiche Aufgabenstellung. Da mußte er also einen Weg finden. Er versuchte es nicht mit Professionalität, sondern mit Menschlichkeit. Er weiß manchmal gar nicht, wie er eine Szene technisch angehen soll, er hat nur eine ungefähre Vorstellung von einer Szene, und die ist richtig. Das ist also der Bauchmensch. Aber wie setzt er das Ganze nun um? Theo läßt eine Szene von drei oder fünf Minuten durchspielen. Das ist für einen Schauspieler eine ungeheuer schwierige Situation, kann aber auch sehr schön sein. Theo entscheidet dann, sie noch dreimal zu unterschneiden. Ich finde aber, man muß eine solche Szene nicht fünf Minuten durchspielen, wenn man weiß, daß man sie doch unterschneidet. Aber dieses Nicht-genau-wissen,-wo-es-langgeht, hat den ungeheuren Reiz, daß er sich gewisse Dinge offen läßt. Das ist die Vorstellungskraft vom Theo, und die ufert oft aus, geht ins Extreme. Man kann das professionell nennen, eigentlich beruht es aber nur auf Intuition. Das kann gutgehen, muß aber nicht.

Theo will nicht mit den anderen *Tatorten* konkurrieren. Er hat von vornherein gesagt, dieses Buch haben wir zur Verfügung, es ist ein leises, ein stilles Buch, eine Geschichte zwischen zwei Menschen. Er hat nicht versucht, etwas anderes daraus zu machen, nur weil die Schimanski-Figur so gezeigt ist oder weil der George das will. Er hatte eine klare Vorstellung von dem, was er will, und das kam mir entgegen. Wir wußten, wenn Theo seine Einstellungen formulierte, waren die ruhig, konzentriert, und diese Arbeitsweise war mir von der Arbeit an *Aus einem deutschen Leben* her vertraut. In *Einzelhaft* geht es ja um zwei Menschen, die nichts sagen und doch was sagen, es ist ein ruhiger, ein intensiver Ablauf, und Theo hat hier bewiesen, daß auch in der Ruhe, in der zwischenmenschlichen Beziehung eine ungeheuere Spannung entstehen kann. Und da folgst du natürlich als Schauspieler blind, weil du sagst, das sehe ich ein, damit kann ich was anfangen. Die Frage dabei ist nur, wie ich Stille optisch ausdrükken kann. Da gibt es verschiedene Möglichkeiten. Das Problem war, wie zeigen wir, wie formulieren wir ein Bild. Das war ein bißchen schwierig. Der Kameramann fand es ganz schön, das im Anschnitt zu haben und dann rumzufahren, der Theo hat gesagt, ich will das statisch haben.

So eine Situation kann ganz schön sein, denn du erfährst etwas über diesen Beruf, du erkennst die verschiedenen Auffassungen, die entstehen können, doch letztendlich ist der Regisseur verantwortlich. Er muß sich für eine dieser Möglichkeiten entscheiden. Ich habe *Einzelhaft* nicht gesehen, aber wenn das aufgegangen ist, dann ist das Theos Professionalität. Ich habe jetzt schon von zwei Seiten Gutes gehört, ich war etwas kritisch, weil ich mit dem Buch nicht soviel anfangen konnte – wir haben vor den Dreharbeiten da noch einiges dran gemacht, und es kann durchaus sein, daß das, was wir aus dem Buch gemacht haben, doch funktioniert.

... Frank Beyer

Beyer und Kohlhaase haben sehr eng zusammengearbeitet. Kohlhaase war an der dramaturgischen Ausgestaltung maßgeblich beteiligt und wollte schon sehr genau sehen, wie das umgesetzt wird. So war er meist auch am Set. Und Frank Beyer ist natürlich ein ganz professioneller Filmhase, der genau weiß, wie er dieses und jenes umsetzt. Für mich war es eine ganz neue Erfahrungssituation, daß dieses Buch hundertzehn Bilder hat. Jedes Bild ist auf einer oder auf zwei Seiten beschrieben, das heißt, daß der Schauspieler jedesmal nur zwei Sätze zu sprechen hat oder nur einen, du kannst also keine schauspielerische Präsenz rüberbringen; du kannst deine Persönlichkeit, deinen Typ einsetzen, und das ist alles sehr statisch. Frank Beyer hat das Buch von Kohlhaase sehr streng, sehr abgezirkelt inszeniert. Es gibt ganz wenige Zwischenschnitte, diese Zwei-Seiten-Szenen werden in einer Einstellung gedreht, du mußt sehr präzise sein – nicht nur im Dialog, sondern auch in den Bewegungen. Alles hat eine Bedeutung: jeder Griff, jeder Blick, jeder Gang. Das ist so eine Art ausgestelltes Theater, wie das Brecht-Theater, das verfremdete Theater. Und dadurch bist du natürlich eingeengt,

Frank Beyer und Wolfgang Kohlhaase bei den Dreharbeiten zu ›Der Bruch‹

kannst und darfst nicht raus. – Mein Bestreben als Schauspieler war es ja, zumindest beim Film, so realistisch wie möglich zu sein. Dadurch kam ja auch meist das Echo des Publikums, das sagte: Mensch, der ist ja ganz realistisch, so wie wir – und das fällt als künstlerisches Mittel beim *Bruch* völlig weg. Das ist eigentlich nur ein Vorzeigen des Typs, und das Zusammenspiel mit den Kollegen, mit Sander und Hoppe, ist reduziert auf das Allerallernötigste. Das fällt schwer, und es gibt dem Schauspieler nicht die Befriedigung – oder zumindest mir nicht –, die ich ganz gerne gesehen und gehabt hätte. Aber die Arbeitsweise und die freundschaftliche Basis, die da herrschen, auch die Genauigkeit im Detail – das spornt doch an. Das ist ein Unterschied zu unserer schnellen Arbeitsweise, und das ist mir sehr aufgefallen. Das ist sicherlich eine schöne Erfahrung gewesen, auch, daß ein Schauspieler aus seinem eigentlichen Temperament, aus seiner eigentlichen Vorstellungswelt herausgeholt wird, und das ist vor allem bei mir vonnöten, weil ich oft ausufere, weil ich gerne spiele, weil ich gerne etwas zeige, etwas ausdrücken will. Das kann man natürlich auch mit weniger Mitteln, und es ist eben die Frage, wie ich als Figur in diese ganze Dramaturgie des Buches hineinpasse. Das wird man erst bei der Fertigstellung des Films, beim Schnitt sehen.

Aber nun weiß der Frank ja ganz genau, was er will, er ist absoluter Profi. Regisseure haben aber ja meist immer noch einen Spielraum, der den Schauspielern die Möglichkeit gibt, eine gute Idee noch nachträglich einbauen zu können. In diesem Fall ging das nicht, denn *Der Bruch* war ein völlig fertiges Buch. In solchen Situationen fragen wir Schauspieler uns manchmal, was wir hier eigentlich machen. Wir fühlen uns ein wenig zu bloßen Textkolporteuren degradiert. Die Professionalität eines Schauspielers wird daran gemessen, wie knapp er den Text umsetzt. Das ist es, was Frank und Kohlhaase erwarten, und ich habe immer gesagt, daß ein wesentlicher Teil meiner Professionalität darin besteht, im Laufe der letzten dreißig Jahre die Kamera immer mehr vergessen zu haben. Manchmal gelingt das, manchmal nicht. Dieses fürchterliche schwarze Etwas, das auf dich gerichtet ist, ob es läuft oder nicht, es wird zum Feind, weil du auf einmal anders bist als im Leben. Und das muß man vergessen.

Und beim *Bruch* hatte ich drei »Gegner«, die Kamera, Frank, der sehr genau hinhört, sehr genau beobachtet, und Kohlhaase als Autor, der uns beurteilt. Und das ist schon recht schwierig.

Und dann kommt noch etwas dazu: Bei der DEFA darf jede Szene nicht länger sein, als sie vorkalkuliert ist, man nennt das »Nutzmeter«, das hat man früher bei uns auch gemacht, und das ist schon okay. Allerdings gibt es manchmal Szenen, die dann doch nicht so schnell runterzuspielen sind, oder es eröffnen sich dramaturgische Schwerpunkte, die man noch bedienen muß, und da geht man dann nicht so sehr drauf ein, sondern sagt: »Da müssen wir uns eben etwas anderes ausdenken, daß wir in der Zeit bleiben.« So eingeengt möchte ich mir meinen Beruf nicht vorstellen.

... Martin Gies

Er ist von den Drehbuchautoren sicher der dünnhäutigste. Wenn das mit einer solchen Figur wie dem Schimanski zusammenkommt, ist dann die Gegensätzlichkeit das bestimmende Moment. Das sieht man bei Geschichten wie *Das Mädchen auf der Treppe* oder *Gebrochene Blüten*. Im Vordergrund immer eine Mann-Frau-Beziehung mit all ihren Komplikationen, mit all den Durchlässigkeiten, Sensibilitäten, und das habe ich bei keinem anderen Drehbuchautor so intensiv erfahren. Bei Martin konzentriert sich das Thema immer auf eine gar nicht ausformulierte zwischenmenschliche Situation. Das bleibt im Raum stehen, man weiß nie so ganz genau, was die Partner und Gegenspieler voneinander wollen, nur daß sie sich irgendwie mögen. Da ist eine Sympathie da, aber das wird nie richtig ausgegoren, und gerade dadurch ergibt sich eine schöne Kunstform. Das hat einfach mit der Sensibilität des Menschen Martin Gies zu tun. Der ist ein hochkarätiger Schreiber, ein Drehbuchautor, der die Figur Schimanski ganz anders verdaut hat als all die anderen, und es ist für mich schon sehr positiv, daß diese Serienfigur nicht immer nach Schema F gezeichnet ist.

... Renan Demirkan

Sie ist sicherlich die stärkste *Tatort*-Frau. Keine hat den Schimanski als Figur mehr bedient. Sie spielt keine Frau, die ihn anhimmelt, sondern die ihm Kontra gibt. Durch sie entsteht eine Spannungssituation, die der Schimanski immer wieder heraufbeschwört, der sie sich aber immer wieder entzieht. Die Zuneigung bleibt immer unter der Oberfläche; erst zum Schluß kommt alles zum Ausbruch. Man merkt gerade in *Zahn um Zahn* immer wieder, daß da so Augenblicke der Sympathie, der Zuneigung aufkommen, und auf einmal strebt das alles wieder auseinander, weil der Beruf dazwischenkommt, weil jeder mit seinem Job befaßt ist, jeder das Bestmögliche machen will, jeder denkt an sich, sie will ihren Artikel schreiben, er will den Fall aufklären, das finde ich

Renan Demirkan und Götz George während einer Drehpause in Marseille

ganz schön. Und diese Zusammenarbeit mit der Renan war spannungsgeladen, das gehörte wahrscheinlich auch dazu, wir waren ja in dem Sinne gar kein Team und hatten nicht die Gelegenheit gehabt auszuufern. Wir waren auf Distanz, und diese Distanz ist im Film auch da, und über diese Distanz kam zumindest bei mir schon das Zutrauen an die Schauspielerin. Ich merkte, daß sie ihre eigenen Mittel braucht, sie kann diese Mittel vertreten, kann sie durchdiskutieren, und da ging es auch nicht hauptsächlich um Eitelkeiten. Diese Distanz hat sich in der ersten und zweiten Woche so stark herauskristallisiert, daß man gesagt hat, wir passen nicht so zusammen, wir sind zwei ganz verschiedene Persönlichkeiten, und wir müssen das schaffen. Dadurch sind natürlich auch ungeheure Reizpunkte entstanden. Wir mußten ja auch sehr intime Szenen zusammen spielen, und die haben nur funktioniert, weil wir diese eigentlich sehr schöne Distanz haben. Das merkt man natürlich im Film auch. Trotz der unter-

106

schwelligen Spannung war immer eine Diskussionsbasis vorhanden. Wenn die wegfällt, dann bricht der Film, dann bricht die Arbeit, dann bricht alles zusammen. Für Hajo war das natürlich schwierig, er mußte ja zwischen Renan und mir vermitteln. Das lief oft so ab, daß die Renan ihm einen Vorschlag machte und nicht mir, und er gab das dann weiter. Alles lief über ihn, und er wollte keinem weh tun, er war da in einer schwierigen Situation, aber letztendlich ist das aufgegangen, und wir haben gesagt, laßt uns die kleinen privaten Spannungen vergessen, laßt uns diskutieren, laßt uns das durchexerzieren. Die Wertschätzung zur Renan ist nach wie vor da. Und wenn ich den Film sehe, dann geht das auf, und das war dann letztlich für mich auch eine schöne Zusammenarbeit – und eine wichtige Erfahrung.

... Renate Krößner

Das war bei der Renate Krößner genauso: Sie hatte ihre eigenen Vorstellungen, die sehr geprägt waren durch die DEFA, das merktest du einfach daran, wie sie angetreten ist, wie sie sich ihre Rolle vorgestellt hat. Diese Vorstellungen muß man dem Partner oder der Partnerin lassen, weil das ungeheuer anregend ist – auch für einen selber. Man lotet seine Figur dann auch selber ganz anders aus. Durch intensive Gespräche einigt man sich auf eine Art Synthese der unterschiedlichen Auffassungen. Mit der Renate Krößner lief das auch so ab. Wir hatten zwar ein gespanntes Verhältnis, aber diese Spannung war sehr positiv. Wir haben einander geschätzt und zugehört, und das war dann im Endeffekt eine sehr künstlerische Arbeit. Der Hajo war wieder nur Mittler. Hätte er uns einfach seine Auffassung aufoktroyiert, hätten wir gegen ihn Front gemacht, und das muß man vermeiden. Wenn die Kamera läuft und wir eine Szene spielen, müssen wir letztendlich eine Einheit darstellen, und das passiert nur sehr selten. Bei normalen Seriensituationen ist ja eigentlich keine Zeit zum Diskutieren, da muß man täglich vier oder fünf Minuten Schnittmeter drehen. Trotzdem haben wir uns immer diese Zeit genommen, waren aber dadurch auch nicht langsamer.

... Brigitte Karner

Mit ihr war die Arbeit einfacher. Das Buch hat klare Vorgaben geliefert. Ich habe das, was Theo gesagt hat, sehr offen angenommen. Wir wollten mal ein bißchen ausscheren, wollten den Schimanski in einer ruhigen Position zeigen und die ganze Sache über zwei Personen ablaufen lassen: Das hat dann eine ganz andere dramaturgische Auslegung gebracht, und Brigitte war sicherlich auch nicht bequem. Sie hatte ihr eigenes Bild entwickelt, und dann hat man versucht, aus dem, was sie sagte, was Theo einbrachte und was ich gesagt habe, eine Szene zu erarbeiten, die alle befriedigte. Das war eine viel ruhigere Arbeit, es kam nicht zu Exzessen, sondern zu wirklichen Aussprachen, die immer ganz freundschaftlich und vor allem ruhig geführt wurden. Das hängt natürlich auch mit Theos Temperament zusammen. Er hat sich das alles ganz ruhig angehört und dann entschieden: »Das nehme ich an, das nicht, das paßt nicht in den Film.« Das war eine schöne Erfahrung, und da kommen dann so ganz ruhige Momente, wie ich sie beim Schimanski noch nicht gehabt habe. Das war mal etwas anderes, und ich war ganz offen dafür. Ob das aufgeht, kann ich nicht sagen; man kann jedenfalls sehr viel im Gespräch vermitteln. Wenn der Schauspieler nicht sagt, was Sache ist, wenn einem der Regisseur nicht in die Parade fährt, dann fühlt man sich allein gelassen, dann kommt Eigendynamik rein, die man dann selbst vielfach als Überzeichnung werten muß. Und daran muß man eine ganze Menge arbeiten.

... Eberhard Feik

Zu Beginn waren ja von Hartmut Grund die beiden Figuren Schimanski und Thanner so ein bißchen auf Kontrast angelegt, dann waren wir aber gleichkalibrig besetzt, also äußerlich, nicht vom Charakter her. Da war natürlich anfangs eine Rivalität, weil der Feik den Hauptkommissar im Anzug spielen wollte, das aber kam für mich nicht in Frage, weil ich mich nicht uniformiere, und ein Anzug ist für mich auch schon eine

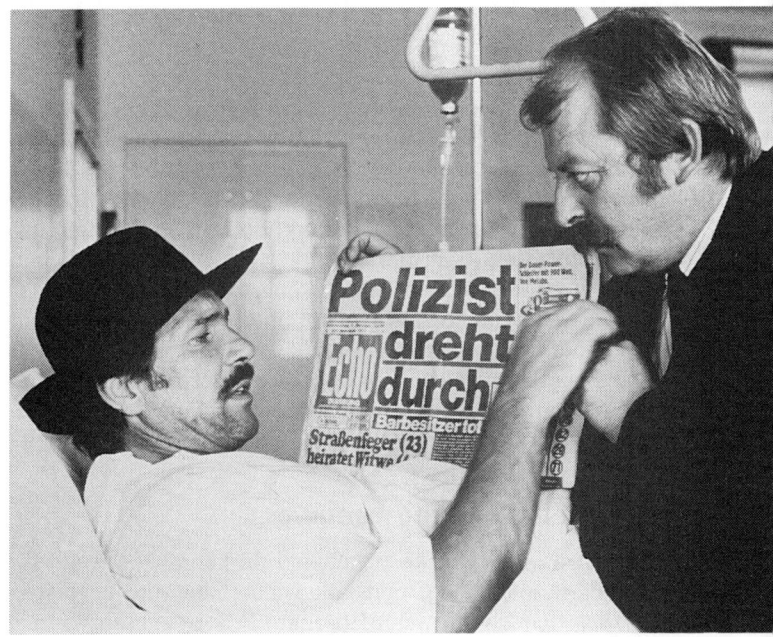

›Zabou‹

Uniform, obwohl ich ja mit meinem Parka schon fast parami-
litärisch aussehe. Eines Tages sagte der Eberhard, daß er
auch keinen Anzug mehr tragen wolle. Nach der zweiten oder
dritten Folge hat er nämlich gemerkt, daß die Leute einfach
dieses Saloppe viel mehr mögen als den Anzugtypen. Das
fand ich natürlich ungeheuerlich lustig, und da waren natürlich Produktionsleiter, Regisseure und andere sich einig und
meinten, daß wir bloß nicht den Blödsinn machen und uns
ähnlich werden sollten. Der Eberhard fühlte sich zunächst be-
nachteiligt. Mittlerweile hat der Eberhard die Wertigkeit seiner Figur viel mehr erkannt, auch die Chance, ihr eine ganz
andere Aussagekraft zu geben. Das hat sich jetzt ausgezahlt,
und je länger wir gemeinsam *Tatort* machen, um so enger
schließen wir uns zusammen. Am Anfang waren wir Kollegen, jetzt sind wir Freunde, und das ist ein großer Fortschritt,

normalerweise ist das ja umgekehrt. Früher lag die Initiative hauptsächlich bei mir, der Eberhard hat sich da eher ange-paßt, aber heute sind wir schon eine Einheit und gehen ge-meinsam ins Direktorenzimmer, um unsere Anliegen vorzu-bringen. Wir haben gemerkt, daß wir beide das gleiche so-ziale, politische und künstlerische Anliegen haben.

Unsere gemeinsame Theaterarbeit, die wir schon länger ge-plant hatten, hat erst dann funktioniert, als bei uns das menschliche und künstlerische Verstehen so weit gediehen war. Man hängt ja doch ziemlich eng zusammen bei so einer Tournee, wenn man vier Monate unterwegs ist. Bei uns hat sich dabei ein phänomenales Verhältnis entwickelt. Jeder hat für den anderen gelitten und gearbeitet, keiner war dem an-deren gram, wenn er mal mehr oder mal weniger Erfolg ge-habt hat. Das war eine tolle künstlerische Zusammenarbeit.

... Chiem van Houweninge

Chiem ist eine barocke Figur, und du kannst – das gilt für Eberhard, mich und Chiem – dem Zuschauer nichts vorspie-len, was du nicht bist. Der Eberhard Feik ist ein sehr korrek-ter Mensch, einer, der ein sehr präziser und sehr menschli-cher Beamter hätte werden können, der sehr genau hinter-fragt. Bei mir kommt sicherlich der Figur Schimanskis zu-gute, daß ich nicht schummeln möchte im Leben, daß ich ver-suche, allen so ehrlich wie möglich zu begegnen – und das muß sich auf das Publikum übertragen. Es muß davon über-zeugt sein, daß Schimanskis ganzer Einsatz – mag er noch so hart sein – nur der Sache, der Lösung des Falls dienen soll. Das ist erst mal ganz pauschal und naiv ausgedrückt. Und die-ser Schimanski ist ja im tiefsten Inneren auch naiv. Und das hat auch etwas mit mir zu tun. Der Chiem ist ein Mensch, der gern lebt, der gern kocht. Er ist einfach ein ganz liebenswer-ter, wunderbarer Mensch, geschlossen, tut keinem weh, genau das kommt auch rüber. Er hat ja relativ wenig inner-halb eines *Tatorts* zu tun; zwei, drei Tage, aber diese zwei, drei Tage sind immer so prall angefüllt, daß er nicht soviel reden kann. Aber in dem Moment, wo er auftaucht, vermittelt er schon durch seine Erscheinung und seine Diktion – das holländisch-deutsche Gemisch – seine unglaubliche Liebenswürdigkeit. Er ist nicht unkritisch, aber er ist sehr flexibel und angenehm. Er ist nicht nur ein guter Drehbuchautor, er ist auch ein aufmerksamer Beobachter. Selbst wenn er spielt, hört er nicht auf, seine Umgebung zu beobachten. Chiem ist das kritische Auge. Und er hat komischerweise als Holländer sehr, sehr viel zu sagen zu unserer deutschen Dramaturgie. Und das, was bei uns so hartleibig ist, versucht der Chiem immer aufzubrechen. Er sagt: »Kinder, ihr seid schon locker, aber ihr nehmt es doch noch immer ein bißchen zu ernst.« Dafür sind die Holländer ja berühmt; die besten Showleute, die besten Komiker kommen ja aus Holland – und eine solche Mentalität wirkt sich sehr positiv auf diese Produktion aus. Abgesehen davon hat Chiem sicherlich einige der brisantesten und besten Drehbücher geschrieben. Er hat auch die Figur des Schimanski mit am besten verstanden, eben weil er mich kennt, weil wir Freunde sind. Das war auch ein Geniestreich vom Hajo, der gesagt hat, nehmen wir doch mal diesen Holländer. Das gerade ist ja Hajos große Stärke: die Besetzung.

Götz George und Chiem van Houweninge

Gespräch mit Frank Beyer

Wolfgang Kohlhaase, der Autor, ist mit am Drehort. Arbeitet ihr immer so eng zusammen?

Wolfgang ist mit dabei, wenn die Haupttonlagen des Films festgelegt werden. Nicht immer, aber bei bestimmten Situationen, vor allem dann, wenn verschiedene Elemente unter einen Hut gebracht werden müssen. Wir haben hier junge Schauspieler, die noch Schüler sind, und eine Gruppe von Profis. Rolf Hoppe, Götz George, Otto Sander, Hermann Beyer – gestandene Leute. Und die verschiedenen Tonlagen, die die mitbringen, müssen wir ja für den Film irgendwie zusammenbringen. Das machen wir gerne gemeinsam.

Wie war das mit der Besetzung? Hattet ihr von Anfang an vor, das mit einer westdeutschen Beteiligung und Besetzung zu drehen?

Nein, das war zunächst mal gar nicht beabsichtigt. Ich wollte ursprünglich den Film komplett mit unseren Leuten besetzen. Aber dann gab es Schwierigkeiten, ich konnte einen bestimmten Typ von Schauspieler nicht finden, den ich für den Graf haben wollte, und dann ist das alles ein bißchen parallel gelaufen. Ich kam dann auf die Idee, daß Götz George ein sehr guter Graf wäre und Otto Sander mit Rolf Hoppe zusammen ein recht merkwürdiges Gespann bilden könnte. Und da nun noch ein Witz in der Situation darin besteht, daß der Fachmann, der das Loch durch die Tresordecke durchgestemmt und durchgeschweißt hat, da nicht durchpaßt, muß dann der Nicht-Fachmann durch; und auch in dieser Situation sind Hoppe und Sander ein glänzendes Gespann. Das lief dann parallel dazu, daß wir einen Westberliner Partner hatten, die »Allianz«, die in das Unternehmen miteinstieg.
Ich bin über diese Konstellation eigentlich sehr froh, und schließlich ist Götz bei uns ja auch sehr populär. Solche Gesichtspunkte spielen sicherlich hier auch eine Rolle, bei mir sind es natürlich Qualitätsgesichtspunkte.

Der George ist eigentlich der einzige Schauspieler bei uns, der gleichzeitig auch ein solches Star-Image hat. Woran, meinst du, liegt das?

Ich stellte das fest, als der Name ins Spiel kam, daß da so eine gewisse Bewegung aufkam, die natürlich daraus resultiert, daß George diesen Starstatus hat. Und selbstverständlich ist mir das nicht unangenehm, vor allem, wenn durch den Namen eines solchen Schauspielers bei uns wesentlich mehr Leute ins Kino gehen.

Wie das funktioniert, weiß ich ja auch nicht genau. Offensichtlich funktioniert es über so eine Reihe wie diesen *Tatort*-Schimanski. Warum das so ist, weiß ich nicht. Ich beobachte nur, daß so etwas alle paar Jahre mal passiert, mitunter auch nur über einen Film. Nimm etwa Klaus Maria Brandauer, der ja vor seinem *Mephisto* auch kein schlechterer Schauspieler war, und plötzlich geht dann so eine internationale Karriere los.

Besteht in einer solchen Konstellation nicht die Gefahr, daß der Film dann zu sehr von seiner Figur geprägt ist?

Ich habe ihn ja nicht als Schimanski engagiert, sondern als Götz George, als einen Schauspieler, der hier eine andere Rolle zu spielen hat. Er hat eine der ganz großen Rollen, aber, wie gesagt, es sind mehrere Rollen.

Götz George hat ja bei dir in Der König und der Narr *den Friedrich Wilhelm gespielt.*

Ich kannte ihn von Filmrollen, seine Theaterrollen hatte ich nicht gesehen. Ich kannte ihn von den Staudte-Filmen *Kirmes* und *Herrenpartie,* und dann hatte ich – und das war der Hauptpunkt – den Kotulla-Film *Aus einem deutschen Leben* gesehen, wo er den Höß spielt. Das hatte mir sehr gut gefallen, weil er das so zurückgenommen gespielt hat, auf so eine merkwürdig karge Weise, weil er auf eine schauspielerisch bescheidene Weise diese Figur gemacht hatte. Ich suchte ja gerade den jungen König, nicht den aus der letzten Amtsperiode, und da gefiel mir Götz George ganz gut, und auch die

Kombination mit Wolfgang Kieling. Ich habe dann gar nicht lange gesucht und mich sehr schnell für den Götz entschieden. Obwohl Kieling und George ja sehr unterschiedliche Temperamente und Typen von Schauspielern sind, ging das sehr gut zusammen. Ich war da sehr glücklich mit dieser Besetzung. Und nach dieser ersten Arbeit stand eigentlich der Gedanke, daß man vielleicht wieder mal etwas machen könnte, schon fest.

Wie gehst du bei der Arbeit vor? Läßt du die Leute etwas entwickeln, oder gibst du sehr genau vor, was du brauchst, bei der Arbeit mit den Schauspielern?

Das ist natürlich bei einem solchen Film, mit einer Besetzung, die so breit gefächert ist – absolut professionelle, gestandene Schauspieler neben Anfängern –, schwierig, da muß die Methode natürlich ganz unterschiedlich sein. Also, ich werde weder dem Hoppe noch dem Sander noch dem George ihre Rollen vorspielen, die bringen von sich aus genügend mit, die Figuren sind sehr präzise angelegt, die Schauspieler haben alles Material, das sie für die Figur brauchen, im Drehbuch.
Es kann natürlich sehr fruchtbar sein, wenn die Schauspieler mir etwas anbieten, das noch nicht angelegt war. Das probiere ich aus. Ich bin ja in dem Sinne kein Schreibtischregisseur, der die Filme zu Hause ausrechnet und nur noch einen Endproduktionsakt vollzieht.

Kennst du die Tatorte *mit dem Götz George?*

Ich habe hin und wieder einmal einen gesehen, aber nicht kontinuierlich verfolgt. Man kann das auch nicht mit einem Spielfilm vergleichen, denn eine solche Kriminalreihe hat ja so ihre eigene Gesetzmäßigkeit, ihre Eigendynamik und ihre eigenen Schwierigkeiten. Nicht jede Story hat die gleiche Qualität. Ich kann das auch schwer nachvollziehen: Ich habe schon genug Probleme, in zwei Jahren eine gute Geschichte zu finden, also allein der Gedanke, ich sollte in einem Jahr drei verschiedene Filme machen, würde mich schon erschrecken, denn so viel gute Geschichten gibt es gar nicht. Es ist ja

»Findest du nicht, wir sollten es so machen?« Frank Beyer diskutiert mit
Co-Autor Wolfgang Kohlhaase während der Arbeit an ›Der Bruch‹

auch auf die Dauer schwierig für einen solchen Schauspieler,
allein gegen alle so die starke Figur zu sein.

Das ist ja gerade in den letzten Schimanski-Filmen schon an-
ders. Da gibt es wirkliche Gegenspieler. In deinem Film dürfte
ja auch eine richtige Gegenspielersituation aufkommen.

Das will ich doch hoffen, daß da ein Wettbewerb und eine
Spannung zwischen den einzelnen Schauspielern entstehen.

Ich glaube ja schon, daß der Götz George diese Rolle bei dir
auch sehr gerne angenommen hat.

Ich vermute, er hätte die Rolle nicht angenommen, wenn ihm
die Figur und die Partner nicht gefallen hätten.

Gespräch mit Hajo Gies

Wie kam es zum Schimanski?

Nun, ich habe erst mal zwei Haferkamp-Filme (WDR-*Tatort* mit Hansjörg Felmy) gemacht, und als es um die Erneuerung der *Tatort*-Serie ging, war mir das alles zu brav. Dann haben wir – der Bernd Schwamm von der Bavaria und ich – uns hingesetzt und ein Alternativkonzept gemacht. Das war 1978 oder 1979. Ausgangspunkt für mich war: Ich wollte eine Janvan-der-Wetering-Geschichte als Kinofilm machen, aber das hat niemanden interessiert, und da sind natürlich dann in die Figur des Schimanski einige theoretische Ideen daraus eingeflossen. Bei van der Wetering – er ist ein bekannnter niederländischer Kriminalautor – ist das Verhältnis der Kommissare zu dem Fall wichtig, nicht der Fall selber. Normalerweise waren Polizeikommissare bei uns im Kino wie im Fernsehen ja immer neutral, das heißt es waren so Nulltypen ohne etwas Persönliches, ohne Charakter. Wir wollten einen Typen mit Macken und Emotionen.

Ein bißchen Ansatz von eigener Figur gab es ja schon mal bei dem Sieghardt Rupp. Bei Felmy auch – nur etwas braver.

Den Felmy habe ich mal in einer Folge so richtig ausrasten lassen. Da war er dann ausgesprochen gut. Wichtig war auch – und das hat mit zum Erfolg vom Götz beigetragen –, daß die Story immer aus der Perspektive der Polizei erzählt wird. Insofern ist der Kommissar zwangsläufig Hauptfigur. Keine Szene ohne ihn. Es gibt für den Zuschauer keine Information über die Sicht des Kommissars hinaus. Also ein ganz subjektiver Blickwinkel wie bei Raymond Chandler. Und das gab es ja bislang bei keinem deutschen Krimi.

Hat der Götz bei der Konzeption der Figur mitgearbeitet?

Nein, damals noch nicht. Wir hatten uns zuerst die Figur ausgedacht und überlegt, was für ein Erzählprinzip wir wollen. Dann haben wir uns für Duisburg entschieden, und da stan-

Mit den Schimanski-›Tatorten‹ begann eine neue Ära im Leben des Schauspielers G. G.: Kameramann Axel Block, Götz George und Regisseur Hajo Gies bei den Dreharbeiten zu ›Duisburg Ruhrort‹

den schließlich mehrere Leute für den Schimanski zur Wahl. Dabei kamen wir dann auf Götz George. Später hat er natürlich in hohem Maße mitgearbeitet, und das war auch vorgesehen. So hat er natürlich Figur und Konzept entscheidend mitbeeinflußt.

Wer hat Einfluß darauf, wer jeweils den nächsten Schimanski *inszeniert, mit welchen Regisseuren gearbeitet wird?*

Die Entscheidung liegt beim WDR und der Bavaria, aber so eine Stimmung für eine Person kommt eigentlich im Gespräch zustande. Der Götz hat schon insofern Einfluß genommen, als er gesagt hat, er wolle nicht mit den alten Regisseuren arbeiten. Bei Felmy war es das Gegenteil, er liebte die »Altmeister«, da hatte ich es schwerer. Es gibt kein richtiges System, auch bei den Autoren nicht. – Da kommen von verschiedenen Autoren Exposés, und von acht sind dann zwei des Überlegens wert. Die ersten Drehbücher der Serie haben Horst Vocks und Thomas Wittenburg geschrieben, davon habe ich drei gedreht: *Duisburg Ruhrort,* der stärkste von allen, *Der unsichtbare Gegner* und dann *Zahn um Zahn.* Chiem (van Houweninge) hat auch Drehbücher geschrieben. Natürlich, wenn Autoren so einen erfolgreichen Film wie *Duisburg Ruhrort* geliefert haben, dann spricht man sie wieder an.

Gibt's da auch Leute, die nur Ideen liefern, und man engagiert dann Autoren?

Nein, bisher nicht. Bisher wurde versucht, immer mit denen zu arbeiten, die ein Exposé eingereicht haben, das gefiel. Wegen der unterschiedlichen Autoren hatten wir dann auch die ursprüngliche Idee fallenlassen, einmal so eine ganze Biographie der Figur Schimanski zu erzählen. Man hätte da auch einen Abschluß über mehrere Jahre mit dem WDR machen müssen, aber es werden immer nur drei Folgen in Auftrag gegeben. An sich hätten wir gerne so etwas gemacht wie bei den schwedischen Krimiautoren Sjöwall/Wahlöö. Da ist der Kommissar verheiratet, dann läßt er sich scheiden, lernt eine Neue kennen, immer wieder verändert sich die Situation.

... wie wir alle mal hätten sein wollen ...

Wie kommt es eigentlich zu diesem enormen Star-Image des Götz George?

Das ist das Charisma – schwer zu sagen. Der hat eben etwas gebracht, was viele Leute gesucht haben. Der ist sowas wie eine Symbolgestalt und hat – als er als Schimanski auftauchte – ein bestimmtes Feeling getroffen. Das hat ihn dann hochgeputscht. Wir, die wir das gemacht haben, waren damals von allem, was es bei uns in Westdeutschland gab, frustriert, und wir wollten unbedingt etwas Neues versuchen. Selbst auf die Gefahr hin, daß das nach ein oder zwei Folgen wieder abgesetzt würde, aber es sollte auf alle Fälle etwas völlig anderes sein, neu für unsere Verhältnisse. Die Figur Schimanski – wie

118

er sich verhält, wie er das durchzieht, da liegt auch etwas von dem drin, was wir alle mal hätten sein wollen: einmal bei den Produzenten und Redakteuren auf den Tisch hauen und sagen: So wird das gemacht! Der Schimanski war so zwei, drei Jahre ein Symbol für all die Leute, die so alt waren wie ich und heute Lehrer oder Rechtsanwälte sind. Die hat der Schimanski angemacht, weil er so ein bestimmtes Gefühl unserer Generation getroffen hat. Wäre das nicht gewesen, hätte er vielleicht nicht so eingeschlagen.

Der könnte aber jetzt nicht einfach eine ganz andere Rolle spielen, ein anderes Image verkörpern?

Das ist aber meistens so: Bruno Ganz spielt immer den Sensiblen, Rüdiger Vogler immer den Träumer. Obwohl der auch was anderes kann, aber man hat ihn einmal so gesehen, und dann spielt er es immer wieder.

Aber in Frankreich ist das anders.

In Frankreich ja, aber da existiert auch eine andere Kultur, eine andere Kinokultur. Die Leute, die da Filme machen – die trauen sich einfach mehr.

In Amerika ist es wieder ähnlich wie bei uns.

Ja, Amerika hat ja auch gar keine Kultur.

Hat man das bei uns von den Amis abgeguckt?

Nein, das liegt an der mangelnden Phantasie derer, die bei uns Filme machen. Und Kritiker hauen ja auch drauf, machen ja auch nicht mit, wenn einer mal was ganz anderes spielt, als man das von ihm erwartet.

... als sensibler Träumer?

Das stimmt sicher. Würde denn das Publikum mitmachen?

Das ist die Frage, das kann ich nicht sagen. Wenn George jetzt einen sensiblen Träumer spielen würde, ob sie das akzeptieren würden oder ob sie sagen würden, der Schimanski spinnt. Das weiß ich nicht.

Oder eine komische Rolle?

Na ja, der Schimanski hat ja immer auch etwas Komisches. Deshalb bin ich ja auch so sauer, wenn ich in Interviews höre: Der Schimanski ist ja so ein Typ, der haut immer drauf, der ist so wie *Rambo*. Dann glaube ich immer, die haben da nicht richtig hingeguckt. Der Götz hat doch dort immer ganz komische Szenen, er hat sensible Seiten; nur die übersieht man offensichtlich. Und das andere hat man dann vergessen.

Würde es dich als Filmemacher reizen, mit dem Götz George einmal etwas ganz anderes zu machen?

Auf jeden Fall. Man müßte nur einen Stoff haben, bei dem die Leute einsteigen. François Truffaut hat ja auch mal einen Film mit Jean-Paul Belmondo und Cathérine Deneuve gedreht, *La sirène du Mississippi* (Das Geheimnis der falschen Braut) – es war, glaub' ich, sein teuerster –, und es wurde ein Flop, weil kein Mensch den Belmondo sensibel sehen wollte oder als Verlierer – und dabei war es einer der schönsten Belmondo-Filme. Ich mag den sehr gerne. Truffaut hat einfach den Belmondo gegen sein Image besetzt, und das ist geschäftlich danebengegangen. Man kann das allerdings auch nicht so primitiv machen wie in *Ishtar* (Regisseurin Elaine May setzt hier Warren Beatty und Dustin Hoffman total gegen ihr Image ein: Sie spielen zwei tumbe Toren, ein naives Gesangsduo, das recht und schlecht Simon & Garfunkel mimt, Anm. des Autors). Das ist zu durchsichtig, zu leicht durchschaubar.

Ich mache meine Kinofilme fürs Fernsehen

Wolfgang Petersen hat Tatorte *gemacht, die wie Kinofilme aussahen, dann hat er Hollywood-Filme gedreht, die kaum noch mit seinem Stil, seiner Sensibilität zu tun hatten. Auch Hajo Gies'* Tatorte *sehen eher wie Kinofilme aus, da wundert es nicht, daß zwei Schimanski-*Tatorte *im Kino liefen.*

Es gibt für mich keine Alternative, ich mache meine »Kinofilme« einfach fürs Fernsehen.

Was ist anders beim Kino als beim Fernsehen – ich meine jetzt nicht die Schimanski-Filme?

›Zahn um Zahn‹: Renan Demirkan und Götz George

Was ist anders? Ich habe keinen großen Unterschied gesehen. Nur in der knappen Zeit von 24 Drehtagen, wie beim
Fernsehen, kann man nicht alle Einstellungen drehen, die
nötig wären. *Zahn um Zahn* ist da wesentlich reicher als ein
Fernseh-*Tatort*. Außerdem ist das Kino heute oberflächlich
geworden, und das liegt mir überhaupt nicht. Man kann ja
aber nicht Kinofilme machen, in die die Leute nicht reinge-
hen. Ich habe einen Stoff von Georges Simenon eingereicht,
aber keiner hat das gewollt. Schau dir die Kino-Schimanskis
an: die Filme sind lauter, grober in der Erzählweise.

Wir spielen die absurdesten Möglichkeiten durch

Wie arbeitest du mit Götz George?

Man muß dem Götz einen möglichst großen Spielraum
geben, damit er sich entfalten kann. Man darf ihn nicht unter-

drücken, muß ihn machen lassen und ihn dann wieder eindämmen. Ich laß eben die Szene immer laufen, und dann versuche ich, sie wieder zurückzukriegen. Man muß dann den Moment finden, wo man wieder reinkommt in die Szene. Ich habe ihn bei Regisseuren gesehen, die offensichtlich eher autoritär arbeiten, ich bevorzuge die freundschaftliche Arbeitsweise. Ich spüre, wenn er sich nicht wohl fühlt, und so versuche ich immer zu erreichen, daß er sich wohl fühlt, daß er seiner Phantasie freien Lauf lassen kann – auch wenn das mal sehr ins Absurde führt. Wir spielen in den Szenen die absurdesten Möglichkeiten durch, auch wenn das dann nicht in die Arbeit einfließt. Wir probieren alles aus, und ich laß ihn alles selbst versuchen, zumal mir das auch Spaß macht. Insofern treffen wir uns, weil wir beide gerne spontan arbeiten. Ich bin kein Regisseur der mit einem starren Konzept arbeiten kann, wo nur das gemacht werden darf, was auf dem Papier steht. Für mich ist es auch ein lebendiger Prozeß, einen Film zu machen. Das ist wie beim Schreiben: Man schreibt etwas auf und streicht es wieder durch. Manchmal dauert es zwischen Götz und mir etwas lange, weil wir erst alle theoretischen Möglichkeiten der Szene durchspielen. Manchmal hat er auch Ideen, die zu weit wegführen, weil er manchmal die Gegenseite übersieht.

Läuft das manchmal auch mit Brachialgewalt ab oder immer ganz sanft?

Bei mir läuft das sanft ab, mit Brachialgewalt erreiche ich nichts. Er muß es selber verstehen. Indem ich es anordne, versteht er nichts.
Oder er muß die Möglichkeit haben, das, was er sich gedacht hat, auszuprobieren, und dann diskutieren wir, ob es möglich ist oder nicht.

Es ist aber immer noch so, daß du das alles gerne machst?

Zu achtzig Prozent ja. Ich kann halt manchmal den Götz nicht mehr sehen, und das geht ihm ja auch so.

Wird das ausgetragen oder runtergeschluckt?

Nein, nein, das wird ausgetragen. Man muß das erst lernen, denn man ist ja anders erzogen.

Das ist, wie wenn man als Kind aus Anstand etwas runtergewürgt hat, was einem widerstrebt.

Ja das ist mir so mit Tatar gegangen. Wenn ich das schon gesehen habe. Aber wenn ich früher eingeladen war, dann habe ich das runtergeschluckt – mit viel Wasser oder Coca-Cola, weil ich mich nicht getraut habe zu sagen: Das mag ich nicht. Der Götz kann das sofort rauskotzen, wenn da etwas ist. Der Unterschied zwischen mir und ihm bei der Arbeit ist: Wenn ich eine Idee habe, sage ich die nicht sofort, sondern denke erst mal nach, was die für Folgen hat und was man da drumherum verändern muß. Wenn ich sie dann sage, dann habe ich schon alles überdacht, während er sofort seine Idee in die Tat umsetzt. Und da gibt es dann mal Mißverständnisse zwischen uns, wenn er denkt, ich verstehe seine Idee nicht.

... mit vier Löwen im Käfig

Es sieht bei euch alles so locker und leicht aus, man merkt da nicht auf den ersten Blick, daß da in Wirklichkeit hart gearbeitet wird.

Ja, vielfach denken die Außenstehenden: Die albern ja nur rum. Aber in dem Moment, wo gedreht wird, ist alles ganz präzise. Es erfordert ja auch eine wahnsinnige Konzentration, etwa als heute nacht der Götz mit vier Löwen in einem Käfig war. Die sind ja ganz schön gefährlich. Da machst du einen falschen Schritt, und die sind blitzschnell da. Das ist eine Szene, wo er in einen Löwenkäfig eingesperrt wird, und da muß er ja einmal zusammen mit den Löwen im selben Bild gezeigt werden. Also mußte er rein. Da war zwar der Dompteur dahinter, aber die Viecher sind ja so blitzschnell, und das ist wahnsinnig, wie er sich unter Kontrolle hat. Man kann das natürlich auch alles mit Schuß/Gegenschuß machen, aber wenn du einen Schauspieler hast, der sich das traut, und bei dem du auch die Sicherheit hast, weil er eine solche Disziplin hat, dann kann man sich das schon trauen. Auch bei Action-

Ein Umweltkrimi, der Aufsehen erregte: die ›Tatort‹-Folge ›Kielwasser‹

Sachen, bei Stunt-Szenen kann man sich hundertprozentig auf ihn verlassen. Das läuft so exakt ab, da ist mancher Stuntman ein Luftikus dagegen. Das hat man ja auch selten bei deutschen Schauspielern. – Wer springt schon auf ein Autodach? Ich habe da natürlich immer ein leichtes Flattern.

Welche von deinen Schimanski-Filmen findest du am besten?

Duisburg Ruhrort ist der beste. Ich mag gerne die *Kuscheltiere, Kielwasser* und auch *Gebrochene Blüten,* denn das ist ein sehr artifizieller *Tatort,* und ich versuche ja immer mal etwas anderes auszuprobieren, damit ich nicht das Gefühl habe, ständig immer wieder am selben Film zu drehen. Und

124

Gebrochene Blüten spielt fast nur in so einem Tanzsaal, ist mehr ein Kammerspiel. Ja, das sind eigentlich die Lieblings-*Tatorte*.

Sehr deutsche Filme

Die Götz-George-Filme sind eigentlich sehr deutsche Filme. Wie sieht das aus mit Auslandsverkäufen?

Ganz selten. Die verkaufen sich natürlich nicht so gut wie *Derrick* oder *Der Alte*. Mir ist nur bekannt, daß *Kielwasser* sehr gut verkauft ist. Aber nur als Einzelfilm, nicht als *Tatort*.

Das liegt wohl am brisanten Thema.

Ja, sicher, das ist ein gutes Thema. Ja, sonst ist die Figur wohl nicht so leicht konsumierbar. Vielleicht wird das in ein paar Jahren genauso gut verkauft werden wie *Derrick*. Aber, wie gesagt, Einfaches verkauft sich besser ins Ausland.

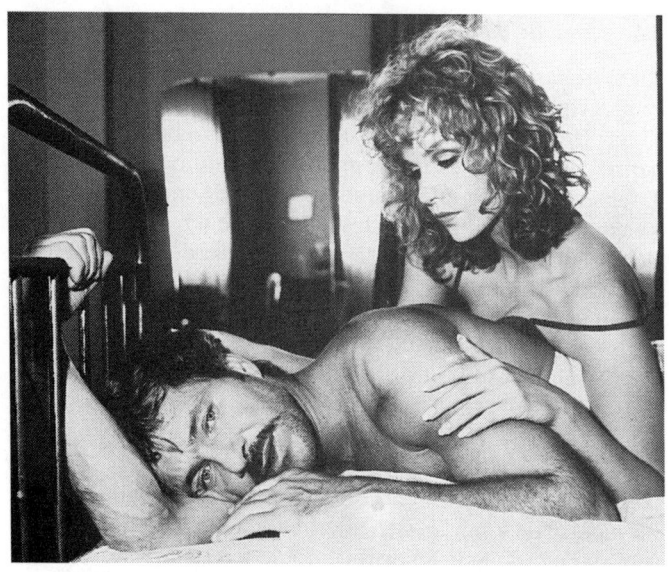

Claudia Messner und Götz George in ›Zabou‹

Vielleicht geht das über so andere Arbeiten wie etwa Die Katze.

Ja, das könnte ich mir auch vorstellen. *Zahn um Zahn* und *Zabou* sind ja nur als Video im Ausland gut gelaufen. *Zabou* hat da sehr viel Geld gemacht, und da haben sie noch gleich *Zahn um Zahn* gekauft.

Mir fällt ja bei einigen der letzten Tatorte *auf, daß da öfter eine starke weibliche Gegenfigur aufgebaut ist.*

Ja, deshalb mag ich auch *Gebrochene Blüten* recht gerne. Da geht es ja nur darum. Der ist vor *Zabou* entstanden und wurde auf Eis gelegt, weil man den Fernseh-Schimanski, während der Kino-Schimanski lief, zurückgehalten hatte. *Gebrochene Blüten* ist ein Zweikampf zwischen Schimanski und einer Frau, die man nicht einordnen kann. Man weiß nicht, ob er auf sie steht oder sie auf ihn. Sie hält ihn bis zum Ende zum Narren.

Wie waren da die Dreharbeiten, wie lief das Verhältnis?

Die Dreharbeiten waren sehr, sehr anstrengend, weil die Renate Krößner auch – wie der Götz – sämtliche Möglichkeiten einer Szene auszuloten versuchte, was am Theater ja immer sehr schön ist – nur ich kam dadurch in einen ungeheuren Drehstreß. Man muß ja immer die Termine einhalten. Ich selber mag das auch gerne. Deshalb mache ich eigentlich auch lieber Kinofilme, weil ich da mehr Zeit habe, das alles auszuprobieren. Beim Fernsehen muß ich halt in vierundzwanzig Drehtagen fertig sein. Und das war auch beim Drehen von *Gebrochene Blüten* ein Zweikampf zwischen dem Götz und der Renate Krößner. Wir haben manchmal einen ganzen Vormittag diskutiert.

Verstanden die sich eigentlich gut?

Nein, manchmal gar nicht. Bei Renan Demirkan ging es absolut nicht. Die konnten sich überhaupt nicht leiden. In *Zabou* war es anders. Seltsamerweise finde ich dann aber das Verhältnis zwischen dem Schimanski und der Frau in *Zahn um*

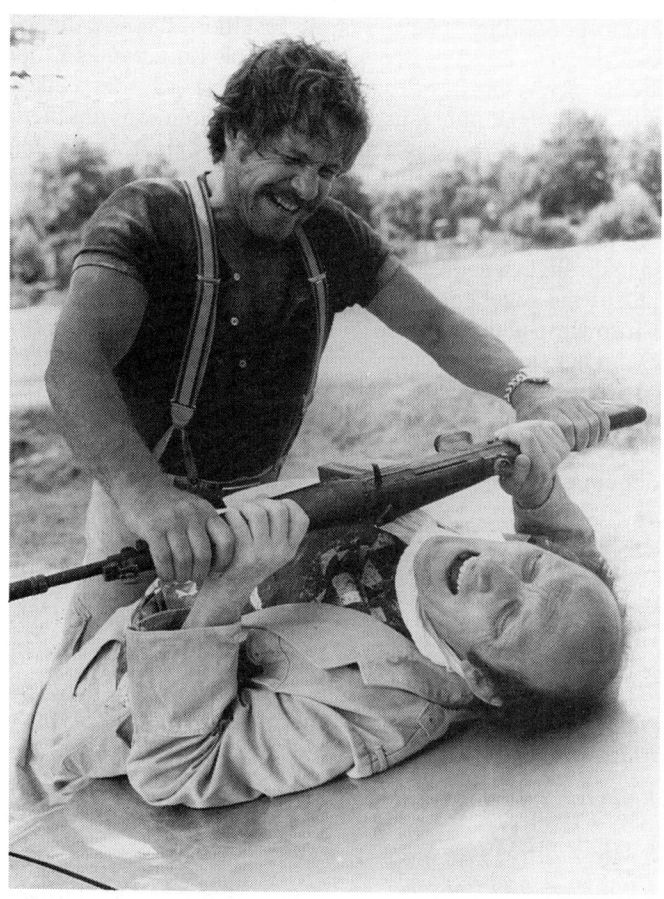

›Zahn um Zahn‹

Zahn spannender. In *Zabou* mochten sich beide. Vielleicht liegt das daran.

Es ist überhaupt alles etwas anders geworden.

Die Figur hat sich verändert, und wenn du alles mal chronologisch siehst, dann fällt das ganz deutlich auf. Wenn ich heute *Duisburg Ruhrort* sehe, dann merke ich diese ganz seltsame

Atmosphäre, die vielleicht daraus resultiert, daß wir, die wir das gemacht haben – der Axel Block als Kameramann, der Bernd Schwamm als Produzent, der Götz, ich, der Feik –, alle auf Teufel komm raus was machen wollten, was uns mehr entsprach als das, was wir vorher gemacht haben. Und wenn es nur einmal war. Denn der Film selber wurde bei der Abnahme gar nicht so positiv aufgenommen, aber ich weiß, daß uns das damals überhaupt nichts ausgemacht hat. Wir hatten ja ursprünglich gedacht: Der WDR hat die drei *Tatort*-Folgen in Auftrag gegeben, wir machen die jetzt, und dann werden wir sowieso abgeschossen.

Dann hat sich das zwangsläufig durch den Erfolg verändert, wir selbst haben uns verändert, und insofern haben wir die Figur verändert, weil wir halt nicht mehr dieselben sind wie 1980. Man müßte vielleicht – wenn wir weitermachen – wieder ein bißchen zurückfinden zu den Anfängen.

Du hast gesagt: verändert, nicht vorwärtsentwickelt.

Nein, verändert. Nicht bewußt entwickelt, sie ist so geworden – ein passiver Prozeß gewissermaßen.

Wenn ich die letzten Filme betrachte, habe ich schon das Gefühl, daß der Schimanski als Figur rauher geworden ist.

Nein, er ist nicht rauher geworden; rauh war er in *Duisburg Ruhrort*.

Rauh ist vielleicht falsch, eher komplizierter.

Komplizierter?

Ich meine, zum Beispiel im Verhältnis zwischen Thanner und ihm, wenn es richtig zu Konflikten kommt.

Schimanski und das Ruhrgebiet

Ja, da kommt ja auch mal der Satz vor, wir sind kein Team mehr, das Verhältnis war anders, aber rauher ist das nicht. Das ist so wie eine alte Ehe, wo man dauernd androht: Jetzt hau ich aber ab, und man macht doch weiter. So sehe ich das Verhältnis zwischen den beiden.

Aber wenn der George selbst über die Figur Schimanski spricht, über sein Verhältnis zum Ruhrgebiet und zu den Menschen, dann habe ich das Gefühl, daß er doch viel stärker an der Figur hängt, als es aussieht.

Ja, an der Figur hängen wir alle. Man müßte nur der Figur einen neuen Kick geben. Wir spüren das alle. Wie das aussehen soll, das weiß ich auch noch nicht. Es ist aber noch etwas dazugekommen: Ich bin da oben im Ruhrgebiet sehr gerne, ich drehe dort viel, viel lieber als hier in München. Ich habe immer das Gefühl, daß da die Szenen anders werden, als wenn man sie hier im Atelier dreht. Das, was innen spielt, wird ja aus ökonomischen Gründen in München gedreht. Wir haben früher drei Wochen im Ruhrgebiet gedreht, dann vierzehn Tage, jetzt nur noch eine Woche. Wetterbedingt waren es bei *Moltke* glücklicherweise eineinhalb Wochen. Aber in München hat man nicht dasselbe Gefühl; die Kneipen sind anders, jeder geht abends nach Hause, weil die meisten Leute hier wohnen. Die Stimmung unter den Leuten ist oben eine ganz andere als hier, und es würde sehr viel ausmachen, wenn wir sechzig oder siebzig Prozent im Ruhrgebiet drehen würden.

Aber zurück zur Figur. Ich habe jetzt gedacht, man kann nicht immer in jeder Folge nur androhen: »Jetzt fliegst du raus!« In jedem Film kommt ja eine Szene vor, wo der Königsberg ihm mit der Suspendierung droht. Thanner kann auch nicht immer sagen: »Es reicht mir jetzt, ich habe die Nase voll, du machst nur Chaos und hast nur deine privaten Geschichten mit Frauen im Kopf« – und dann so weitermachen wie bisher. In jedem Film kommt so etwas vor, und irgendwann müßte man es mal ernst nehmen. Dann fliegt er halt wirklich raus, und der Thanner bleibt bei der Polizei, und er ...

... macht als Privatdetektiv weiter ...

... und er braucht den Thanner für bestimmte Sachen, und der braucht den Schimanski – so könnte man es auch machen. Und wenn er kaltgestellt ist, können dann auch so Leute aus der Vergangenheit kommen, die ein Süppchen mit ihm zu kochen hätten. Es muß ja nicht das sein, aber man kann nicht ewig Szenen in Anführungsstrichen drehen und immer nur so tun als ob: Wenn ich jetzt solche Auseinandersetzungen zwischen Schimanski und Königsberg oder Thanner drehe, dann glaube ich das Ganze ja selber nicht mehr, weil ich weiß: Das ist alles nur pro forma. Ich finde halt, eine Portion Glaubwürdigkeit und Realismus müßte auch in einer solchen fiktiven Sache stecken. Also wenn mir der Rohrbach sagt, du machst jetzt keinen Film mehr, dann heißt das eben: ich mache wirklich bei der Bavaria zwei, drei Jahre keinen Film mehr, und so könnte es dem Schimanski ja auch mal gehen. Es gibt ja auch in amerikanischen Kriminalromanen Detektive, die rausgeflogen sind und doch irgendwie ihre Arbeit fortsetzen. Vielleicht geht man mal in so eine Richtung, wenn man das weiter macht, sonst hat man doch allmählich das Gefühl, man dreht sich nur im Kreis.

Die Figur in Bewegung bringen

Man kann ihn ja auch mal richtig Scheiße bauen lassen, und dann sitzt er im Knast.

Ja, aber dann müßte er richtig leiden und nicht nur in Anführungsstrichen. Obwohl: Wir trauen uns ja da schon ganz absurde Dinger. Wenn ich heute nacht den Götz in den Käfig krabbeln und auf allen vieren durchs Gatter laufen lasse, welcher deutsche Kommissar macht das?!

Na ja, sicher, aber darum geht es ja nicht, sondern darum, die Figur wieder in Bewegung zu bringen.

Wir hatten ja schon mal so Drehbuchentwürfe. Chiem hat mal so eine Geschichte geschrieben, wo Schimanski kaltgestellt wird und als Dorfpolizist Dienst schiebt. Kommt dann aber am Ende wieder, als Held sogar – und das fand ich dann auch wieder ein bißchen inkonsequent.

Ja, bei uns klappt das halt nicht mit so einer Konsequenz, dazu lieben wir unsere Helden zu sehr. Da gab's ja den hochgejubel-

Despina Pajanou und Götz George in der ›Tatort‹-Folge ›Zweierlei Blut‹, bei der Hajo Gies Regie führte

ten Tatort *mit dem Krug, wo Sozialkritik so stark reingebracht wurde, daß es triefte.*

Das mag ich auch nicht. Der hatte gute Momente, war ordentlich und sauber gemacht. Aber den Schimanski hat ja gerade ausgezeichnet, daß die Sozialkritik immer so nebenbei läuft und nicht so explizit ausgestellt ist. Das ist in deutschen Filmen überhaupt oft so mies: immer mit dem Zeigefinger drauf! Ich mag es lieber wie in ausländischen Filmen – nebenbei. Das ist viel stärker, als wenn der Drehbuchautor die Zeitung aufschlägt und sämtliche »brennenden Themen« abhakt. Ich finde auch die sogenannten deutschen Sozialkrimis fürchterlich, das ist arg platt. Bei uns gibt es nur die große Kunst, und dann gibt's den *Didi,* und dazwischen ist's ziemlich dürftig. In Frankreich gibt es so schöne Sachen –

Ja, wie Engel aus Staub *oder – weiter zurück –* Giovannis Ohne Angabe der Adresse.

131

Ja, das ist sehr schön. Aber bei uns gibt es halt keine funktionierende Filmindustrie, und wenn's eine gäbe, würde bzw. müßte sie auf Stars aufbauen.

Da würde es vielleicht auch mehr Stars geben.

Es kümmert sich ja bei uns auch niemand drum. Nun gut, die Gudrun Landgrebe ist natürlich nicht so'ne geniale Schauspielerin, aber damals hatte der Blumenberg in der ZEIT geschrieben: »Gudrun Landgrebe ist ein deutscher Star«, und da wußte ich schon, im nächsten Jahr wird sie in der Presse wieder zerrissen. Man jubelt jemanden ein, zwei Jahre hoch, und dann ist er out, aber völlig. In Frankreich ist das anders. Da ist zum Beispiel die Juliette Binoche. Man macht zwei, drei Filme mit ihr und versucht, daß sie es schafft oder daß man es schafft, aber hier? Da mußt du dich selber rauskatapultieren. Wenn du's nicht geschafft hast, bist du nach einem Film weg, weil bei uns kein System dahinter ist. Es gibt ja in Frankreich die Leute, die versuchen, systematisch einen Star aufzubauen. Das kostet natürlich Geld, aber das bringt's ja später auch über die Zuschauer zurück. Wir hatten ja lange den Autorenfilm. Da war der Regisseur der Star. Aber deswegen ging ja auch keiner ins Kino.

Du würdest ja auch lieber Kinofilme machen, was schwebt dir da vor?

Das ist bei mir sowieso etwas schizophren. Auf die großen Showfilme stehe ich nicht, und die kleinen Kinofilme, die ich mag – wie von Giovanni oder Truffaut früher etwa *La sirène du Mississippi* oder *Engel aus Staub* –, die werden hier nicht gemacht, da kriegst du keinen Produzenten für, und so drehst du sie eben fürs Fernsehen. Die werden dann aber beim Fernsehen nicht so gut, weil du für vergleichbare Qualität, abgesehen vom Talent, vierzig bis fünfzig Drehtage bräuchtest, und beim Fernsehen hast du nur die Hälfte. Und deswegen könnte ich so eine Qualität wie *Engel aus Staub* gar nicht erreichen – abgesehen von meinem Talent.

Von daher versteh' ich auch, warum du stillere Filme mehr

Götz George mit seinem weiblichen Widerpart bei den Dreharbeiten zu
›Die Katze‹

magst als so Zahn um Zahn, *weil das halt wieder zu äußerlich
ist.*
*Film ist immer äußerlich, aber ich finde da drin zu viel gewollte
Action, Action um der Action willen. Ich persönlich mag keine
deutschen Filme, wo ich glaube, sie schon mal als amerikanische gesehen zu haben – nur etwas besser. Das gilt auch für
meine eigenen.*

Auch für Die Katze?

*Die Katze ist mir zu kalt. Ich bewundere, wie das gemacht ist,
eine tolle Leistung vom Dominik. Aber ich liebe es nicht,
wenn ich mich als Zuschauer mit keiner Person identifizieren
kann.*

Gespräch mit Martin Gies

*Du hast bereits für deinen Bruder einen Haferkamp-*Tatort, Das Mädchen von gegenüber, *geschrieben, dann später einen* Schimanski *produziert und drei geschrieben. Wie bist du an den* Schimanski *herangekommen und in welchem Stadium?*

Ich war von Anfang an dabei, aber wirklich nur *dabei.* Der Bernd Schwamm und mein Bruder (Hajo Gies) haben intensiv daran gearbeitet, ich war damals fest angestellt bei der Bavaria, als der Schimanski entwickelt wurde. Wir saßen oft zusammen, und jeder hat mal einen Einwurf gemacht. Ich habe das alles mitgekriegt, aber ich glaube, bis auf den Vornamen von Schimanski habe ich nichts dazu beigetragen. Dann wurde *Duisburg Ruhrort* gemacht, und Bernd Schwamm, der Produzent, wollte den zweiten nicht produzieren. Da sind sie auf mich gekommen. Warum, weiß ich gar nicht. Ich hatte gerade eine kleine Produktion, den *Familientag,* fürs Vorabendprogramm mit Brinkmann und Dominik (Graf) als Regisseur gemacht. Das war, glaub' ich, das erste Mal, daß Dominik in der Bavaria gearbeitet hat, und dann kam eben der *Grenzgänger* mit der Ilse Hofmann. Das war natürlich so ein bißchen seltsam, als der Götz mich zum ersten Mal sah. Der hat irgendwie gedacht, ich sei ein Abiturient, der kurz mal reinschaut. Aber ich glaube, er hat mich dann doch akzeptiert. Es war allerdings auch keine besonders schwere Produktion, sie war – denke ich manchmal – ein bißchen zu einfach.

Fruchtbare Gespräche

Denn das hat eigentlich auch den Reiz vom Schimanski überhaupt ausgemacht: Da ging es immer ein bißchen hoch her. So unnütze Diskussionen um nichts sind elend, und wenn das Team dann sauer ist, dann muß man dem nur recht geben. Aber es gibt eben auch Gespräche, in denen bestimmte Dinge vertieft werden, Proben, in denen entwickelt wird. Und das wird – wenn man heute im Fernsehen arbeitet – nie gemacht. Da ist überhaupt keine Zeit dafür, das geht gar

134

nicht. Da wird die Kamera aufgestellt, der Schauspieler geht von links nach rechts, hält sein Gesicht hin, und aus. Das ist auch so ein Verdienst vom Götz und meinem Bruder, die sich darauf nicht eingelassen haben und Dinge entwickelt haben, die man einfach am Schreibtisch nicht erfinden kann. Das ist natürlich erst einmal auf Widerstand gestoßen. Das Team ist ja auch anderes gewöhnt, das kann nicht unterscheiden, ob wirklich Wichtiges geleistet wird oder ob nur so Käse abläuft. Da wird ja auch oft nur geredet, um irgendwelche Eitelkeiten zu befriedigen. Wenn der das und das nicht sagen will und sich so nicht darstellen will und so nicht durch die Tür kommen will. So'n Blödsinn. Jedenfalls mußte sich das Team erst einmal mit einer solchen Arbeitsweise abfinden.

Bist du später noch zu Dreharbeiten gegangen, mit denen du direkt nichts zu tun hattest?

Ich war öfter noch dabei, wenn mein Bruder gedreht hat, aber dann nicht mehr, wenn ich geschrieben habe. Vor *Zabou* habe ich lange mit dem Götz diskutiert. Abendelang, und er wollte auch, daß ich im Hotel bin und immer auf ihn warte

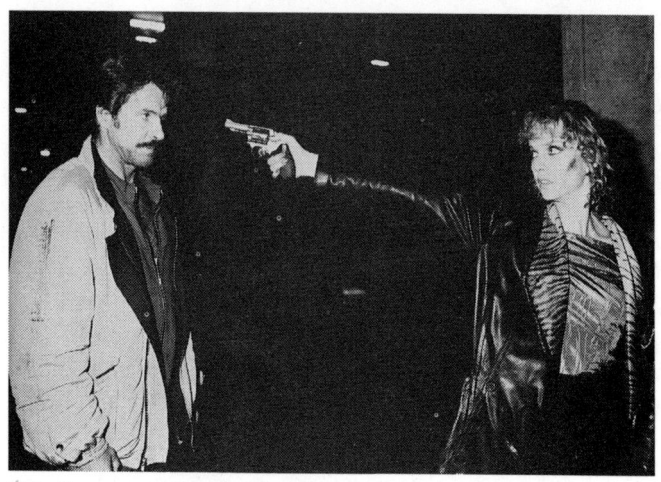

Götz George und Claudia Messner in ›Zabou‹

135

Martin Gies freut sich über die Reaktion auf sein Spielfilmdebüt ›Danny‹. Links neben Hauptdarstellerin Brigitte Karner (mit Hut) und Heiko R. Blum 1983 in Köln

während des Drehens, wenn es was zu diskutieren gibt, wenn ein Problem auftaucht. Aber das ist nicht machbar.

Du hast doch die verschiedenen Geschichten verfolgt. Wie würdest du den richtigen Trend für die weiteren Schimanskis sehen? Es gibt ja die Tendenz hin zum Privaten, zum Dualismus zwischen Schimanski und einem ebenbürtigen weiblichen Gegenspieler, und den anderen Trend, mehr Duisburg, mehr Ruhrgebietsatmosphäre.

Ich muß sagen, ich würde es bedauern, wenn die ganze Ruhrgebietsatmosphäre rausfallen würde – obwohl ich mich am wenigsten darum gekümmert habe, das muß ich ganz ehrlich zugeben. Aber das war ja damals so. Wir haben da nicht weitergeredet. Ich habe den zweiten Film produziert, und da waren Vocks/Wittenburg, die haben das Ruhrgebiet stark eingebracht. Das habe ich sehr bewundert, also diese Landschaft und dieses Leben so zu beschreiben, wie man es vorfindet. Die haben sich das ja auch vor Ort angesehen. Sie haben schöne Figuren erfunden, die reinpassen in die ganze Geschichte.

... was kann man mit der Figur machen?

Und ich habe gesehen: Die machen das, das könnte ich sowieso nicht, was also kann ich mit der Figur machen, die damals ja schon ziemlich weit entwickelt war, und man wußte: Das ist jetzt der Starke, der etwas tut, der immer in Bewegung ist. Da habe ich mich gefragt, was wohl passiert, wenn man dem jetzt ein kleines Mädchen gegenüberstellt, dreizehn, vierzehn Jahre alt. Das war *Das Mädchen auf der Treppe*. Ich hatte überhaupt keine Geschichte am Anfang, sondern nur so eine Überlegung. Dann habe ich diese Katja erfunden, die den Schimanski aufsucht und ihre Mutter vermißt. Die ist dann tot, und Katja sucht gemeinsam mit Schimanski den Mörder. Das ist dann einfach so ein Gespann, das ich gar nicht mal erfunden habe, denn sowas gibt es ja im Hollywood-Kino en masse, etwa in den ganzen Männergespannen wie Redford und Newman. Und ich muß sagen, die Story selbst hat auch gar nicht so eine große Rolle gespielt, sondern einfach die Beziehung. Doch ich glaube nicht, daß ich da die Figur verraten habe, sondern ich wollte bestimmte Eigenschaften zeigen, noch besser: hervorheben. Und dabei ist natürlich die Umgebung vernachlässigt worden, denn das Ganze hätte ja genausogut in Hamburg spielen können oder in Köln, war also nicht an Duisburg gebunden. Aber ich glaube, daß auch das möglich sein muß, wenn es mehrere Autoren und Regisseure gibt. Schlecht wäre nur, wenn das eine oder andere nur gemacht wird, wenn jetzt nur noch in Grünwald oder so Villen gespielt würde. Aber daß mal so eine Folge darunter ist, macht doch gar nichts. Es hat sich ja auch bei *Zahn um Zahn* gezeigt: Ein Gegenspieler in der Villensiedlung ist ganz reizvoll. Das sollte man nicht ganz außer acht lassen.

Deine Filme haben ja häufig so einen romantisch-melodrama-
tischen Touch. Gerade die Künstlichkeit, wie sie besonders
stark in Gebrochene Blüten *zu spüren ist, während es in*
Zabou *nicht so ganz aufgeht.*

Das ist schade, denn das ist der romantischste Stoff, und das
hätte der romantischste Schimanski werden können. Das ist
doch ganz toll und eine große Liebesgeschichte von zwei
Menschen, die nicht zueinander kommen können, weil sie
sich viel zu ähnlich sind. Die müssen sich zwangsläufig zerstö-
ren, das geht von beiden aus. Ich hatte noch eine andere Fassung, da hat der Schimanski zurückgeschossen. Das durfte
nicht sein. Der Rohrbach wollte das nicht und auch nicht die
anderen von der Bavaria: Das war ein richtiger Kampf zwischen zwei Menschen, die sich eigentlich lieben.

Wie siehst du eigentlich den Schimanski zwischen fiktiver
Figur und Realitätsanspruch? Die einen meinen, der ist eine er-
fundene Figur und muß keinen Realitätsbezug haben, und die
anderen meinen, der Schimanski macht laufend Mist, und das
wird akzeptiert, irgendwann müßte der wirklich konsequent
zur Rechenschaft gezogen werden.

Ich glaube, das ist so eine Mischung und sollte es auch bleiben. Er hat was von einer Kunstfigur – das braucht man auch,
aber trotzdem war er immer auch nahe an der Realität dran.
Nicht umsonst laufen in Duisburg bei der Kripo Polizisten
rum, die sich den Schimanski als Vorbild genommen haben,
und er hängt sogar als Bild in den Stuben rum. Das ist natürlich Idealisierung, sonst würde es auch gar nicht funktionieren, und das ist ja auch gerade das Gute daran. Man darf aber
nicht den Fehler machen und ihn nur noch Kunstfigur sein lassen, dann wird er zum Hampelmann. Die Gefahr ist immer
da. Deshalb ist auch der Schimanski viel anfechtbarer und
viel schwieriger als alle anderen Serienfiguren wie *Derrick*
oder so, eben weil er dazwischen liegt.

... immer wieder dran lutschen

Den Derrick *kann man ja vergessen.*

Ja, aber auf der anderen Seite kann man ihn nicht ganz vergessen, wenn du bedenkst, daß *Derrick* in fünfzig Länder oder was weiß ich verkauft ist, da muß ja irgend etwas dran sein. Und auch bei uns schauen sich die Leute das an. Da wird zwar ständig geschimpft, aber die Einschaltquote stimmt. Der *Schimanski* ist nicht ganz so einfach zu konsumieren, und weil er auch immer ein paar Ecken mehr hat, ist da natürlich viel eher die Gefahr, daß sich die Leute dran sattsehen. Komisch, beim *Derrick* müßte man das eher meinen, aber der ist so ohne Geschmack, da kann man immer wieder dran lutschen. Der *Schimanski* gibt immer Zucker, und deshalb ist einem das eher über als *Derrick*. Das ist eher ausgebrannt, das liegt in der Natur.

Wie ist das eigentlich jetzt nach einer Schimanski-Produktion und drei Büchern, reizt es dich da noch, ein weiteres Drehbuch zu schreiben? Fällt dir da noch etwas ein?

Also wenn mir so eine Geschichte für den Schimanski einfallen würde, dann würde ich eine schreiben, aber ich suche im Moment nicht danach.

Wie war das eigentlich? Ist dir nach der ersten Story gleich wieder eine neue eingefallen, oder hast du einen Auftrag bekommen?

Das war ganz verschieden. Die erste, *Das Mädchen auf der Treppe,* hätte ich nicht schreiben können, wenn ich den Götz nicht gekannt hätte. Als ich ihn kennengelernt habe, ist mir eine solche Kombination erst eingefallen. Das war kein Auftrag und nichts. Genauso war es bei *Gebrochene Blüten.* Und *Zabou* war ein Auftrag. Man hat mich unter anderem gefragt, ob ich nicht einen Schimanski-Spielfilm schreiben würde. Und ich muß ganz ehrlich sagen, es hat mich damals gewundert, daß man meine Geschichte genommen hat, weil ich wußte, daß es schwierig ist. Es ging ja eben nur darum, daß der Schimanski seine »Tochter« als Gangsterboß wiedertrifft – und das ist der ganze Kriminalfall; mehr wollte ich eigentlich nicht. Aber leider ist es ja nicht ganz durchgezogen worden. Wenn man es nach dem ersten Treatment, nach der ersten Fassung gemacht hätte, ich glaube, es wäre ein stärkerer Film geworden.

Für mich stimmt halt die Figur nicht, das heißt die Schauspielerin. Götz ist da anderer Meinung.

Das ist klar, sie ist ihm nicht gefährlich geworden und sie hätte ihm gefährlich werden müssen. Da hätte der Film von gelebt. So ist es nicht Fisch, nicht Fleisch. Der Götz hat sich ja auch gewehrt, und dann hat er gesagt, daß er sich nicht vorstellen kann, daß so ein Mädchen der Boß ist. Aber das ist kein Argument. Ich habe da gerade gelesen, daß in Frankreich der Boß eines Rauschgiftrings in Marseille verhaftet worden ist, und das war eine fünfundzwanzigjährige Frau, die den leitete. Und wenn du es auf anderem Gebiet ansiehst: Was ist eigentlich Madonna? Das ist doch ein riesiges Unternehmen – und sie ist die Chefin, sie hat ihre Angestellten, und die machen einen Milliardenumsatz.

Schwer, jedes Jahr zwei, drei gute Geschichten zu finden

Aber noch mal zurück zu dem, was du mich gefragt hattest: Wie soll man die Zukunft sehen? Es wäre ja schade, wenn man eine so starke und beliebte Figur vernachlässigen würde. Aber es ist natürlich schwer, in jedem Jahr zwei oder drei gute Geschichten zu finden, die das weitertreiben. Und wenn er jetzt nur noch zwei im Jahr macht, ist das ja auch besser, dann hat man mehr Zeit, sich zu entwickeln, daß man nicht die erstbeste Geschichte nimmt. Ich glaube nicht, daß die Reserven ausgeschöpft sind. Natürlich, wenn alles nur noch vergagt würde, wenn der Schimanski die absolute Kunstfigur würde, wäre alles zu Ende. Und davon lebt er schließlich, daß er ganz schön was draufkriegt, aber sich am Ende durchwurstelt.

Was meinst du eigentlich, wenn der Schimanski wirklich von seinem Chef was draufkriegte?

Ja, man braucht vielleicht gar nicht so weit zu gehen. Er müßte nur zwischendurch mal eins draufkriegen, so daß das richtig ernst genommen wird.

140

Ich finde, am Ende von Gebrochene Blüten *gerät der Thanner in eine Situation, die die Figur gedanklich für eine anschließende Folge in eine neue Position bringen könnte. Der hat am Ende einen Menschen getötet, für seinen Charakter etwas, was Folgen, was eine Reaktion, eine neue Position vorstellbar macht. Man müßte das Ganze in einem Zusammenhang sehen. Denn der Thanner ist ja auch kein kaltschnäuziger Bulle, und das, was passiert ist, muß bei ihm als Mensch etwas auslösen. Da könnte man jetzt die Figur größer machen, in eine Krise führen, zum Nachdenken bringen.*

Ja, das stimmt schon. So habe ich das noch nicht betrachtet. Aber ich glaube, das sind zwei Dinge. Einmal, wenn man jetzt die Fernsehserie *Tatort* nimmt: Ich bin sehr für Veränderungen und sehe das auch recht gern, weiß aber auch, daß diese Serien alle laufen, weil man die Leute so gut kennt, weil auf Bekanntes gesetzt wird. Da regen sich die Leute erst auf über die *Lindenstraße*, aber nach genügend Folgen haben sie sich daran gewöhnt. Man hat sich an die Schauspieler, an die Typen, an die Kulisse gewöhnt, und selbst wenn sie darüber schimpfen, schalten sie es immer wieder ein. Wenn der Schimanski in einer Folge nur am Rande aktiv wäre, wären die Zuschauer gefordert. Ob sie dann mitziehen, wenn er dann wiederkommt, ist wieder so eine Sache. Das ist einfach eine Strapaze für die Leute.

Aber was man sich auch für den Schimanski an Neuem ausdenkt: es müßte realistisch und richtig sein, das darf man nicht übers Knie brechen. Denn sowas wie *Dallas,* wo einer erschossen wird und nach zwei Dutzend Folgen wieder auftaucht und man das Vorhergegangene als Traum ausgibt, sowas hat der Schimanski nicht verdient. Es ist wirklich verrückt, und ich muß immer wieder darüber nachdenken, daß die Zuschauer dauernd mit Wohlbekanntem gefüttert werden und das auch gerne fressen, aber beim Schimanski plötzlich sagen, der macht doch immer dasselbe. Sie sagen es beim Schimanski und nicht beim Derrick.

Die Kino-Schimanskis waren ja recht erfolgreich, warum wohl macht man da nicht weiter?

Nun, der erste *Schimanski* brachte drei Millionen Zuschauer und der zweite nur eineinhalb Millionen. Das ist doch ein deutlicher Rückgang.

Aber das hält sich doch noch in Grenzen, das sind doch immer noch fünfzig Prozent.

Was ist das aber, daß die Leute massenweise in einen Eddie-Murphy-Film gehen, auch beim zweiten, wesentlich schlechteren Film? Dennoch: Ich glaube, die ganzen Extreme sind beim Schimanski noch nicht ausgereizt, obwohl ich gerade bei *Zabou* schon sehr weit gehen wollte, aber es ist eben noch nicht alles, man kann da noch ein gut Stück weitergehen.

Mal mit dem Rücken zur Kamera ...

Eines fällt mir da gerade noch ein, das hat vielleicht mit all dem zu tun, was wir gerade besprochen haben. Als ich das erste Mal den Götz getroffen habe, da kam er gerade aus Berlin von den Filmfestspielen, und er hat ungeheuer von *Raging Bull* geschwärmt, dem Film von Scorsese, und vom Robert De Niro. Und zwar hat er besonders von einer Szene gesprochen, wo LaMotta/De Niro im Gefängnis sitzt. Man sieht nur den Rücken, und er spricht einen langen Monolog, philosophiert über sein Leben – und das fand der Götz ganz toll. Ich hab' ihn später daran erinnert: mit dem Rücken zur Kamera – und drückt ungeheuer viel aus. Ich weiß nicht, ob ich ihm das gesagt habe, aber das möchte ich dem Götz einmal sagen: Wenn er sich das auch mal trauen würde, das wäre was. Er kann das ja. Ich habe oft das Gefühl, er macht viel zuviel. Sicher, wie er das macht, das ist toll, aber manchmal einfach zuviel. Er verschleudert seine Kräfte. Da habe ich das Gefühl, er hat nicht das Vertrauen zum Buch, nicht das Vertrauen zum Regisseur und nicht das Vertrauen zu sich, es mal so zu machen wie De Niro. De Niro ist ein großes Beispiel, oder auch Marlon Brando. Der steht nur da und ist Marlon Brando, aber er ist auch *Der Pate* und der abgehalfterte Hotelbesitzer aus dem *Letzten Tango* und ist in dem gleichen Moment auch noch etwas ganz Allgemeines. Und ich glaube, daß der Götz das auch hätte, er ist einer der wenigen Schauspieler, die das können, viele müssen viel, viel machen, um dahin zu kommen, aber er könnte das auch und müßte sich einfach nur mal hinstellen, ein paar Situationen so sein lassen, wie sie sind, und sich einfach trauen.

Wenn einem einer einen solchen Monolog schreiben würde und ihm das plausibel machen könnte, glaube ich, würde er das schon tun, würde er schon das Risiko eingehen, weil er ja an sich glaubt.

Die Leute lieben ihn ja, weil er immer was macht, aber ich glaube, er könnte es sich gut leisten, einfach ein Stück weniger zu machen. Und das ist natürlich auch Regiearbeit, weil er das Gesamte nicht so sieht, nicht so sehen kann. Und als Autor jetzt gesprochen, muß ich sagen, daß er wirklich viel dazu macht: Sachen, die ich nie hätte schreiben können. Aber manchmal ist da eine Szene, wenn er die so spielen würde, wie sie gedacht war, das wäre auch genug.

Ich weiß das am besten, wenn ich geschrieben habe. Da gebe ich dem Gegenspieler, das heißt der Frau – ich habe ja nur Frauenfiguren gehabt –, den letzten Satz oder die Pointe, und ich sehe dann den Film, und siehste. – Ich will ihm da gar nichts wegnehmen, aber ich glaube das führt auch zu diesen Abnutzungen. Wenn er wirklich mal erlauben würde, daß jetzt mal ein anderer, der Eberhard oder die Frau, den letzten Satz hat – in der nächsten Szene hat er ihn ja wieder. Das wäre auch für die Zuschauer wichtig: sie nicht mit Höhepunkten vollzustopfen. Das stumpft sie auf die Dauer ab, denke ich.

In Frankreich ist das anders

Nun, das war ja viel Schimanski. Wollen wir davon weg. Der Götz ist durch die Figur populär geworden, in einem Maße, das weit über andere Figuren hinausgeht. Aber er ist ja ein vielseitiger Schauspieler und könnte auch anderes spielen, z. B. komische Rollen – wie der Depardieu in Frankreich. Glaubst du, die Zuschauer würden ihm das nicht abnehmen?

Man kann das nicht so generell beantworten: Der Depardieu ist ja auch in Frankreich wieder ein Einzelfall. Wenn du den

Belmondo oder Delon nimmst, dann sieht das schon wieder anders aus. Der Delon hat auch oft darum zu kämpfen, daß er mal was anderes spielt und die Leute mitziehen. Der Depardieu kümmert sich darum nicht, er macht das, was er für wichtig hält, ob das eine Klamotte, ein Bernanos oder ein Krimi ist. Der ist ja nur ein paar Jahre älter als ich, Jahrgang '48 oder so, und der hat in seinem Leben schon so viele Filme gemacht. Der geht halt das Risiko ein und spielt so einen Schwulen im *Abendanzug,* und selbst wenn er ein bißchen dick aufträgt, er kommt doch an, man nimmt es ihm ab. Natürlich ist das ein Unterschied in der Publikumsattraktivität, wenn da der Pialat Bernanos verfilmt, da gehen nicht so viele hin, und wenn Depardieu und Richard *Les fugitives* spielen, dann wird das ein Riesenrenner. Hier in Deutschland ist das eine andere Situation, da gibt es einfach nicht so viele Filme, da hat man ja nur die Möglichkeit, so etwas wie *Les fugitives* zu machen. Bernanos könnte hier ja gar nicht fürs Kino gemacht werden, das ist unmöglich.

Aber so etwas wie Les fugitives *– da würde der Götz nicht spielen.*

Das weiß ich nicht, müßte man ihm anbieten und schauen. Ja, aber das ist es doch: Wir haben geredet von den Franzosen, und da sind uns gleich drei Namen eingefallen, und da gibt es mindestens drei Frauen und sogar mehr, und jetzt haben wir hier in Deutschland einen. Da sind wir wieder beim Götz: Da haben wir einen, und da müssen wir aufpassen auf den. Denn wenn der auch noch weg ist, dann haben wir gar keinen mehr.
Also: Passen wir auf. Und das ist so eine Sache – ich habe den Film nicht gesehen, aber sowas wie *Die Katze,* das ist im Grunde schon schwierig. Allein das Projekt: Die Figur, die der Götz spielt, sitzt oben in einem Hotelzimmer und leitet das Ganze von da aus, und das ist ja schon gar nicht mehr der Mittelpunkt. Ich bin mir ja auch nicht sicher, ob man so vorsichtig sein soll oder muß, weil man hat ja den *Tatort,* man hat den Schimanski auf der einen Seite und vielleicht müßte man es doch riskieren …

144

Würde es dich denn reizen, mit dem Götz etwas ganz anderes zu machen?

Ich muß sagen, ich habe darüber überhaupt noch nie nachgedacht. Aber das stimmt schon. Der Francis Veber, der die drei Filmkomödien mit Depardieu gedreht hat, ist wirklich davon ausgegangen: Da habe ich den Richard und den Depardieu, und mit denen möchte ich was Komisches machen.

Ich könnte mir vorstellen, daß du so etwas machen könntest.

Aber es ist fraglich, ob das dann so einen Erfolg haben würde.

Ich glaube, das ist der falsche Ausgangspunkt. Man darf wohl nicht hergehen und sagen, jetzt schreibe ich eine Erfolgskomödie, ich mache was, wo die Darsteller stimmen, und schau mal, wie das angenommen wird. Man muß natürlich einen Produzenten dafür begeistern.

Ja gut, da müssen sich einige Leute trauen. Aber, wie gesagt, ich habe nie daran gedacht, etwas für den Götz zu schreiben. Vielleicht mache ich da einen Fehler, aber ich denke da nie so kalkuliert.

Das verstehe ich, andererseits hat man da endlich mal jemanden, mit dem man was machen könnte, wo alles direkt danach schreit, und man beschränkt sich auf die eine Schiene – Schimanski –, ich finde, das ist ein bißchen Vergeudung von Talent.

Ich weiß nicht, ich glaube da waren ja schon Leute an ihm dran mit so einer Sache, ich weiß nicht, was daraus geworden ist.

Naja, der Frank-Beyer-Film Der Bruch *ist ja schon sowas. Da spielt er neben den beiden Schränkern Rolf Hoppe und Otto Sander eine Art Dandy.*

Ja, wenn du Sander und Hoppe sagst – wir haben ja doch ein paar Leute, oder auch den Mario Adorf, den ich ganz gerne mag, aber die sind dann alle so verstreut ..
Was Schauspieler oder Stars angeht, funktioniert es hier ein-

fach nicht. Das betrifft Produzenten, Regisseure, die Presse. Das ist Herumgestochere und Ignorantentum. Hier kann überhaupt niemand aufgebaut werden. Das ist Zufall, Glück oder Eigeninitiative. – Oder das Fernsehen, die Gewöhnung. Da kann Gabi Dohm (aus der *Schwarzwaldklinik*) plötzlich zum Star werden. Aber Kapital fürs Kino ist das natürlich nicht. Das ist in Frankreich zum Beispiel anders. Dort haben die Stars noch das Flair, wie sie es früher hatten. Nicht, weil man sie jede Woche in bekannter Umgebung sieht. Die Adjani zum Beispiel, die taucht kaum auf und ist doch präsent. Sie ist der große weibliche Star dort. Weil die Franzosen das noch verstehen. Sie bauen auf – von Film zu Film – und kümmern sich um ihre Stars – das betrifft sämtliche Medien. Hinter der Adjani gibt es jetzt schon vier, fünf Mädchen um die Zwanzig, die aufgebaut werden, schon Stars sind, auf die man setzen kann.

Gespräch mit Dominik Graf

Ihr Vater war ein berühmter Schauspieler. Hat Sie das bei Ihrer Arbeit belastet?

Es gibt einen unterbewußten Beweiszwang selbst gegenüber Menschen, die schon lange nicht mehr leben. Das ist sicher ein Grund dafür, weshalb ich auch Filme mache, die ich ursprünglich gar nicht machen wollte. Es hängt damit zusammen, daß ich irgendwann mal das Gefühl hatte, beweisen zu müssen, daß ich irgend etwas auf einem künstlerischen Gebiet kann. Das heißt also: Was ich machen wollte – nämlich Musik –, das ging nicht, malen konnte ich nie, fotografieren konnte ich auch nicht, also habe ich mich auf das nächste gestürzt, von dem ich glaubte, das könne ich vielleicht. Und jetzt habe ich halbwegs unter Beweis gestellt, daß ich das »kann«. Das ist bei mir auch eine Zäsur. Und zwar endgültig. Da kommt noch etwas anderes dazu: Wenn man einen auf dem gleichen Gebiet erfolgreichen oder bedeutenden Vater hat (bei mir ist das nicht ganz vergleichbar etwa mit Götz George), dann werden einem so ein bißchen die Knie weich. Du denkst, du gibst nach, du wolltest ja eigentlich mal was ganz anderes, ausgerechnet das wolltest du ja doch nicht. Und dann machst du doch genau das. Da bleibt dann auch so ein ganz tiefes Unbehagen mir selbst gegenüber, das ich dann nur durch noch größere Leistungen kompensieren kann, um mir selbst zu beweisen, daß das keine Faulheit ist oder Trägheit oder auch Bequemlichkeit, daß man keine Lust hat, von mir aus, Archäologe zu werden, sondern daß es doch scheinbar um etwas geht, das nur mit Talent zu begründen ist. Dieses Talent muß aber ständig bewiesen werden. Bis zur Selbstdestruktion. Auch posthum. Natürlich spielt da der frühe Tod des Vaters die wichtigste Rolle. Mein Vater war einundvierzig als er starb, und ich war dreizehn. George war, glaub' ich, neun, als sein Vater starb – auch vergleichsweise jung. Bei Kindern großer Väter gibt es eben ein gewisses Schuldgefühl, sich nicht selbst durchgesetzt zu haben und nicht einen ganz anderen Weg gegangen zu sein, sondern den gleichen ausgelatschten Weg, und den unter erheblich größeren Anforderungen an sich selbst, als es ein anderer täte.

Spielen wollten Sie nie?

Nein, in einem eigenen Film werde ich mal wieder spielen. Und ich weiß nicht, wie stark das bei so jemandem wie dem Götz ist. Oder besser: Wie das ist bei Leuten, die auch noch exakt den gleichen Beruf haben; bei Regisseur und Schauspieler ist das ja doch ein bißchen unterschiedlich, das ist ja mehr oder weniger ein anderer Beruf. Aber andererseits ist es auch so, daß Götz auch Regisseuren, die ihr Handwerk beherrschen, immer noch etwas sagen kann. Der Götz erklärt ihnen, wie eine Action-Szene zu machen ist, und da sind immer ein, zwei Gedanken dabei, die besser sind als die eigenen. Da muß man ganz genau hinhören, manchmal sind da absolute Juwelen unter seinen Einfällen. Und dann kommt bei Götz dazu, daß er einfach intuitiv sehr viel von Film versteht, mehr als viele andere Schauspieler. Das ist ein ganz wichtiger Aspekt, und das merkt man bei der Zusammenarbeit immer wieder, das hilft dann auch. *Die Katze* war ja auch so ein Brecher. Das waren die schwersten Dreharbeiten, die ich erlebt habe. Der ganze Schnitt war so kompliziert. Wir hatten Berge von Material, und das mußte ja alles ineinander verzahnt werden. Da sind die Szenen in der Bank, im Hotelzimmer, in der Polizeizentrale, dann draußen auf der Straße, und das alles mehrmals, und die ganze Nachbearbeitung mußte ja in dreieinhalb Monaten vonstatten gehen. Das will ich auf keinen Fall wieder machen. Bei *Trio* war das noch schlimmer, aber da war ja alles schlimm. So etwas möchte ich auch nicht mehr machen.

Gibt es bei solchen großen Kinoproduktionen wie Die Katze *Einspruch von seiten der Produzenten, wollen die beispielsweise hier den George ein paarmal mehr im Film sehen als die anderen Figuren?*

Wenn das im fertigen Film so rüberkommt, dann ist das meine Sache, meine Auffassung, diese schwierige Rolle so spielen zu lassen, daß man auch spürt, daß sie eben nur von einem Star spielbar ist. In solchen Momenten ist der Star mit seinem ganzen düsteren Personenaufbau sehr im Vordergrund. In solchen Momenten ist er weniger Schauspieler als einfach die Figur, mehr die Silhouette der Figur. Auch wenn er etwa die Waffe zusammenbaut. Ich glaube, ich habe bisher keinen in Deutschland gefunden, der die Waffe so zusammenbauen kann. Das ist George. Er »macht« es richtig, er »spielt« dann nicht.

Es gibt allerdings auch Momente, in denen der George ganz einfach als die starke Figur, der kraftvolle Typ zu sehen ist – vielleicht ist es das eigene Bewußtsein, daß man da einen Götz-George-Film machen muß?

– machen will, nicht muß. Das meine ich ja: Wenn ich mich schon auf eine solche kommerzielle Geschichte einlasse, die ja nicht vom Ursprung das ist, was mir als Kino vorschwebt, so will ich sie doch ganz machen, will dem Star auch alles geben, dann bediene ich das Genre schon.

… mit einem Star arbeiten …

George ist ein Star, eigentlich der einzige männliche Star bei uns in der Bundesrepublik. Wie ist das für Sie, mit einem Star wie ihm zusammenzuarbeiten? Wie arbeiten sie, wie gehen sie mit ihm um, wie er mit Ihnen und den anderen Partnern?

Es gibt noch ein paar gute Leute, aber derentwegen geht man leider nicht ins Kino. Noch nicht. Ich muß sagen – der *Tatort*, den ich vor der *Katze* mit ihm gemacht habe, der war schon wichtig für mich.

Man hatte mich immer gewarnt und gesagt: Du wirst dein blaues Wunder erleben, und man hatte auch ihn vor mir gewarnt. Und wir sind da wie so zwei Maschinen aufeinandergerattert. Nun arbeite ich sehr viel mit Schauspielern und bestimme auch sehr viel, was die Schauspieler zu tun haben und wie etwas gemacht wird, und da knallt man natürlich bei ihm voll dagegen, weil er eigentlich derjenige ist, der in vielen Situationen die Szenen so machen möchte, wie er sie sich vorstellt. Und da hat er manchmal recht, manchmal nicht. Aber ich muß sagen, er hat das schon sehr schnell akzeptiert, daß da jemand ist, der einfach mit ihm umgeht, und daß das alles auch ganz richtig ist, was der will. Der Hajo (Gies) arbeitet da anders, der läßt ihn machen und feilt später.

Heilsamer Krach

Ich bin jemand, der morgens früh mit den Einstellungen ankommt, und dann kommt der George natürlich mit seinen Vorstellungen, und die passen nun manchmal gar nicht in mein Konzept. Es kam dann eben beim *Tatort*, nachdem es dreieinhalb Wochen verdächtig gut ging, zum Riesenkrach. Der dauerte zwei Tage, wir sahen uns nicht einmal an. Dann war alles wieder in Ordnung.

Das ging auch so ganz simpel an: Ich habe ihm gesagt, er soll zum Fenster gehen, und er: »Warum zum Fenster, ich bin doch sehr gut hier, und die Schauspielerin ist doch auch hier.« – »Nein, du gehst zum Fenster oder sie, ich kann euch ja nicht eine halbe Minute nur hier sitzen haben.« – »Nein, ich habe doch keine Lust, mich zu bewegen, nur weil du willst, daß ich mich bewege.« Und das gab dann fünf Stunden lang Geschrei, von dem er auch hinterher behauptete, daß das ganze Team das als sehr wohltuend empfand, daß ich mal angeschrien werde, und da war natürlich ich beleidigt, und dann war er wieder beleidigt, und ich war nochmal beleidigt, und nach zwei Tagen haben wir uns wieder vertragen. Und danach war die Arbeit zwischen uns beiden sehr gut. Am Ende hatte ich dann auch richtig das Gefühl, daß zwischen uns beiden eine Beziehung besteht. Es gibt eben so einen unterirdischen Kanal, in dem schwimmt er, wenn er arbeitet. Er ist ja im Augenblick, glaube ich, dabei, sein Image zu verbreitern. Und dann ist es ja, wie gesagt, auch einfach gut, was er macht, er macht es richtig. Er kann eine Waffe bedienen, er rammt die Tür richtig, er kann einen Satz mit vielen Wenns und Abers so natürlich formulieren, daß man nur noch zurücknehmen muß, während man bei anderen Schauspielern sagen muß: Bitte betonen Sie nicht so, sondern so. Man muß denen alle fünf Minuten quasi eine neue Schauspielschule angedeihen lassen. Und nach dem Krach und der Versöhnung ging es bei der *Katze* dann unglaublich gut. Sowas hatte ich noch nie beim Film erlebt, die Arbeit war sehr kompliziert, sehr aufwendig, und es war für mich eine neue Erfahrung, wie der Götz mir geholfen hat. Da war er derjenige, bei dem man die dreißig Jahre Berufserfahrung gespürt hat. Er sagte: »Ruhig bleiben, wir machen unseren Film weiter.« Dabei die Ruhe mit der er auf sich selbst reagiert hat. Das spürt man auch in diesem Film, daß er nicht die Absicht hatte, überzuagieren. Er ist nicht gebremst worden, er hat sich selbst gebremst, die ganze Zeit auf Sparflamme.

Aber zur Intention des Films: Wenn er mehr gemacht hätte, hätten Sie ihn schon zurückgenommen?

Natürlich.

Wie sehen Sie ihn als Star?

Das ist für mich auch der entscheidende Punkt, warum ich so gerne mit ihm arbeite: Er ist für mich unaustauschbar deutsch. Er hat berühmte und phantastische Eltern gehabt und er hat damit eine deutsche Kulturvergangenheit. Die trägt er mit sich herum, und die spürt man auch. In dem Mann sind auch inzwischen fünfunddreißig Jahre Nachkriegs-Schauspielererfahrung, wenn man bedenkt, unter was für Leuten er schon gespielt hat.

Was gibt es für Sie an Vorbildern?

Als ich anfing, mich fürs Kino zu interessieren, da waren Leute wie François Truffaut für mich Vorbilder. Dahin möchte ich auch ganz allmählich wieder zurück. Ich habe ja so angefangen, und als ich gemerkt habe, daß meine Vorstellung vom Autorenfilm nicht funktioniert hat, und zwar so sehr nicht funktioniert hat, daß ich meinen Beruf hätte aufgeben können, wenn ich so weitergemacht hätte, da habe ich mir gesagt: Gut, jetzt beschäftigst du dich halt mit anderen Sachen, und dann habe ich eben nur noch Auftragsproduktionen gemacht. Das war so 1978, 1979, 1980. Daher kommt dann auch diese schnelle Erzählweise. Wie schnell erzähle ich eine nicht ganz einfache Situation, und ich denke, wenn man in Deutschland kommerzielle Filme macht – und das ist *Die Katze* ja –, daß bestimmte Sachen, die ich sicherlich auch noch auf Lager hätte, da einfach fehl am Platz sind. Und wenn ich mich da auf so eine Geschichte einlasse, die mir nicht hundertprozentig am Herzen liegt, die ich aber trotzdem faszinierend finde, dann versuche ich, sie aber auch konsequent zu machen. Manche haben dann bei der *Katze* gesagt, wo sind denn die Geiseln, da gibts ja gar keine Beziehungen. Das habe ich ganz bewußt so gemacht. Es ist aber bei uns dann schon eine Tendenz, daß man das, was man an amerikanischen Filmen schätzt – diese Einfachheit, ja Naivität –, uns dann gerade vorwirft, und ich möchte dann immer sagen: Schaut euch doch mal die Amerikaner an, die ihr mögt, da ist es doch auch so.

George als Star in der Bundesrepublik, das ist was anderes als in Frankreich beispielsweise. Man würde es, glaube ich – ähnlich wie Clint Eastwood, Robert De Niro oder John Wayne in den USA –, dem Götz George übelnehmen, wenn er etwas anderes, etwa in einer Komödie oder einem ernsten Stück, spielen würde.

Nein, das glaube ich nicht. Es liegt eher daran, daß bei uns so wenig Filme dieser Art gedreht werden, daß es sehr gute Komödien so gut wie gar nicht gibt. Wenn der George mal eine andere Sache macht und wenn man dann weiß, danach kommt er doch wieder wie gewohnt, dann würde das schon angenommen vom Publikum.

Aber Die Katze *ist ja, was den George anbelangt, eigentlich doch wieder nur das gleiche mit umgekehrten Vorzeichen.*

... vor lauter Angst nichts anderes

Ja, es ist wie beim Schach eine Variante. Das liegt natürlich auch an ihm und natürlich auch an den Produzenten, die vor lauter Angst gar nichts anderes machen wollen. Da ist die ständige Angst, und deshalb macht man es den Fernseherfolgen nach. Wenn man das genau betrachtet, so sind die ganzen

Kurt Hübner und Götz George in ›Aus einem deutschen Leben‹

deutschen Erfolge der letzten Jahre nur Fernseherfolge. *Otto* ist ein Fernseherfolg, *Schimanski* ist eine Fernsehfigur. Die *Unendliche Geschichte* war eigentlich die erste originäre Kinosache. Alles andere ist verlängertes Fernsehen. Da existiert einfach eine gewisse Angst, etwas anderes zu machen, und beim Götz weiß ich eben auch nicht, ob das nicht auch bei ihm etwas mit Angst zu tun hat. Denn wenn ich an Belmondo in *Das Geheimnis der falschen Braut* (La sirène du Mississippi) denke, den Film von Truffaut, den ich am meisten mag, da ist nun der absolute Großstar des französischen Films ein fast schwacher Nicht-Liebhaber, der sich seine

*›Der König und sein Narr‹: Klaus Weiss, Götz George (als Friedrich
Wilhelm), Wolfgang Kieling und Jürgen Draeger (v. l. n. r.)*

Frauen per Anzeige suchen muß. Das ist wahnsinnig stark,
und daß der Jean-Paul Belmondo das spielt, das ist phanta-
stisch. Und ich glaube, daß der Götz auch gut solche Rollen
spielen könnte, in denen er es schafft, körperlich weniger ge-
wichtig zu erscheinen. Sie pushen ihn dauernd in diese über-
männlichen Rollen. Sie denken: Was soll er in einer Liebesgeschichte, wenn er die Leinwand schon dermaßen ausfüllt,
daß kaum ein anderer Platz hat. Und das genau stimmt nicht.
Ich bin überzeugt, wenn er wüßte, was er spielen müßte,
dann würde er es schaffen, fragiler zu erscheinen.
Am tollsten fand ich ihn als Friedrich Wilhelm und nicht in
Aus einem deutschen Leben, das immer so als Paradebeispiel

herangezogen wird. Da spielt er neben Wolfgang Kieling. Und Friedrich Wilhelm war ja ein Zwerg, und der Götz schafft es einfach, kleiner zu erscheinen, als er ist. Die ganze Körperlichkeit, das verrückte Aussehen – und er schafft es einfach, und das ist wirklich toll, und da glaube ich, daß der Schauspieler Götz Goerge noch viele, viele Möglichkeiten hat. Als Friedrich Wilhelm sitzt er da auf einem hohen Stuhl und kichert mit diesem rokoko-blassen Gesicht und wirkt beängstigend authentisch – 18. Jahrhundert –, und da ist es noch weit hin, bis man mal sagen kann, der George ist das und das. Er hat so viele Möglichkeiten, und da wirkte er plötzlich auch viel kleiner, schmaler, anders. Ich würde mir wirklich wünschen, daß er jetzt so Sachen macht, die auf einer ganz anderen Seite stehen. Aber ich glaube, er hat da etwas Angst, das ist ja auch zu verstehen, wenn man einmal so eine Durststrecke hinter sich hat wie die Autorenfilmzeit.

Es gibt ja bei jedem Schauspieler so einen Moment, wo das Selbstbewußtsein wirklich angeknackst ist. Götz hat ja ein sehr, sehr sensibles Selbstbewußtsein, er ist nicht der Brecher, als der er oft erscheint. Eine Weile hat ihn kaum jemand im Kino besetzt, die Schimanski-Rolle kam doch für ihn wie ein Segen, und die hat das ganze Selbstbewußtsein in ihm wieder geweckt.

Damals hat man Götz George, als er ein guter Schauspieler zu werden begann, an seinem Vater gemessen: Götz George, der Sohn.

Ja, er konnte keinen Huster lassen, nichts äußern, ohne daß man an den Vater dachte. Man brauchte eine Figur, ein Bild von ihm, das dem entgegenwirkte: Götz George, der Sohn von Heinrich George. Und es scheint jetzt so, daß er nicht mehr der George-Sohn ist, sondern Schimanski. Und es ist wohl das Problem, aus diesem Schimanski jetzt wieder Götz George zu machen.

Gespräch mit Ilse Hofmann

*Der Götz George ist ja bei uns der einzige Star, dessentwegen
die Leute ins Kino gehen. Wie erklärst du dir das?*

Nun, es ist ja allmählich bei uns heraus, daß die Kinostars
vom Fernsehen gemacht werden. Damals, als die Figur Schimanski erfunden wurde, waren die anderen Kommissare bei
uns meist so Biedermänner, und da ist natürlich diese Figur
besonders aufgefallen. Sie war etwas ganz anderes, und das
hat sich durchgesetzt. Es sind ja schließlich Millionen von
Fernsehzuschauern, die das sehen, und das färbt eben auch
aufs Kino ab. Denn auf der Leinwand verspricht man sich
noch mehr Action, noch mehr Aufwand.

*Liegt das deiner Meinung nach an der gesamten Figur, oder
hätte es das gleiche gebracht, wenn die einen unbekannten
Schauspieler aufgebaut hätten?*

Nein, wenn man jemanden gehabt hätte, der nicht die Vitali-
tät, die schauspielerische Qualität gehabt hätte, dann wäre
dieser Schimanski ganz schnell wieder weg gewesen – wie
viele andere *Tatort*-Kommissare auch. Also, es ist schon klar,
daß das an die Person von Götz gebunden ist. Es gibt da aber
auch ein anderes Beispiel: Der Klaus Wennemann als Fahnder hat – obwohl ihn vorher sicher kaum jemand gekannt
hatte – mit seiner Serie einen wahnsinnigen Popularitäts-
schub erhalten.

Keine Werbung für Stars

*Du sprichst da von den Biedermännern, also in Amerika oder
auch in Frankreich ist es ja oft so, daß da Leute zu Stars aufgebaut werden, die zwar dann nicht richtig einschlagen, aber
immer noch ein Millionenpublikum erreichen.*

Ja, aber das liegt daran, daß die die entsprechend verkaufen,
und das gerade findet ja bei uns nicht statt. Also, Werbung
fürs Fernsehen, das gibt's ja gar nicht. Insofern müssen dann

die Filme für sich selber sprechen, und das ist dann doch schon der entscheidende Unterschied zu Amerika.

Wie war deine Arbeit mit Götz George?

Die war sehr positiv. Götz war immer sehr gut vorbereitet, er kennt seine Figur sehr genau und hat sich selbst immer viel überlegt, und man kann das voll ausnutzen, kann sich seiner Kraft voll bedienen. Und das eben ist sehr angenehm, weil ich das Gefühl hatte, daß er immer mit hundertprozentigem Einsatz an die Sache rangeht. Also ich denke schon, daß der anhaltende Erfolg der Schimanski-*Tatorte* schon etwas damit zu tun hat, daß er eine ziemlich große Lebendigkeit hat.

Hast du eigentlich viel vorgegeben, alles sehr klar festgelegt, oder hast du ihn eher spontan arbeiten lassen?

Ja, also ich lasse immer erst machen. Das mache ich eigentlich bei allen Schauspielern, und wenn mir was nicht gefällt, redet man darüber und versucht sich auf das zu einigen, bei dem alle einverstanden sind. Das mache ich jetzt mit Löwitsch genauso (Ilse Hofmann drehte zur Zeit des Gesprächs mit Klaus Löwitsch in der Hauptrolle die Fernsehserie *Peter Strohm*).

... anfangs war die Figur radikaler

Wie siehst du heute die Entwicklung der Figur Schimanski? Meinst Du, sie hat sich verändert?

Nein, ich glaube nicht, weiß es aber nicht. Als Beteiligter sieht man ja manches nicht so genau. Ich denke aber, daß sich der Schimanski insofern etwas verändert, als sich im deutschen Fernsehen alles in den letzten fünf Jahren verändert hat. Ich glaube, daß die Figur am Anfang radikaler war. Aber vielleicht vertue ich mich da, man müßte das am Beispiel der alten Filme noch einmal kontrollieren. Also, versteh' mich recht, ich meine jetzt nicht so Hauruck und Schlagen und Kraft, sondern von den Geschichten, die passiert sind, und da glaube ich schon, daß von der politischen oder gesellschaftspolitischen Radikalität etwas verlorengegangen ist.

Du meinst, das ist zurückgegangen?

Ich bilde es mir ein, vielleicht stimmt es nicht. Ein ganz großes Problem sehe ich persönlich auch darin, daß die wenigsten Autoren, die die Schimanski-Drehbücher schreiben, überhaupt das Ruhrgebiet kennen. Ich habe gerade in Herne gedreht, da gibt es Ecken und Menschen, mit denen hat dieser *Tatort* heute überhaupt nichts mehr zu tun. Und das ist etwas, was man auch in vielen anderen deutschen Krimis beobachten kann: Sie spielen immer mehr in Schickeriakreisen oder sagen wir mal im Großbürgertum, und das ist eben nicht so wahnsinnig typisch oder ausschließlich typisch für das Ruhrgebiet. Also ich meine, man könnte doch auch ganz andere Geschichten (und das meine ich eben mit radikaler) erzählen, weil der Menschenschlag da ja außerordentlich interessant ist. Die meisten Autoren sitzen in München, die sind vielleicht ein-, zweimal in Duisburg gewesen, so zu einer Premiere von *Zahn um Zahn* oder so. Der Grund ist sicher als Produzent auch mal da gewesen, aber ich glaube kaum, daß die da großartig in die Ecken und Winkel gehen, durch die Stadt gehen und sich mal anschauen, was da los sein könnte. Das ist ein prinzipielles Problem hier in Deutschland, daß man ständig über irgendwelche abstrakten und ausgedachten Dinge Filme machen muß.

Das ist ja bei den Autoren sowieso so eine Sache, es ist ja doch wohl relativ zufällig, was an Geschichten angenommen wird. Irgendwo ist das auch die mangelnde Kontinuität der Serie, die näher am Milieu und näher an der Situation sein könnte.

Ja, auf Dauer wird man sich da sicher etwas überlegen müssen. Ich glaube, daß das Ruhrgebiet unerschöpflich ist, aber was da oft erzählt wird, das hat ja meist nichts mit dem Ruhrgebiet zu tun, das sind Geschichten, die auch im Schwarzwald spielen könnten.

... muß Kunstfigur bleiben

Was sagst du dazu, daß seine Einzelgängertour von Folge zu Folge kritisiert wird und doch keine Konsequenz erwächst?

Ilse Hofmann (links), Götz George und Nicole Ansari bei einer Stellprobe zum Tatort ›Der Tausch‹

Also das ist eigentlich nur eine Behauptung, daß der Schimanski so sehr aus dem Apparat rausschert. Ich bin mir ziemlich sicher, daß die Polizei oft auch mit Methoden arbeitet, die vielleicht sogar noch weiter über die Legalität hinausgehen. Andererseits glaube ich, daß man wahnsinnig enttäuscht wäre, wenn man Polizeirealität mitkriegen würde, denn das ist sicher wahnsinnig langweilig. Den Polizisten gefällt das im Fernsehen selbst oft sehr gut, sie halten das für überzogen, schauen sich das aber gerne an, und wenn man die bei der Arbeit sieht, dann sehen die zwar schon so aus wie im *Tatort*, nur sind sie viel, viel langweiliger. Und so gesehen ist der Schimanski auch eine Kunstfigur, und das soll er auch bleiben, muß er sogar bleiben.

Drehst Du gerne Krimis?

Mir ist das Genre eigentlich egal, wenn die Geschichte gut ist.

Der George hat doch eine ziemliche Breite als Schauspieler, warum, glaubst du, spielt er nur Rollen wie den Schimanski oder Ähnliches? Keine Komödienrollen beispielsweise.

Einmal wird bei uns sowas kaum gedreht, und außerdem läuft es bei uns im Fernsehen und im Kino immer noch so: Wenn man einmal eine bestimmte Art von Rollen gespielt hat, spielt man das den Rest seines Lebens. Daß der Löwitsch immer Bösewichter spielen muß, ist absolut absurd. Der könnte wunderbar Klamotte spielen, aber da würde niemand drauf kommen.

Das gleiche gilt auch für den Bruno Ganz und natürlich auch für den Götz: einmal Schimanski – immer Schimanski, und wenn man die anderen Rollen – etwa in der *Katze* ansieht, dann ist es sehr ähnlich. Das gleiche war es ja auch damals mit dem Marius (Müller-Westernhagen): Der war halt der *Theo,* und als er versuchte, da herauszukommen, war die Kinokarriere erst mal abgeschnitten.

Nun hat ja der George in Frank Beyers Der König und der Narr *als Friedrich Wilhelm etwas ganz anderes gedreht.*

Ja, daß der auch andere Sachen machen kann, hat man am Film vom Theo (Kotulla) gesehen: *Aus einem deutschen Leben.*

Drehbuchangebote heute – indiskutabel

Meinst du, es liegt daran, daß es keine Stoffe gibt?

Es sieht so aus. Ich kann das ja nur in einem sehr kleinen Rahmen sehen, und wenn ich hier sehe, was mir für Drehbücher angeboten werden, dann gehe ich davon aus, daß die Drehbücher auch den Schauspielern geschickt werden. Und das repräsentiert den Markt, und der ist – vorsichtig ausgedrückt – indiskutabel. – Oder die guten Sachen gehen alle an mir vorüber.

Was du mit den Schauspielern sagst, die auf einem Image bleiben, gilt natürlich auch für die USA. Dem Pacino hat man es sehr übelgenommen, als er in Hundstage *einen schwulen Bankräuber spielte.*

Ja mit solchen Männerfiguren, die letztendlich immer die Sieger sind, das ist noch einmal ein anderes Problem. Daß da die Leute Schwierigkeiten haben, die auch mal als Verlierer zu sehen. Wenn der aber wie der Robert De Niro schon mal sehr viel vielfältiger angelegt ist wie beispielsweise in *Mean Streets,* dann ist das einfacher. Aber ich denke, wenn der Götz einen Schwächling spielen würde, dann würden das die Leute gar nicht so gerne sehen – oder wenn der wie der Depardieu in dem Film mit der Miou Miou – *Der Abendanzug* von Bertrand Blier – einen Bisexuellen spielte, das wäre bei uns unmöglich. Aber das ist das ganze Dilemma, und die guten Leute wollen halt alle auch weg.

Würdest du es wagen, den George in einer leichten Komödie in einer ganz anderen Rolle zu besetzen?

Klar würde ich das. Ich würde es auch deshalb wagen, weil ich mir einen gewissen Reklamewert davon verspreche. Wenn man schon so jemanden hat, soll man das auch ausnützen. Es gibt sogar einen Stoff, wo ich an ihn gedacht habe, eine Kriminalkomödie. Das steht leider im Moment nicht zur Debatte, aber das wäre ein wunderbares Buch.

Er ist ja nicht immer der Siegertyp, in den letzten Filmen gibt man ihm ja auch kontra.

Ach, das ist doch nur Verschleierung, das ist Pose.

Ich meine, es wäre von der Figur her durchaus glaubwürdig, wenn es am Ende mal nicht so gut ausginge.

Natürlich wäre das denkbar. Aber das trauen die sich nicht. Das war ja schon bei den *Grenzgängern,* die sollten ganz anders ausgehen, aber das ging dann nicht. Da kam plötzlich die Anweisung von oben: Verbrechen darf sich nicht lohnen – und da mußten wir was machen. Das ist halt traurig, das macht einen so mutlos.

Gespräch mit Theodor Kotulla

Du hast 1977 mit Götz George Aus einem deutschen Leben *gedreht. Das war nicht nur einer der wichtigsten Filme der siebziger Jahre, es war auch einer der wichtigsten Filme des Schauspielers Götz George. Zehn Jahre später hast du einen Tatort mit dem Titel* Einzelhaft *mit Götz George als Schimanski gemacht. Wie bist du darauf gekommen?*

Nun ich habe damals, bei *Aus einem deutschen Leben*, sehr gern mit Götz George gearbeitet; und ich habe natürlich damals gemerkt, daß er ein ganz toller Schauspieler ist. Und ich muß sagen, daß seit dieser Zeit bei mir eigentlich immer der Wunsch vorhanden gewesen ist, ja geradezu das Bedürfnis, wieder mal mit ihm zu arbeiten. Warum es dann so lange gedauert hat, runde zehn Jahre immerhin, bis es tatsächlich dazu gekommen ist? – Sehr viele Filme habe ich in dieser Zeit nicht gemacht. Wenn ich daran dachte, George zu besetzen, hatte er keine Zeit – er ist ja in den letzten Jahren pausenlos beschäftigt gewesen –; wenn er vielleicht Zeit gehabt hätte, habe ich gerade nichts gemacht oder ich hatte nicht die richtige Rolle. Also: wie das Leben eben so spielt – könnte man sagen. Es hat auch von seiten der Bavaria zweimal Angebote an mich gegeben, einen Schimanski-*Tatort* zu machen; aber da ging es aus irgendwelchen Gründen bei mir nicht. Mitte Juni 1987 hat mich dann Wolfgang Hesse, ein Produzent der Bavaria, der auch noch keinen *Tatort* produziert hatte, gefragt, ob wir es nicht mal gemeinsam mit diesem Genre versuchen sollten. Es gab damals zwar noch kein detailliert ausgearbeitetes Drehbuch, sondern erst so eine Art Treatment. Aber die Story und die bereits ausgeführten Dialoge von Frank Göhre (er hatte ja auch am Drehbuch von Carl Schenkels *Abwärts* mitgearbeitet), haben mir sehr zugesagt: Und so habe ich ja gesagt.

Ilona, die heimliche Hauptfigur

Was hat dir bei Göhre so zugesagt?

162

Ilona (Brigitte Karner) ist schon sehr interessiert, wo Horst Schimanski seine Knarre stecken hat. Stellprobe beim Tatort ›Einzelhaft‹ mit Götz George und Theodor Kotulla

Gefallen hat mir zunächst, daß der Schimanski hier nicht so sehr in den Vordergrund geschoben wird. Da es zu der erzählerischen Struktur der Schimanski-*Tatorte* gehört, daß die Geschichte immer aus der Sicht von Schimanski/Thanner erzählt zu werden hat, ist Schimanski natürlich auch in *Einzelhaft* die Figur, die im wörtlichen Sinne am häufigsten auf der Bildfläche erscheint; dennoch ist für mich die quasi heimliche Hauptfigur die Ilona, die Frau, die von Brigitte Karner gespielt wird. Außerdem versteht es Göhre, Dialoge zu schreiben, die die Redeweise sogenannter »kleiner Leute« – Werftarbeiter, Taxifahrer, Imbißbudenbetreiber beispielsweise – sehr treffend und mit Witz einfangen, ohne daß diese Personen, und das ist das Entscheidende, von oben herab behandelt würden.

Ich würde hier sagen, ich weiß, wovon ich rede, denn ich habe selber jahrelang im Gebiet von Duisburg gelebt – genau in Homburg am Niederrhein, wo ich auch Abitur gemacht habe und das inzwischen von Duisburg eingemeindet worden ist –; und ich habe schließlich zweieinhalb Jahre im Steinkohlenbergbau unter Tage gearbeitet, um mir das Geld zum Studium zu verdienen.

Hattest du nach deinem ersten Film mit George verfolgt, was er inzwischen gemacht hat?

Ich habe immer mit Interesse verfolgt, was er jeweils gedreht hat. Gesehen habe ich nur einiges: den Film *Der König und sein Narr* von Frank Beyer, nach dem Roman von Martin Stade, den Kinofilm *Abwärts* von Carl Schenkel. Und dann habe ich mir, bevor ich mit den Vorbereitungen zu *Einzelhaft* angefangen habe, sechs Schimanski-*Tatorte* bei der Bavaria angeguckt. Leider habe ich Götz nie auf der Bühne gesehen. Ich hoffe allerdings, daß sich mal die Gelegenheit ergibt, das Versäumte nachzuholen.

... ein toller Schauspieler

Du hast anfangs gesagt, du hättest gleich bei deinem ersten Film mit ihm erkannt, daß Götz George ein »toller Schauspieler« sei ...

Du meinst, ich sollte das nicht einfach so als preisende Feststellung stehenlassen, sondern näher erläutern. Ich will's versuchen, das zu erläutern. Also, ich muß bei Götz oft an das berühmte »Paradox des Schauspielers« von Diderot aus dem Jahre 1773 denken. Diderot legt in diesem polemischen Aufsatz, den er in Form eines Dialogs darbietet, seine Theorien übers Theater und über Schauspieler dar, auf denen übrigens auch diejenige von Brecht fußt. Man könnte sogar sagen, seit Diderot nichts Neues. Diderot erläutert hier, welche Eigenschaften seiner Ansicht nach einen guten Schauspieler ausmachen. Ich darf mal zitieren:

Diderot: ... *Ich verlange von ihm sehr viel Urteilskraft; für mich muß dieser Mensch ein kühler und ruhiger Beobachter sein; ich verlange von ihm daher Scharfblick, nicht aber Emp-*

findsamkeit, verlange die Kunst, alles nachzuahmen, – oder –
was auf dasselbe hinausläuft – eine gleiche Befähigung für alle
möglichen Charaktere und Rollen.
Gesprächspartner: *Keine Empfindsamkeit!*
Diderot: *Keine!*
Wozu freilich gesagt werden muß, daß, wenn Diderot nach
damaligem Sprachgebrauch *Empfindsamkeit* sagt, er – sa-
lopp ausgedrückt – *Gefühlsseligkeit* meint. Diderot hat nichts
dagegen, daß ein Schauspieler Empfindungen hat, das wäre
ja auch absurd, er hat lediglich etwas dagegen, daß er in bloßen Gefühlen ertrinkt und den Verstand, die »Urteilskraft«
verliert. Und »viel Urteilskraft«, »kühle und ruhige Beobach-
tungsgabe« sowie die »Kunst, alles nachzuahmen«, diese drei
Eigenschaften sind bei Götz in hohem Maße anzutreffen.
Das klingt alles immer noch sehr abstrakt, aber ich will das an
einem Beispiel klarzumachen versuchen. In dem Dialog mit
einem mutmaßlichen Verbrecher wirft Schimanski diesem in
aggressiver Sprache und mit kaltem Gesichtsausdruck massive Beschuldigungen an den Kopf. Ich war sehr mit dem Er-
gebnis zufrieden. Da Götz aber weiß, daß ich von bestimmten Takes gern Varianten drehe, bot er mir ganz spontan an:
»Soll ich dasselbe jetzt nochmal mit einem lächelnden Gesichtsausdruck bringen? Vielleicht ist die Wirkung dieser
Stelle dann viel stärker?«
Ich hatte nichts dagegen, und sofort nahmen wir diesen Take
mit einem hinterlistig lächelnden Schimanski auf. Ich habe
mich dann am Schneidetisch für die zweite, die »lächelnde«
Version entschieden, weil sie in die Stimmung des Verhörs tatsächlich besser hineinpaßte. Natürlich kann ich mich nicht
immer für die Vorschläge von Götz – und er machte eine
ganze Menge! – entscheiden, das dürfte wohl auch ohne weit-
schweifige Erklärungen klar auf der Hand liegen. Götz
macht aber eigentlich so viele Vorschläge, daß man sich fragt,
ob er vielleicht nicht mal die Möglichkeit bekommen sollte,
selber bei einem Film Regie zu führen, auf der Bühne hat er
ja auch schon selber inszeniert. – Ich will mit diesem Beispiel
sagen: Wäre Götz jetzt ein hauptsächlich von »Empfindsamkeit«, also »Gefühlsseligkeit«, gelenkter Schauspieler, wie

das ja etwa Stanislawski, im Gegensatz zu Diderot, empfohlen hat, dann hätte er nicht derart blitzschnell von »brutal« auf »lächelnd« umschalten können; denn Gefühle sind weit unbeweglicher als kühle Technik. Vor allem hätte er dann beides nicht mit derselben Präzision »abliefern« können. Das klingt natürlich jetzt so – vor allem, wenn man den Film noch nicht gesehen hat –, als wäre der »tolle Schauspieler« allein dadurch gegeben, daß er die gewünschten Reaktionen auf Kommando ausspuckt wie eine Maschine, oder heute müßte man besser sagen: wie ein Computer. Also: gekonnt »ausspucken«, »abliefern« muß er, der gute Schauspieler, Worte, Gesten und Mimik schon, das ist gar keine Frage; aber zugleich – und das ist der springende Punkt! – muß er dabei wirken wie ein durch und durch menschliches Wesen; wie ein Roboter, bei dem man total vergißt, daß man einen Roboter vor sich hat und nicht einen Menschen. Da wäre meiner Meinung nach die Kunst des Schauspielers – für Diderot damals wie heute für uns! Zu den Eigenschaften eines guten Schauspielers *kann* auch gehören – ich sage hier nicht unbedingt: *sollte* gehören –, daß er seine Urteilskraft und seinen Scharfblick in Hinblick auf die zu erzählende Geschichte einsetzt, um diese, in den Grenzen des ihr eigenen Rahmens, zu bereichern. Und hierbei kann man bei Götz nun wirklich aus dem Übervollen schöpfen. Er überschüttet einen mit Vorschlägen und Einfällen. Natürlich wird man ehrlicherweise sagen müssen, daß vieles aus der Sicht des Filmemachers wahrscheinlich nicht brauchbar sein dürfte, und die Entscheidung sollte natürlich ausschließlich bei diesem liegen. Wenn der Filmemacher also einen Stil hat, wird er sich mit kühlem Kopf das heraussuchen, was seinen Stil weitertreibt, von mir aus bis an die Grenze des gerade noch Tragbaren: Er darf nur auf keinen Fall über diesen Stil hinausschießen.
Und jetzt ein Beispiel für einen erfolgreich integrierten Vorschlag von Götz in unserem Film *Einzelhaft:* Schimanski wird von zwei Zuhältern zusammengeschlagen. Am nächsten Tag trifft er den einen von ihnen, Berni, mehr oder weniger per Zufall wieder, verfolgt ihn, nimmt ihn fest und beginnt, ihn in seinem Büro auf dem Polizeirevier zu verhören. Vorschlag

von Götz: Bei der Schlägerei hält sich Schimanski an der Wildlederjacke von Berni fest und reißt, während er zu Boden geschlagen wird, unbeabsichtigt ein kleines Stück Leder aus der Jacke heraus. Diesen Lederflecken hält er dann beim Verhör dem Berni quasi als zusätzliches Beweismaterial unter die Nase; und Berni, der wieder dieselbe Jacke trägt, ist so verdutzt, daß ihm ein blödes, auch nicht im Drehbuch vorhandenes »Scheiße, das muß ich kunststopfen lassen!« entfährt. – Ich habe diesen Vorschlag, nach anfänglichem Zögern, zugegeben – denn hier zwei Varianten zu drehen, das wäre zu aufwendig gewesen – aufgegriffen und bin danach schon in den Mustern sehr froh darüber gewesen, da dieses kleine Moment mit dem Lederfleckchen den Ablauf der Szene ohne Frage um eine sardonische Nuance bereichert hat.

... ersetzt einen Stuntman

Wie breit schätzt Du die schauspielerischen Möglichkeiten ein? Manche meinen, er könne alles spielen.

Also gut, wir wollen nicht übertreiben. Sicherlich kann Götz nicht schlicht und einfach *alles* spielen. Das kann kein Schauspieler, zumal im Film. Das ginge bei Götz auch schon aufgrund seiner durchtrainierten physischen Erscheinung nicht. Was mir hingegen sicher scheint, ist die Tatsache, daß Götz als Schauspieler sehr viel mehr kann, als ihm in seiner »Stammrolle«, dem Horst Schimanski, abgefordert wird. Aber selbst hier, in einer doch relativ »eingerahmten« Figur, ist ja seine Schwingungsweite einfach erstaunlich. Er springt auf ein anfahrendes Auto und hält sich am Schiebedach fest, er hechtet aus einem relativ hochgelegenen ersten Stock in einen mit Kartons beladenen Lieferwagen. Gut. Okay. Das kann man sich antrainieren – wird man sagen –; das ist keine große Kunst. Obwohl man bei uns die Schauspieler mit der Lupe suchen kann, die sich das so professionell antrainiert haben, daß man ruhigen Gewissens von einem Stuntman absehen kann. Aber dann hat der Götz eine lyrische Szene mit der Brigitte Karner, die ihresgleichen sucht im sogenannten jungen

...ersetzt einen Stuntman: Götz George in ›Zabou‹

und im gegenwärtigen deutschen Film. Da habe ich nicht die geringsten Hemmungen, das zu sagen, wiewohl es sich doch um die eigenen Brötchen handelt, die hier angepriesen werden: Ich weiß einfach, was wir da zustande gebracht haben.

Wie siehst du das, der George – auch wenn er andere Filme wie Die Katze *dreht oder mit Frank Beyer* Der Bruch *– ist ja eigentlich immer auf eine bestimmte Figur festgelegt, obwohl er über ein breiteres Spektrum verfügt.*

Immer auf einer Schiene

Das ist ja eben so bedauerlich, daß er immer auf so einer Schiene fährt, weil er – wie du selbst sagst – schauspielerisch eine größere Amplitude hat. Warum das so ist – das ist ziemlich kompliziert. Das hängt wohl auch mit den Grenzen unserer ganzen Kinosituation zusammen.

In Frankreich spielt Depardieu in knallharten Gangsterfilmen wie *Wahl der Waffen* von Alain Corneau und dann in Marguerite Duras' *Nathalie Granger* mit der Jeanne Moreau und Lucia Bose, einem Film, der ästhetisch so avanciert ist, daß man für so einen Film bei uns nirgends Gelder herkriegen würde. Und er spielt bei Alain Resnais im *Onkel von Amerika* oder in Maurice Pialats *Die Sonne Satans* einen Priester. Und in all diesen Genres ist er als Schauspieler gut, all das nimmt man ihm ab. Solche schauspielerischen Fähigkeiten hätte George auch. Aber bei uns fehlt eben diese Filmszene. Und es ist mir absolut gleichgültig, was bestimmte Filmkritiker hierzu sagen mögen, die sich wie die Päpste aufführen, ansonsten aber einen Zoom von einer Kamerafahrt und eine Handkamera nicht von einer Steadycam unterscheiden können. Götz ist so rar bei uns, daß wir Filmemacher und Film- und Fernsehproduzenten verhindern sollten, daß er eines Tages ins internationale Geschäft abwandert, bevor wir ihn richtig eingesetzt und »ausprobiert« haben, und im Grunde muß man sich schon wundern, daß er nicht längst abgedriftet ist aus unserer behäbigen und harmlosen Filmlandschaft. – Was übrigens das Ausprobieren angeht: Da gibt es – um nur ein Beispiel zu nennen – ein wirklich explosives Stück von Albert Drach, einem fast vergessenen Wiener Schriftsteller, der jetzt fünfundachtzig ist, über den Marquis de Sade und dessen verdrängte Rolle in der Französischen Revolution, aus dem ich wahnsinnig gern einen Film mit Götz in der Titelrolle machen würde. Das mag auf den ersten Blick reichlich abwegig klingen: Götz George als der Marquis de Sade. Aber ich weiß, daß gerade diese Koppelung einen außergewöhnlichen Film abgeben könnte.

Nun gibt es ja eine ganze Reihe vergleichbarer Schauspieler wie den Bruno Ganz, den Otto Sander, den Klaus Löwitsch beispielsweise, nur daß sie nicht ein solches Star-Image haben. George ist nicht nur – wie die eben genannten – ein guter Schauspieler, er ist darüber hinaus auch noch ein Star. Was macht einen Star aus?

Für das Zustandekommen eines Star-Images gibt es sicherlich mehrere Gründe. Nichts hat nur einen Grund. So gibt es auch für das Erscheinen eines Stars mehrere Faktoren: soziale, psychologische, kulturelle, sogar politische im weitesten Sinne, die physische Erscheinung des betreffenden Schauspielers, es gibt den »Zeitgeist«, zweifellos auch Elemente der Mode und so weiter. Die Gründe sind also vielfältig. Dennoch kann man mit einem einzigen Satz sagen, was einen Star ausmacht: Ein Schauspieler ist dann ein Star, wenn die Zuschauer wegen ihm ins Kino gehen, und zwar egal, was er spielt.

Wegen Bruno Ganz und Otto Sander oder auch wegen Michael König gehen höchstens Insider ins Kino, nicht aber ein breites Publikum. Das geht wegen Götz George ins Kino. Insofern nimmt er bei uns eine einzigartige Stellung ein.

Sind nicht Stars aufbaubar? Die Major Companies machen das doch, das haut mal hin, mal nicht. Nach James Deans Tod baute Elia Kazan Warren Beatty auf, Marlon Brando war zwar zu Beginn schon erfolgreich, aber aufgebaut hat man ihn auch, und ähnlich war es mit Dustin Hoffman und Al Pacino, ganz zu schweigen von Steve McQueen, der eine große Anlaufzeit brauchte, bis er »kam«.

Die Schimanski-Fans – zufrieden?

Ich finde, daß ein Star so funktioniert, daß die Leute ins Kino gehen, ohne daß man versucht hat, ihn aufzubauen. Insofern war zwar der James Dean ein Star und Marlon Brando auch, bei Warren Beatty ist die Sache aber dann nicht mehr so gut gelaufen. Andererseits kann die Starposition auch eine große Gefahr sein. Ich meine, insofern, daß man auf ihn kommt, weil er diese Zugkraft, diese Ausstrahlung hat, und nicht wegen seiner schauspielerischen Eigenschaften. Das heißt, es besteht die Gefahr, daß er in Filmen unter rein kommerziellen Gesichtspunkten besetzt wird. Das heißt: Götz muß natürlich auch darauf achten, daß man ihn nicht einfach, ob die Rolle paßt oder nicht, besetzt, nur weil er ein Star ist. Du weißt ja, daß in *Zahn um Zahn* und *Zabou* die Leute reingegangen sind wegen dem Schimanski, aber eben weil der durch die Fernsehserie vorbereitet war.

Ich habe da folgendes erlebt: Als ich in der *Katze* war und aus dem Kino rausgegangen bin, da stand da eine Gruppe von jungen Leuten, so Anfang, Mitte Zwanzig, da hörte ich, wie der eine Junge ein Mädchen fragte: »Na, sind die Schimanski-Fans auf ihre Kosten gekommen?« So ganz befriedigt schienen die Schimanski-Fans nicht – George spielt ja da einen Bankräuber, aber jedenfalls sind sie deswegen reingegangen: wegen George. Die gehen in die *Katze,* nicht wegen dem Regisseur, nicht wegen der Story, sondern weil der *Schimanski* da eine Rolle spielt. Die Leute in Duisburg sagen ja auch, wenn sie Götz sehen: »Guten Tag, Herr Schimanski.«

Ja, neulich, als ich aus der Kneipe mit George rausging, sprach ihn auch ein älterer Mann mit Herr Schimanski an, und es sah so aus, als ob er sich schon damit abgefunden hat.

Nun, vor einem Jahr war er noch ziemlich sauer und sagte: »Ich heiße George.« Gut, man kann also sagen, daß das Fernsehen einen Star gemacht hat, der plötzlich auch im Kino ein Star ist; daß die Leute ins Kino gehen wegen ihm. In Frankreich kannst du eine ganze Reihe von Leuten aufzählen, wo du sagen kannst: Das sind Stars. Da hast du den Yves Montand, den Gérard Depardieu, den Jean-Paul Belmondo, den Claude Brasseur, die Cathérine Deneuve, den Philippe Noiret, den Jean-Louis Trintignant etcetera.

Stars – gemacht oder gewachsen?

In Amerika gibt es aber eine Reihe von Schauspielern, denen man den Rollenwechsel, den Image-Wechsel übelgenommen hat. Etwa bei Clint Eastwood, als er den schwerkranken Soldaten spielt, der in einem Dreimäderlhaus fertiggemacht wird (Don Siegels Betrogen*), Al Pacino, als er den schwulen Bankräuber in* Hundstage *spielte, oder der Robert De Niro als Arbeiter neben Meryl Streep. Andererseits aber ist es in den USA nicht ungewöhnlich, wenn ein Kinostar vom Fernsehen herkommt – wie Michael Douglas. Bei uns gibt es eine ganze Reihe guter Schauspieler, die bekommen im Kino keine Rolle,* *weil sie auf Fernsehen »festgelegt« sind. Sascha Hehn, Helmut Zierl, der Günter Lamprecht gehen im Kino nicht.*

Beim George kommen da wohl zwei Dinge zusammen, einmal die Popularität beim Fernsehen und die Ausstrahlung, dieses Image wie bei Humphrey Bogart, das man einfach nicht erklären kann. Man schaut sich ja den Humphrey Bogart auch in einem schwächeren Film an, den man sonst gar nicht sehen würde. Wie er sich bewegt, wie er aussieht, das ist einfach gut, wie bei James Dean oder Marlon Brando. Bei uns ist Götz George hier der einzige auf weiter Flur.

Aber was macht das aus?

Das gewisse Etwas, eine ganz bestimmte Art von physischer Präsenz, die der Bogart ja auch hatte.

Eine physische Präsenz, natürlich verbunden mit einer erotischen Ausstrahlung, die auch bei Männern funktioniert.

Ja, deshalb habe ich das ja vorhin gesagt: Der Junge hat die Mädchen gefragt – mit einem erotischen Unterton.

Und sie sind dank der Cleverneß der Produzenten – wie ich das sehe – auf ihre Kosten gekommen.

Von allen *Tatort*-Kommissaren, die es bei uns gab, ist einfach George – schon als Schauspieler – der beste, und daß er ein guter Schauspieler ist, das sieht man auch in seinen Schimanski-Filmen, und ich bilde mir ein, daß man da auch merkt, daß er mehr drauf hat als diese Figur, die doch nach einem gewissen Schema läuft, laufen muß.

Ich glaube, George ist dann immer am besten, wenn er gegen die Rolle spielen muß, wenn er Angst, Hilflosigkeit, Verzweiflung zeigt – etwa wie gerade in der Katze.

Ja, genau. Das finde ich ja auch, etwa auch in der bereits erwähnten Szene mit Brigitte Karner in *Einzelhaft*, wo er erst die Zigarette dreht und man das Gefühl hat, jetzt kommt es möglicherweise zu einer Umarmung – das ist ja mit sehr leisen Tönen gespielt, da fällt kein Wort.

172

Wo man glaubt, daß da nichts passiert, und im Grunde läuft darunter eine ganze Geschichte ab.

Emotional passiert da ungeheuer viel. Ich glaube auch, daß George trotz der Schimanski-Figur sich im Laufe der Zeit ungeheuer entwickelt hat, auch als Schimanski. Der kann inzwischen fast alles spielen. Bei uns ist das ja so eine Sache, wenn der Gérard Depardieu, den man ja schauspielerisch mit Götz vergleichen kann, in einem Thriller spielt und dann in einem Film von der Marguerite Duras oder dem Alain Resnais, dann nimmt man ihm das ab, ja es wird ihm sogar hoch angerechnet. Aber ich glaube, bei uns ist das ganz anders, wenn George etwa eine solche Rolle spielen würde, die weitab ist vom Image des Schimanski oder des Bankräubers in der *Katze,* der ja dasselbe in Grün ist, etwa wenn er in einer Ehegeschichte den ganz sensiblen Mann spielt, dann könnte ich mir vorstellen, daß man dann von Kritikern zu hören bekommt: Na ja, im Grunde bleibt er der Schimanski.

Vergleichsweise ist das ja mit dem Sean Connery auch so gegangen, als er in The Offence *von Sidney Lumet spielte oder in* The Hill, *da hat man ja auch gesagt, der ist eben doch nur ein* James Bond, *mehr ist da nicht dran. Dabei war Connery schon damals ein hervorragender Schauspieler. Jetzt, bei Ecos* Der Name der Rose, *hat man das ja nur noch als Reklame benutzt und gesagt, der Bond ist jetzt ein Mönch. Aber woran mag das liegen, daß man in Frankreich das darf und bei uns nicht?*

Ich weiß auch nicht; ich glaube, das liegt an der ganzen Filmkultur. Bei uns existiert die nicht. Solche Filme, wie sie in Frankreich gemacht werden – bei uns gibt es die ja nicht. Und man bietet in Frankreich dem Depardieu solche Rollen an, die es bei uns nicht gibt. Der Regisseur von *Die Sonne Satans,* Maurice Pialat, hat sich gesagt, warum soll ich nicht den Depardieu nehmen, warum soll ich nicht das Star-Image benutzen, wenn er für diese Rolle geeignet ist. Und so wird fürs Publikum so ein Film interessanter durch einen Star wie Depardieu.

Andererseits hat der Pialat den Depardieu schon in Loulou *als jugendlichen Draufgänger eingesetzt. Bei den Amerikanern ist das ja auch so, dort nehmen sie es dem Star auch übel, wenn er in der »falschen« Rolle zu sehen ist.*

Ja, insofern ähnelt die Situation bei uns schon der amerikanischen Szene. Sicher spielt es auch eine Rolle, daß wir uns den Amerikanern schon viel mehr angepaßt haben als andere Europäer.

Gespräch mit Renan Demirkan

Woran liegt es, daß Schauspieler wie Gérard Depardieu oder Isabelle Adjani, die ganz unterschiedliche Rollen spielen, etwa in Komödien, Tragödien und harten Action-Filmen, bei uns gar keine Chance haben? Daß ein Götz George in Kino und Fernsehen festgelegt ist auf einen bestimmten Typus und im Grunde kaum etwas anderes spielt? Liegt das an den Leuten selber, oder daran, daß sie nichts anderes kriegen, oder daß man da gar nicht auf die Idee kommt, sie was anderes spielen zu lassen?

Das sind zwei Komponenten, die da zusammenkommen. Ich denke, daß es einmal am Mut der Produzenten fehlt, etablierte Figuren, einen bestimmten Typus, der durch einen Schauspieler verkörpert wird, anders einzusetzen. Franzosen und Italiener sind da frecher, auch die Amis. Peter Falk kann den *Colombo* lange, lange drehen, er ist ein brillanter Schauspieler, das wissen alle, und John Cassavetes setzt ihn in seinen Filmen immer wieder ein, gibt ihm in wichtigen Filmen Superrollen, eine Frage des Muts also der Produzenten, Schauspieler, die eine Figur etabliert haben, anders zu besetzen. Aber es ist – glaube ich – auch eine Frage der Risikobereitschaft der Schauspieler, sich vielleicht – wenn eine Figur so erfolgreich läuft, eine Arbeitsplatzsicherung, eine Erfolgssicherung ist – auf das Risiko mit einer anderen Figur einzulassen.

Peter Falk ist vielleicht nicht so ein ganz typisches Beispiel, weil der durch sehr viele andere Rollen und seine Zugehörigkeit zur Cassavetes-Family auch über den Colombo *hinaus bekannt ist.*

Dieser Peter Falk kann über Jahre einen Colombo, eine Detektivfigur, eine Titelfigur in einer Serie spielen – darum geht es mir – wie der Götz die Titelfigur der Schimanski-Serie. Ich will nicht *Dallas* oder *Denver* erwähnen, das nehme ich nicht ernst, aber den Colombo kann Peter Falk in Serie spielen und

175

wird doch ernst genommen. Und das hat nichts mit der Cassa-vetes-Family zu tun. Cassavetes ist ein wichtiger Regisseur, den nimmt man ernst; Falk spielt auch in anderen Filmen, und das Publikum ist offen für beides. Er kann auch tanzen – etwa mit Shirley MacLaine, das ist einfach eine Frage von Mut. Wenn man mal von dem richtigen Starkult der zwanzi-ger, dreißiger und vierziger Jahre ausgeht, da hat das Publi-kum seine Stars durch alle Bereiche akzeptiert. Die Produ-zenten hatten natürlich einen guten Regisseur, aber das Zug-pferd für einen Film war der Star. Auch hier in der Bundesre-publik Deutschland. Dann hat sich mit dem Autorenkino in den Sechzigern etwas verändert. Da brauchte man keine Stars mehr, weil der Regisseur und Drehbuchautor, der Ma-cher, der Star war. Und es war bei uns auch ganz explizit so (eine Ausnahme war vielleicht Hanna Schygulla, die – weil Fassbinder sie eben immer regelmäßig eingesetzt hat – da-durch dann eine Zeitlang so etwas wie einen Star verkör-perte), daß kein Star gewollt war. Heute – so scheint es mir – geht es wieder in die andere Richtung, man etabliert Schau-spieler wieder als Stars. Ich mag den Begriff nicht, aber eben als wichtige Person, die eine Dominanz im Film haben kann, die die Kraft, die Ausstrahlung, das Können hat. Man kann diese Entwicklung durchaus am Götz beobachten. Zumin-dest hat er es im Fernsehen geschafft. Und viele seiner Fans folgen ihm dann auch ins Kino. Sie wollen ihn sehen in *Zahn um Zahn, Abwärts* oder *Die Katze.* Der Mut der Produzenten und der Mut der Schauspieler sollen Hand in Hand gehen. Schauspieler bekommen für die Zuschauer eine Wichtigkeit, die vom Autorenfilm nicht gewollt war, und trotzdem werden wichtige Geschichten vermittelt.

Ich bin kein Fan von Filmen wie Männer *(obwohl: den Erfolg finde ich schon wichtig, und wichtig auch, daß sich so ein Ta-lent wie die Doris Dörrie damit durchsetzt), aber ich könnte mir schon vorstellen, daß der Götz George so etwas auch spie-len könnte oder was anderes, weil bei ihm ja zusammen-kommt, daß er nicht nur eine populäre Figur ist, sondern auch spielen kann.*

Renan Demirkan und Götz George in ›Zahn um Zahn‹

Ich sage ja, daß er es kann, und die Entscheidung, andere Figuren ausprobieren zu wollen, liegt natürlich auch an einem selber. Ich zum Beispiel konnte gar nichts anderes arbeiten. Ich brauche die unterschiedlichsten Figuren samt ihrer Darstellungsformen, weil mich sonst meine Arbeit langweilen würde. Ich brauche die Bühne, den Film, den Gesang, den Tanz, um kreativ bleiben zu können. Dieses dringende Bedürfnis vieler Schauspieler kollidiert natürlich mit einer gebotenen Unterhaltungsforderung irgendwelcher imaginärer Meinungsmacher bei Sendeanstalten, Filmemachern, weniger bei den Theatern. Es muß alles einfach bleiben. Einfach für alle; nur niemanden fordern, weder den Schauspieler noch den Regisseur und schon gar nicht die Autoren. Aber am schlimmsten geht es den Zuschauern. Denen traut man nun ja überhaupt nichts zu.

Was bei mir an Rollenangeboten auf den Tisch kommt, sind zum größten Teil Frauen, die dem entsprechen, was ich im Kino gerade gemacht habe. Es denkt beispielsweise keiner daran, mich als Gretchen zu besetzen – beim Theater ist das nicht das Problem –, aber ich denke so als absolute Gegenfigur, die man sich erst mal aufbauen müßte. Ich kriege Power-Frauen, klug, intellektuell, mit Durchsetzungsvermögen, das geht alles in die Richtung. Was ich zum Beispiel auf der Bühne viel gespielt habe – von Rosalinde über die Julia, alle möglichen schmachtenden Liebhaberinnen –, selbst die sind im Angebot nicht da. Und ich glaube, daß das bei Götz ähnlich ist. Ich kann mir andererseits aber auch vorstellen, daß – wenn man in so einer Position ist wie er – sich da Leute wieder rantrauen und Figuren anbieten.

Es gibt ja auch kaum so eine Nachwuchsförderung, wo man Leute aufbaut. Wir haben wirklich gute Kräfte, gute Schauspieler, da braucht man nur an die Bühnen zu gehen, aber eine solche Chance gibt es nur ab und zu, so kleine Lichtblicke. Unterhaltung ist angesagt – und pure Unterhaltung. Da müßte man einmal darüber reden, was Unterhaltung ist. Ist das *Vier gegen Willi*, oder kann es auch eine gute Komödie von Nestroy sein?

Wenn der junge deutsche Film damals eines gebracht hat, so war es ein bißchen Realität, leichte Komödien mit etwas Alltag im Hintergrund wie Ulrich Schamonis Es *oder May Spils* Zur Sache, Schätzchen, *Spiekers* Wilde Reiter GmbH *und wie sie alle hießen. Da versuchte man auch im Fernsehen – freilich auf ein bißchen einfältige Art –, Unterhaltung und Realität zu mischen, in eine Show-Sendung wurden Alltagsprobleme oder Zeiterscheinungen eingebaut:* Thesen zur Unterhaltung *hieß da so eine Reihe mit der Senta Berger. Das war zumindest ein Versuch. Doch sowohl im Kino als auch im Fernsehen haben sich solche Tendenzen eher wieder verflüchtigt. Aber Schauspieler wie der George, der immerhin durch Wolfgang Staudtes* Kirmes *und* Herrenpartie *bekannt war, wurden da nicht gefragt – eher hat man sich die Schauspieler aus Frankreich oder Italien geholt. Da gab es bei uns so »Stars« wie Werner Enke*

oder Herbert Fux, so skurrile oder ein bißchen dämlich wir-
kende Typen, nicht aber so einen gutaussehenden, kraftvollen
Typus. Es ist ja auch bei den Frauen heute merkwürdig: Als
Star »gehandelt« wird eigentlich nur Gudrun Landgrebe – und
die ist ja gar nicht mal so sehr Schauspielerin, sondern nur Typ.

Es gab und gibt diese Stars, aber Romy Schneider war nicht
nur wunderschön, sondern auch eine brillante Schauspielerin, ebenso wie Nastassja Kinski wunderbar ist. Und die
haben sie wie Sau behandelt. Und so war Gudrun Landgrebe
eine Attraktion. Sie hat ein sehr, sehr schönes Gesicht, dabei
eine sehr gute Ausstrahlung, und der van Ackeren hat sie in
Reinheit des Herzens sehr gut in Szene gesetzt. Sie hat etwas,
wovon Faszination ausgeht. Und so hat die Presse sie wieder
einmal als Star aufgebaut. Es stimmt. Sie ist ein bestimmter
Typ. Aber ist das ein Grund, sie wieder einmal in Grund und
Boden zu stampfen? Warum baut man einen Star auf? Weil
man ihn braucht, weil die Öffentlichkeit scheinbar ein Interesse für so eine Figur hat. Aber weder von Drehbuchautoren
noch von Produzenten oder Regisseuren wird dieses Bedürfnis in irgendeiner Weise erfüllt. Das intensive Aufbauschen
einer Schauspielerin wie Gudrun Landgrebe zeigt schon ganz
deutlich, daß ein Bedürfnis nach so einem Star da ist, daß das
aber real gar nicht gefördert wird. Das finde ich katastrophal.
Selbst das Können, die schauspielerische Qualität sind bei
solchem Denken nicht ausschlaggebend, sonst wäre die
Kinski hier.

Wenn du etwas angeboten bekommst und es gefällt dir nicht,
liegt das in der Regel am Typ, der gefordert wird, an der Quali-
tät des Drehbuchs, oder ist einfach die Geschichte zu haar-
sträubend? Oder interessieren dich die nicht, die es machen
wollen?

Es hat jedesmal einen anderen Grund. Im einen Fall hatte ich
mir die Rolle einfach noch nicht zugetraut, weil ich das Gefühl hatte, noch nicht die Power zu haben, einmal hatte ich
keine Lust, mit dem Partner zu drehen, ein andermal kriegte
ich keinen Draht zum Regisseur – das waren nur ein paar

Fälle, wo die Rollen an sich reizvoll waren. Also verschiedene Gründe. Zu Hajo Gies habe ich gesagt, daß ich gerade seinen Tatort *Kuscheltiere* gesehen hatte und fand, daß er ganz hinreißend gemacht war, und ich hatte einfach Lust, mit ihm was zu machen. Ich habe keine Angst vor einem Produzenten, Regisseur oder Partner, das ist nie mein Problem, nur, ob ich es mir zutraue.

Diese Schimanski-Figur ist ja eigentlich unter den Tatorten die einzige Figur, die ein bißchen rausgefallen ist aus diesem üblichen Tatort-Stil und doch randvoll ist mit Realität im Hintergrund – etwa wenn man Duisburg Ruhrort oder Kielwasser nimmt. Glaubst du, daß man mit Hilfe dieser Serie etwas von der Atmosphäre des Ruhrgebiets, etwas von Duisburg und den Menschen näherbringen kann?

Nein, das glaube ich nicht, also gerade was Duisburg betrifft. Vielleicht wissen dadurch eine ganze Menge mehr Leute, daß es noch mehr stinkt, daß da wirklich Scheißluft ist. Einige wissen durch die Nachrichten, daß da jetzt Hunderttausende von Menschen arbeitslos sind – zwanzig Prozent Arbeitslosigkeit, eine unvorstellbare Sache –, aber da ja im Film immer nur Ausschnitte benutzt werden, kann man nie die Realität wiedergeben – selbst eine kaputte Häuserfassade im Ausschnitt zeigt noch nicht, in welch schrecklichem Zustand das kaputte Haus ist, und die Straße ist gar nicht erst zu sehen, schon gar nicht die Menschen, die in diesen Abbruchvierteln leben müssen. Ich glaube schon, daß zu Anfang der Serie so ein Ruhrpott-Bewußtsein da war, aber das Ganze ist doch immer mehr von der Realität abgerückt. Man hat das Ganze noch fürs Kino um Sensationseffekte »bereichert«, letztendlich hat das Film-Duisburg nichts mehr mit der richtigen Stadt, mit dem Ruhrgebiet, mit Problemen wie denen in Rheinhausen zu tun. Ich glaube nicht, daß die Menschen durch den Schimanski mehr Bewußtsein, was Arbeitslosigkeit heißt, vermittelt bekommen.

Bei uns ist das halt etwas komisch: Entweder wird Unterhaltung gemacht, dann wird gelacht, gejuxt, auf die Schenkel ge-

Sonne über Marseille: Renan Demirkan und Götz George bei den Dreharbeiten zu ›Zahn um Zahn‹

klopft, oder man ist ernst und verzieht keine Miene, und dann geht es so zur Sache, daß niemand mehr hinguckt. Anderswo ist das anders: Das ist irgendwie deutsch.

Dabei hat es das alles gegeben – und gibt es immer noch. Der Zadek hat so etwas am Theater, der hat diese Leichtigkeit und auch den Mut. Ich weiß auch nicht, woran das liegt. Wenn man sich darüber bewußt ist, daß die Kunst, das künstlerische Sein, und zwar in jeder Sparte – ob Heino oder Hannes Wader –, Schauspieler, Musiker, Tänzer, daß das alles eine politische Wirkung hat, wenn man sich dessen bewußt wäre: Wir wirken politisch, wir lösen Träume aus, Illusionen, Hoffnung, wir sind dabei, wenn irgendwelche Weltbilder dargestellt werden, wenn irgendwelche Klänge in den Köpfen Träume hervorrufen. Es wirkt auf Gedanken, es wirkt auf Handlungen. Das heißt, daß wir über unseren eigenen politischen Horizont nachdenken müssen, ob wir da nicht einen Ansatz hätten, denn ich kenne keinen in dieser Branche, der nicht politisiert ist, aber es hat immer einen leicht nachdenklichen, verruchten Touch. Wenn man sagt, ich bin ein politischer Künstler, das klingt dann so merkwürdig. Fassbinder war ein hochgradig politischer Mann, er war es. Und ich habe von ihm wunderbare Sachen gesehen. Hajo Gies ist ein absolut politischer Mensch, er ist in der Lage, Komödien zu drehen. So richtig tiefgreifende Filme habe ich zwar von ihm noch nicht gesehen, aber er ist ein politischer Mensch. Jeder für sich ist ein politischer Mensch. Auch der Gero Erhardt, der Sohn von Heinz Erhardt, der die *Guldenburgs* gemacht hat, mit dem habe ich eben *Männer vom K 3* gedreht, da gibt es wunderbare Drehbücher. Ich habe mich mit dem lange unterhalten, der Mann ist großartig. Aber es ist eben auch so: Diese Leute sind alle von Sendern des öffentlich-rechtlichen Fernsehens angestellt, das kollidiert natürlich mit der Kritik an ihnen selbst, am Staat, der sie finanziert. Ich denke, wenn wir alle keine Trennung zwischen Politik und Unterhaltung machen würden, wenn wir unser Sein, unser Leben, unser Wirken und Arbeiten als einen politischen Prozeß begreifen würden, hätten wir eine Leichtigkeit und Spaß am Darstellen des Ernsthaften. Kunst ist doch das Transzendierende, über die Realität Hinausweisende, und wir haben alle Möglichkeiten der Welt, sie zu zeigen. Die Voraussetzung für den Spaß an den facettenreichen Möglichkeiten der Darstellung ist natürlich der Spaß am Begreifen, am Erkennenwollen. Dann erst kannst du wirklich leicht sein.

Es ist ja mit der politisch-unpolitischen Haltung so eine Sache. Da wird ja, wenn der Götz sich um Rheinhausen kümmert, weil er sich eben mit Duisburg verbunden fühlt, selbstverständlich vorausgesetzt, daß er das nur aus Publicity macht.

Ja, diese Frage kam bei uns auch bei der Veranstaltung *Auf-Ruhr Rheinhausen*. Der WDR hatte das fürs Dritte Programm aufgezeichnet, und da wurde das dann auch gefragt. Der Grönemeyer ist aufgetreten, wollte aber nicht gesendet werden, da waren unsere Musiker-Kracks da, und es wurde die Frage gestellt: Bringt das für euch mehr Publikum? Und der Dick Städler, der ja vom Kabarett herkommt (Floh de Cologne), der hat gesagt, das hat nicht die geringste Auswirkung auf das Plattengeschäft, wo man das in Zahlen sehen würde. Und ich denke, daß das für einen Schauspieler erst recht keine Auswirkung hat, denn wir haben ja keine Anteile an Platten. Es spielt in Popularität und Umsatz keine Rolle. Also warum soll man das dem Götz nicht ehrlich abnehmen, daß er das wirklich so meint? Denn der hängt ja jetzt ein Jahrzehnt in diesem Ruhrgebiet drin, und er will mit seiner Popularität was bewirken. Warum glaubt man es ihm nicht ehrlich? Vielleicht, weil der Rahmen so spektakulär ist – ich weiß nicht.

Warum ist die deutsche Unterhaltungsindustrie so arm, so ohne Substanz?

Ich glaube, die Leute unterschätzen einfach den Zuschauer. Ich kann mir's anders nicht erklären. Die meinen halt, es gibt zehn Prozent Intellektuelle, und da setzen wir die Filme für die um 23 Uhr ein, und neunzig Prozent Deppen, also kommen die mit *Vier gegen Willi* um 20.15 nun zu ihrem Genuß. Also völlig deppertes Zeug, es ist absolutes Unterschätzen der Menschen. Wenn ich den ganzen Tag hart gearbeitet habe, dann möchte ich auch lachen, möchte auch unterhalten werden, aber ich will nicht diesen geisttötenden Blödsinn sehen.

Nun ist ja die Tagesschau auch schon Action, Gewalt, Terror. – Das ist ja Bild-Zeitung.

Ja, aber das ist eben die Wirklichkeit. Die ist härter als *Bild*-Zeitung. Wenn die Tagesschau Bilder bringt, wo ein israelischer Soldat einem Palästinenser mit Steinen auf die Hand haut, wo einem die Haare zu Berge stehen, wo man sieht, wie Juden auf Palästinenser eintrommeln, wie sie nicht auf eine Ratte einschlagen würden – das ist die Realität. Und ich denke manchmal: Leute, zeigt mir so etwas nicht. Das macht mir noch mehr Angst, als ich schon habe. Aber andererseits sind wir so abgestumpft, daß wir keine Vorstellung mehr haben von dem, was wirklich passiert. Ich weiß nicht, ob das Action-Geschichten sind. Es ist etwas anderes, daß die Nachrichten selbst manchmal sehr selektiert sind. Es gibt ja auch ein paar passable Unterhaltungssendungen. Ich finde zum Beispiel *Wetten, daß* ... teilweise ganz unterhaltsam, ich fand das auch schon mit dem Frank Elstner manchmal ganz schön, das ist gute Unterhaltung, aber muß die so blöd sein wie *Wort-Schätzchen* oder *Willi?* Es gibt eben viel Saublödes zu Hauptsendezeiten.

Es ist eigentlich schade; so kinoeigene Geschichten, die erfolgreich sind, gibt es bei uns kaum. Alles, was ankommt – Otto, Loriot oder Schimanski –, kommt vom Fernsehen. Woran liegt das?

Vielleicht am Autorenkino. Das hat ein kleines Publikum angesprochen, während das Fernsehen und die Fernsehfilme dem schon weggerannt sind, daß also dort Figuren serienmäßig etabliert wurden, Unterhaltung, Spaß an der Sache, Versuche mit Gesellschaftskritik, aber immer mit dem Tenor, mehr Menschen zu erreichen – und gemessen an dem, was wirklich an Publikum da ist, hat das Autorenkino nur einen kleinen Bruchteil angesprochen. Und da hat sich der Zuschauer eben diese Lieblinge rausgesucht und ist dann auch bereit, ins Kino zu gehen, wenn sein Star dort zu sehen ist. Das war sicher beim Autorenkino weder Absicht noch gewollt, da sollten Geschichten erzählt werden, und die Leute sollten sich für diese Geschichten interessieren. Daß die Leute vom Fernsehen jetzt ins Kino springen und ihre Zuschauer auch mit reinziehen, das hat eine Logik: Die Zuschauer machen sich – auch wenn die Presse mal versucht, irgend jemanden aufzubauen – ihre Lieblinge selber.

Ich finde das deshalb von Belang, weil die Fernsehfilme mit sehr viel weniger Mitteln auskommen müssen und halt manchmal auch sehr viel schlampiger gemacht sind. Und das sagt der Hajo ja selber, daß er manches lieber sorgfältiger machen würde. Aber das geht nicht, weil er die Zeit nicht hat. Und wenn in vierundzwanzig Tagen so ein Tatort *abgedreht wird, und der Dominik für seine* Katze *vierzig Tage hat – oder auch für* Zahn um Zahn *–, das zeigt ja dann schon die Situation.*

Ja, diesen Produktionsdruck haben wir bei dem Neunteiler *Reporter* auch sehr stark zu spüren bekommen. Da haben wir für die fünfundvierzig-Minuten-Folgen zwölf Tage zur Verfügung. Und die Arbeit ist die gleiche wie bei einem langen Film.

Aber noch mal zu Götz George. Er hat eine Starqualität, und er ist von der Figur und Person her jemand, der bekannt ist. Es gibt ja auch immer diese Gegentendenzen, einem gegen den Latz zu hauen – egal ob in Kollegenkreisen oder der Presse –, auch leicht kritisch angehauchte Zeitschriften, die bereit sind, jemandem das Bein zu stellen. Das finde ich einfach unfair. Der Mann hat sich etabliert, und das Publikum hat ihn akzeptiert. Warum ist bei uns in diesem Land jemand gleich verdächtig, wenn er – a – beim Publikum ankommt und – b – eine Qualität hat. Er ist immer verdächtig bei den Kritikern, und das ist etwas, was mich traurig stimmt. Ich habe auch eine ein bißchen distanzierte Perspektive, ich bin halt Türkin, und ich halte mich ein bißchen exotisch raus, obwohl ich voll in der Mühle drin bin. Aber ich empfinde das als etwas sehr typisch Deutsches. Weder die Engländer noch die Amis – und die Franzosen schon gar nicht – würden jemals so etwas machen. Die Adjani kann den Kritikern und Fotografen sonstwas antun, das würde ihr keinen Abbruch tun, aber warum machen die das bei uns? Götz hat das absolut verdient, das Publikum hat ihn angenommen.

Gespräch mit Brigitte Karner

Wie war die Arbeit mit Götz George und dir?

Man hatte mich vorher furchtbar vor ihm gewarnt, aber ich muß sagen, das ist schon sehr speziell, wie jeder auf ihn reagiert. Man kommt an den Drehort, und der Götz redet erst einmal eineinhalb Stunden, sagt, was jeder machen soll und was er machen wird, er ist voll drauf.

Und das finde ich wunderbar an ihm: Er ist richtig heiß, ja, er will alles gut machen, setzt sich ein, überlegt sich was; und wenn da natürlich ein Kollege oder eine Kollegin sich dadurch auf den Schlips getreten fühlt, dann krachen die zusammen. Ich saß da, habe ihn angeguckt und habe gewartet, bis er zu Ende war, und dann haben wir jeder für sich unsere Arbeit getan, gemeinsam. Am Anfang konnte er mich nicht einschätzen, weil ich immer so ruhig war. Und da habe ich ihm einfach mal gesagt: »Ich finde das toll von dir, du unterhältst mich in der Früh, dann wache ich auf und fange an zu arbeiten« – ungefähr so.

Ich verstehe, woher das bei ihm kommt, weil er sich wirklich einsetzt, weil er sagt: Der Schimanski, das ist eine Figur, das ist meine Figur. Ich halte mein Gesicht hin, ich bin der, der dafür geradesteht. Dennoch kann er mich nicht beeinflussen, in dem, was ich mache. Und das tut er auch nicht. Wenn er spürt, daß du weißt, was du machst, achtet er es völlig. Er hat im *Tatort* schon einige Kollegen und Regisseure gehabt, die wirklich nicht genau wußten, wie.

Man merkt ja auch die Unterschiede – außerdem gibt es in letzter Zeit öfter wirkliche Gegenfiguren.

Ja, wohl auch deshalb, weil man befürchtet, daß sonst das Interesse an der Figur nachläßt, wenn sie nicht gefordert wird. Als man mich fragte, ob ich die Rolle spielen wollte, war für mich der Theo Kotulla ausschlaggebend. Ich wollte mit ihm arbeiten. Deswegen habe ich auch ja gesagt.

Und bei dem, was ich von Theos *Tatort* bislang gesehen habe, fiel mir auf: Der Götz ist nach wie vor sehr hektisch, aber ringsherum sind die Leute sehr ruhig, – was dann auch der Figur zugute kommt ...

Das ist mir auch aufgefallen, allerdings gibt es eine solche Ruhe auch in Broken Blossoms. *Das ist sehr poetisch, fast ein Melodram, und sowohl in* Broken Blossoms *als auch in* Zahn um Zahn *gibt es auch starke Gegenfiguren, die Renate Kröß-ner im einen, die Renan Demirkan im anderen.*

Was ich beim Götz toll finde, ist, daß er überhaupt nicht zu jenen Schauspielern gehört, die nicht mit starken Partnern arbeiten können. Im Gegenteil, er ist ein total professioneller Typ, der froh ist, wenn er einen starken Partner oder Gegenspieler hat. Er muß nur spüren, daß alles auf einer Schiene läuft; er muß Vertrauen haben in die Sache, das heißt, ins gemeinsame Ziel.

Wenn ein Partner oder eine Partnerin vor allem stark ist, um sich selbst wichtig zu nehmen, und dabei – seiner Meinung nach – die Arbeit zurücktritt, gibt es plötzlich eine Rivalität, wie das so unter Schauspielern ist. Und vor allem fürchtet Götz, es könne dem Resultat schaden.

Weshalb ging es bei dir gut?

Weil jeder seine eigene Sache gemacht und dabei die Arbeit des anderen nicht beeinträchtigt hat.

Ich denke aber doch, du willst ja auch etwas für dich?

Ja, ich will meine Arbeit gut machen und ich will, daß das Ganze gut wird. Ich bin immer froh, wenn der Partner gut ist, und das will der Götz genauso. Da haben wir uns fein ergänzt. Da war ein Achtungsabstand, und da war auch eine große Sympathie – und vor allem einfach ein gutes Zusammenarbeiten.

Worauf führst du zurück, daß der Götz beim Publikum so ankommt? Der Bruno Ganz und der Otto Sander sind ja auch sehr gute Schauspieler und der Klaus Löwitsch, aber wegen ihnen gehen die Leute nicht ins Kino?

Also Löwitsch würde ich noch am ehesten in Richtung Götz sehen, aber Ganz und Sander sind ja ganz andere Charaktere. Der Götz ist ja so aus dem Volk, spontan bei aller Professionalität. Man könnte ihn als einen modernen Volksschauspieler bezeichnen.

Und deshalb kommt er an?

Glaube ich schon, weißt du, der redet so, wie's ihm gerade kommt, und er spürt genau, was man tun muß. Er hat diese spontane Sammlung in Duisburg gemacht. Das braucht man natürlich nicht überzubewerten. Er weiß auch, daß das seinem Image guttut. Das ist klar. Er ist nicht nur ein guter Mensch. Er ist schon »unten« gewesen und weiß, warum er jetzt wieder oben ist, und er will absolut oben bleiben. Er hat auch einen ganz sicheren Instinkt dafür, was die Menschen sagen, denken und hören wollen. Er muß auch nicht immer nur freundlich sein, er vermittelt das Gefühl: Das ist einer, den kennen wir, das ist einer von uns, so einer wie der, der mit meinem Mann auf der Schicht ist – nur ein bisserl besser. Er ist aber auch kein Überfahrer.

Er ist ja aber nicht nur der Typ, sondern er kann ja auch ausgezeichnet spielen, etwa wenn du den Friedrich Wilhelm II. siehst, in Der König und sein Narr *von Frank Beyer, und er spielt ja auch immer wieder Theater.*

Ich habe ihn auf dem Theater nie gesehen, ich weiß also nicht, ob er als »Schimanski zum Anfassen« reist oder ob es ihm doch gelingt, in einer Bühnenfigur aufzugehen. Auf der Bühne möchte ich ihn jetzt nicht mehr sehen. Das hat nichts damit zu tun, ob er ein guter oder ein schlechter Schauspieler ist. Er ist eben jetzt Schimanski – sicher kann er immer noch etwas anderes spielen, aber wenn er auf Tournee geht, dann deshalb, weil die Leute Schimanski persönlich sehen wollen.

Und da spielte er auch noch mit dem Feik zusammen.

Ja, das ist es eben. Ich habe dir gesagt, was ich gut an ihm finde – und ich lasse ihn da auch unangetastet auf seinem Sokkel stehen –, aber man darf jetzt nicht anfangen, Götz

George zu dem Schauspieler zu stilisieren, der alles kann. Alles muß er ja auch nicht können.

Er ist halt ein Star.

Er kokettiert halt wahnsinnig herum. Man weiß ja genau – und auch der Götz weiß das –, daß Bescheidenheit eher angemessen ist in diesem Beruf als das dicke Auftreten. Je mehr er Star ist – wofür er um jeden Preis kämpft und wofür er alles tut –, um so mehr tut er bescheiden und sagt: Das ist ja nichts und macht ja nichts, und da ist er mal so und ist mal so, das sind so Stimmungsschwankungen, aber nur mit Journalisten! In der Arbeit habe ich das nie bemerkt. Ich will ihm damit nicht in den Rücken fallen. Ich will nur sagen, daß ich glaube, daß er mit dem Theo nur unter größter Mühe noch einmal einen solchen Film zustande brächte wie *Aus einem deutschen Leben*. Vielleicht kann er das später wieder, aber im Moment habe ich nicht diesen Eindruck.

Es ist auch die Frage, was er angeboten bekommt. Ich denke doch, daß er so wie der Gérard Depardieu auch komische Rollen spielen könnte. Der Depardieu kann ja in Frankreich alles spielen, bei uns würde man ihm das wahrscheinlich übelnehmen, wenn er von seinem Image abweicht.

Das stimmt aber auch nur bedingt. Da muß ich dir leider widersprechen. Wenn man nicht unbedingt will, muß man nicht, es zwingt einen doch keiner, ein Image zu haben, Schimanski zu werden. Ich weiß nicht, ob er andere Rollen angeboten kriegt, weil natürlich das Image stark ist, aber auch der Körper ist stark, hart, gestählt – Schimanski. Da würde ich sagen, daß der Vergleich mit dem Depardieu nicht stimmt, weil der Depardieu körperlich weich ist. Er ist von einer physischen und psychischen Offenheit und Beweglichkeit. Der Depardieu schlüpft in die Rollen rein, er ist zwar immer Depardieu, aber er kann ganz verschiedene Sachen machen und hat immer so eine männlich-weiche Sinnlichkeit. Soviel ich weiß, ist er auch durch kein vergleichbares Image geprägt. Und das gleiche hat der Götz in harter Männlichkeit. Nur, das Harte ist weniger wandelbar als das Weiche. Trotzdem kann er auch weich und zart sein, aber das Kämpferische in seiner Person sehe ich immer. Da bieten sich vielleicht komische Rollen nicht an, obwohl – was ist komisch? Der Götz läßt sich auf sehr viel ein. Das ist mutig, obwohl er manchmal eine Scheiß-angst hat. Als ich ihn da umarme, wenn er zu mir kommt und wir uns angucken und ich ihn an mich drücke, was meinst Du, was das ausgemacht hat, daß er das mit sich hat machen las-sen. Da ist der ganze Macho mal gestorben. Er konnte und durfte sich überwinden, innerhalb des *Tatorts*.

Er muß sich überwinden?

Ja. Und das macht ihn auch gut. Aber – was denkst du, müßte man ihm an Rollen noch anbieten?

Ich könnte ihn mir schon vorstellen in so einer Komödie. Bei uns gibt es halt nicht so Regisseure wie Girault oder Zidi.

Das, was der Götz George erreicht hat, ist doch schon sehr, sehr viel. Warum muß man da dauernd weinen und sagen, es muß auch was anderes geben. Wir haben hier in diesem Lande nur begrenzte Möglichkeiten zu arbeiten und nur eine begrenzte Kinolandschaft, und es gibt nur ganz wenig Leute, die was machen. Und von den wenigen gibt es nur wenige, mit denen es sich rentiert zu arbeiten. Also dafür hat er schon sehr viel erreicht. Und da beißt sich die Katze in den Schwanz: Was bei uns nicht möglich ist, ist nicht möglich. Und das finde ich auch bei ihm komisch, diese Jammerei. Er macht Pressekonferenzen und jammert über die Bedingun-gen, die er da für seinen Schimanski hat, zu wenige Drehtage und wie sie ihn alle behandeln und überhaupt. Da läßt er doch nur mal seine Angst raus, daß er so alleine auf dem Po-dest furchtbaren Schiß kriegt – das verstehe ich gut. Daß er jetzt diese Sache in der DDR machen kann, ist eine große Sache, und jetzt warten wir einmal ab, wie das wird. Und wenn das wirklich gut wird, dann werden sie alle wieder knien und sagen: Großartig! Toll! Und wenn es das nicht wird, ist es nicht tragisch. Da hat er mit neuen Leuten und anderen Zu-sammenhängen etwas ausprobiert, und das ist sein Recht – und hoffentlich ganz viel Spaß gehabt –, so sehe ich das.

190

Gespräch mit Renate Krößner

Sie haben in der DDR beim Theater, fürs Fernsehen und fürs Kino gedreht, war der Tatort Gebrochene Blüten *Ihre erste Fernseharbeit im Westen?*

Es war die erste, und ich habe danach noch eine Folge der Serie *Der Fahnder* gedreht. Daran denke ich nicht gerne zurück. Arbeitsmäßig wie auch gesundheitlich war das ein Reinfall. Der Regisseur war unerfahren und ängstlich. Er wußte nicht, wie er die Geschichte erzählen sollte. Auch Wennemann war deshalb unzufrieden. In diesem nervösen Arbeitsklima – ich mit meinem Verdacht auf Lungenentzündung. Wegen der Krankheit hatte ich die Drehtage absagen wollen, aber man überredete mich: »Wir brauchen Sie doch!« Also: Die eisigen Februarnächte kommen, und kein einziges warmes Plätzchen; man fand mich anmaßend, »weil doch alle frieren«! So fror ich mich durch die Drehnächte und ärgerte mich über die oberflächliche Arbeit.

Welchen Unterschied gibt es zwischen der Arbeitsweise in der DDR und bei uns?

Der erste auffallende Unterschied liegt in der Drehdauer. In der DDR hat man wesentlich mehr Zeit veranschlagt. Hier muß man sehr viel schneller fertig sein. Abgesehen davon habe ich ja so viele Erfahrungen noch nicht.

Wie sind Sie an die Rolle in Gebrochene Blüten *gekommen?*

Hajo Gies hat sich bei mir gemeldet, wir sind in Kontakt gekommen, haben ein Gespräch darüber geführt, und er hat mir das Buch zugeschickt. Das hatte mir gefallen, wir unterhielten uns, und dann beschlossen wir, zusammenzuarbeiten.

Wie empfanden Sie das Klima bei der Arbeit am Tatort?

Ich empfand die Gesamtatmosphäre als sehr produktiv. Ich bekam zwar mit, daß sich vor allem der Götz darüber aufregte, daß die Drehtage reduziert werden sollten. Aber da kam eigentlich keine Unruhe auf, weil Hajo Gies für mich eine so angenehme Arbeitssituation schaffte, weil er sehr offen war und als Zuhörer sehr ruhig sein konnte. Ich habe eigentlich nie rausgekriegt, ob er wirklich so ruhig und gelassen war oder ob er seine Nervigkeit gut verdecken kann. Jedenfalls ist er in der Lage, die Hektik, die ihn vielleicht ergreift, nicht auf seine Mitarbeiter zu übertragen. Und das empfinde ich als angenehm, als sehr angenehm. Denn man spürt schon, daß die Reduzierung der Drehtage, die von der Produktion diktiert wurde, einige Unruhe verbreitete. Ich hatte trotzdem nie das Gefühl, daß man immer auf die Uhr sehen mußte und über nichts mehr reden konnte.

Ich finde ja eben interessant, daß Ihre Rolle wirklich eine Gegenfigur zu Schimanski ist und nicht einfach so ein Beiwerk.

Das hat mich daran ja auch interessiert. Beim Lesen hatte ich das ja auch so empfunden, daß das eine Figur sein könnte, die ein Pendant sein könnte zu dem Schimanski – nicht zum Götz. Und ich glaubte, daß das Götz in den Schimanski-Filmen einfach nicht gewohnt ist, und es könnte auch sein, daß daraus so eine Bemerkung wie »Na, einfach bist du ja auch nicht gerade« resultiert. Und dann hat er ja mal gesagt, als ich wegen irgendwas motzte: »Du kannst dich ja nicht beschweren, so häufig wie hier bin ich noch nie von hinten zu sehen gewesen.«
Ich habe den Film nicht gesehen und weiß nicht, wie sehr er übertreibt, aber ich hatte bei der Arbeit schon gesehen, daß der Schimanski zumindest punktuell schon mal aus dem Mittelpunkt rücken kann. Und das hat er eben so bezeichnet. Das fand ich sehr lustig. Außerdem merkt man natürlich, daß er sich nicht ganz auf die Schimanski-Rolle festlegen will. Er hat ja viele Fans, aber auch Kollegen legen ihn ja mal gern als Schimanski fest. Es ist schon lange her, aber irgendwie habe ich das Gefühl, daß er schon mehr von sich verlangen möchte – und von sich verlangt wissen möchte – als den Schimanski. Nicht, daß der wenig bringt, es wäre nur eine Seite seiner schauspielerischen Ausdruckskraft.
Wenn ich so bedenke, was die Attraktivität und Qualität von

Am Rande der Verzweiflung: Showdown bei ›Broken Blossoms‹ – Renate Krößner im Schimanski-Melodram von Hajo & Martin Gies

klassischen Krimis ausmacht, so sind das ja doch so Frau-Mann-Geschichten.

So wie Bogart – Bacall?

Genau. Ich kann da gar nicht sagen, daß es da ein unbedingtes Ende geben müßte, nur müßten die Gegenfiguren eine halbwegs eigenständige Geschichte haben. Nicht, daß sie nur immer mit den Augen des Kriminalkommissars betrachtet werden müssen.

War das für Sie ein Störfaktor in der Geschichte?

In dem Drehbuch, das ich zur Hand hatte, war ein glücklicher Umstand gewesen, daß das nicht gestört hat.

Obwohl die Story von Ihrer Seite keine eigene Perspektive hat – denn alles ist ja wie sonst auch von Schimanski gesehen –, ist es eine Geschichte mit Background.

Ja genau, es war auch der Versuch, obwohl man die Biographie dieser Frau nicht richtig kennt oder auch nichts von ihr direkt zeigt, sondern irgendwann mal was erklärt. Sie wird doch als eigenständiges Wesen gezeichnet. Und das wollte ich behaupten.

Ja, schon durchs Äußere, diese Art von Offenbachscher Olympia, die Schaufensterfigur und Puppe mit dem ausgestellten Rock.

Ja, da gab es bei der Arbeit schon Kämpfe, mit den Haaren, das Angeklatschte, das wollte zu Beginn selbst Hajo Gies nicht. Der sagte: »Das sieht ja so streng aus.«

So unerotisch.

Ja, das weiß ich nicht, ob er das gesagt hat, vor allem so hart, und da habe ich das aber verteidigt und gesagt, das wäre doch gerade als Gegensatz zu dem albernen Tütü ganz gut. Ich fand das einfach ein mögliches Bild für so eine Figur. Wenn er dann bei ihr ist, da hat sie auch die Haare ganz streng nach hinten – und das war ihm dann zu wenig feminin, und in allen anderen Bildern hat er aber dann darauf bestanden, so ein bißchen wild und weich – ich hätte das ja auch nicht so durchspielen wollen. Ich glaube, daß man es sich als Frau erlauben kann, sich einem bestimmten Frauenbild zu verweigern. Das fand ich für die Figur ganz reizvoll, sich auch einzulassen auf die Vorstellung, daß Schimanski so ein kleines Kätzchen haben muß, das sich an ihn schmiegt; ebenso eine Vorstellung, sich zu verweigern, das fand ich schon wichtig. Außerdem versteckt sie diese Weichheit, und erst, wenn dieses »Versteckspiel« über die letzten Kräfte geht, bricht sie auf, und die tiefe Verwundbarkeit wird sichtbar. Wenn das aber nicht von vorneherein so angedeutet wird, finde ich das – gerade bei einer Krimifigur – besser. Es müssen Geheimnisse da sein, und Geheimnisse unterstreicht man natürlich durch das Spiel, durch das, was nicht ausgesprochen wird, was nicht stimmt – was aber keiner weiß –, und natürlich auch durch Äußeres, und da denke ich, da ist sowas eine Möglichkeit gewesen.

Es ist ja auch ganz einfach eine schauspielerische Konkurrenz – das ist ja Spiel, da passiert ja was, und das Emotionale passiert ja hier nicht nur von ihm aus, sondern er wird ja weich gemacht.

Ich kann dazu nichts sagen, ich kenne es noch nicht. Ich habe versucht, das so zu spielen, und wenn das so rauskommt, ist das schon gut. Es kam gelegentlich dazu, daß wir ganz unterschiedliche Vorstellungen von Szenen hatten, und da haben wir dann auch ganz hart diskutiert. Ich glaube aber – und deshalb fand ich das Ganze auch überhaupt nicht unangenehm –, daß das eigentlich in der Natur der Sache liegt, denn es sind zwei unterschiedliche Figuren, und sie haben ganz unterschiedliche Interessen, und da muß halt die Diskussion von unterschiedlichen Punkten ausgehen, und die entgegengesetzten Interessen müssen durchgesetzt werden, weil diese auch erzählt und sichtbar gemacht werden müssen, denn diese Unterschiedlichkeit oder Unvereinbarkeit bringt die Konflikte. Konflikte, die Grundlage jeder guten, dramatischen Handlung sind. Deshalb fand ich das nicht unangenehm, sondern es war für mich klar: Wir müssen über einen Widerspruch zueinander kommen.

Wie ist das mit Ihren anderen Erfahrungen, beispielsweise jetzt am Hebbeltheater mit dem Molière. Der Bruno Ganz ist ja auch ein sehr starker und eigenwilliger Typ, obwohl Luc Bondy ein sehr präziser Regisseur ist. Gab es da nicht auch Schwierigkeiten zwischen solchen Gegenspielern wie Bruno Ganz und Renate Krößner? Der Bruno läßt sich ja auch nicht gerne etwas vorspielen.

Das stimmt. Es ist jedoch bei Bruno verdeckter als bei Götz. Bei Bruno merkt man es nur an einer bestimmten Laune, daß ihm etwas nicht paßt.
Götz hat eine enorme Wachheit über den ganzen Drehtag, quasi von Drehbeginn bis Drehende. Ich war überrascht, wie

engagiert und ernsthaft er war. Er gab sich nicht mit der erstbesten Variante zufrieden, was mir sehr nahe kommt. Sobald ich merke, da steckt mehr drin, der richtige Punkt ist noch nicht gefunden, versuche ich, mehr herauszuholen. – Ich kann jetzt nicht sagen, so denkt er auch. Ich könnte mir vorstellen, daß er diese Wünsche auch ganz intensiv hat und dafür bereit ist, hart rangenommen zu werden und sich selber hart ranzunehmen.

Ich habe wirklich etwas Schwierigkeiten, weil es so lange zurückliegt. Gut, ich habe Eindrücke, das ist klar, aber die Fakten sind nicht mehr so ganz genau da.

Wenn Götz irgend etwas vorgeschlagen hat, wie man etwa eine Szene aufbaut und ausbaut, da war er natürlich schon mit zwei Meinungen konfrontiert, der des Regisseurs Hajo Gies und meiner noch dazu. Wie das nun unter einen Hut bringen, wie herausfinden, was am besten ist? Aber ich empfand das nicht als Verwirrung oder als destruktiv, sondern es entspricht meiner Vorstellung von Arbeit, daß ich nicht nur das Recht, sondern auch die Pflicht habe, meine Vorstellungen zu äußern, weil ich ja die Rolle spiele und nicht Frau Müller oder Frau Schmidt, und ich gefälligst auch von meinen Erfahrungen, von meinen Sehnsüchten, von meiner Weltbetrachtung etwas in die Figur miteinbringe.

Wie sieht das für Sie heute aus, hier in der Bundesrepublik oder in Westberlin oder auch in Basel Theater zu machen?

Ja, wenn man unter Theatermachen Ensemblearbeit versteht, sprich: etwas gemeinsam vorzuhaben und um der Gemeinsamkeit willen alle eigenen Ansprüche etwas in den Hintergrund treten zu lassen, wenn also das mit Theatermachen verstanden werden soll, dann glaube ich, daß es das in diesem Sinne nicht mehr gibt.

Überhaupt nicht mehr oder nur bei uns nicht?

Das gibt es in der DDR auch nicht. Da gab es mal so Zeiten – ich habe ja auch nicht alles mitgekriegt, aber so aus Erfahrungen von anderen –, diese berühmten Achtundsechziger, die ja nicht nur vorhatten, mit dem Theater die Welt zu verändern durch ihr eigenes Lebensprinzip, da kam ja die Politik noch mit rein ins Theater, und da wollte man um jeden Preis ja so politische Beziehungen mit dem Theater – sowohl als Historie wie als Gegenwart – herstellen. Das war ja so ein gemeinsamer Wunsch, der die meisten Leute, die sich zusammengehörig fühlten, auch zusammenschmiedete. Und da gab es natürlich so etwas wie Ensembles. Einfach im Sinne einer »gemeinsamen dritten Sache«, wie es bei Brecht immer so schön heißt, haben die Leute miteinander für etwas gearbeitet, nicht nur für sich persönlich. Und wenn so etwas heute nicht gewollt wird und wenn da Sehnsüchte sind nach Ensemblearbeit mit einer gemeinsamen Aufgabe – das gibt es wohl wirklich nicht mehr.

Das gab es mal im Berliner Ensemble, *das gab es mal an der* Schaubühne, *aber heute ist das nur noch rudimentär vorhanden, vielleicht in Bochum, bei Flimm in Hamburg.*

Also ich meine, an der Schaubühne ist punktuell – glaub' ich – schon der Wunsch vorhanden. Aber ich muß sagen, ich kann nach einer Inszenierung da wirklich zu wenig urteilen, das bleibt so emotional, oberflächlich.

Nein, das ist mir schon klar, ich dachte nur, Sie danach zu fragen, wie Sie das Klima empfinden – ganz subjektiv als jemand, der von außen reinkommt, sieht und seine Überlegungen anstellt –, und mehr hatte ich auch nicht erwartet.

Filmographie

I. Kinofilme

1953

Wenn der weiße Flieder wieder blüht
BRD
Regie: Hans Deppe. Drehbuch: Eberhard Keindorff, Johanna
Sibelius, nach einer Novelle von Fritz Rotter. Kamera: Kurt
Schulz, Herbert Geier. Schnitt: Walter Wischniewski. Musik:
Franz Doelle.
Darsteller: Magda Schneider (Therese Forster), Willy Fritsch
(Willy Forster), Paul Klinger (Peter Schröder), Romy Schneider
(Evchen), Götz George (Klaus), Hertha Feiler.
Produktion: UFA-Berolina. 95 Minuten. UA: 24.11.53.

Als erfolgreicher Sänger kehrt Willy ins heimische Wiesbaden zurück, trifft dort seine Ehefrau Therese wieder und mit ihr das

*Nina von Porembsky, Götz George und Romy Schneider in ›Wenn der
weiße Flieder wieder blüht‹*

Oben und unten: Bei der Premiere von ›Wenn der weiße Flieder wieder blüht‹

Töchterchen Evchen, das von der Existenz des Vaters nichts weiß und den berühmten Sänger anhimmelt. Kinokonflikte, Verwechslungen, Glück mit neuen Partnern und – Freundschaft fürs Leben. Götz George in einer noch kleinen Rolle als Freund der Mädchen, der ihnen mehrmals die Fahrräder halten darf.

1954

Ihre große Prüfung
BRD
Regie: Rudolf Jugert. Drehbuch: Gerda Corbett, Margarete Hohoff, nach einer Idee von Harald Bratt. Kamera: Werner Krien. Schnitt: Lisbeth Neumann. Musik: Friedrich Meyer. Regieassistent: Horst Rainer Erler.
Darsteller: Luise Ullrich (Helma Krauss), Hans Söhnker (Dr. Clausen), Hans Leibelt (Direktor Thomas), Ernst Schröder (Dr. Rottach), Paul Bösiger (Martin Bruck), Maria Sebaldt (Lotte Ermer), Karin Dor (Elena, Clausens Tochter), Arno Paulsen (Stadtrat Ermer), Ernst Waldow (Professor Renard), GÖTZ GEORGE (Peter Behrend), Ingeborg Morawski (Frl. Hellgiebel), Willy Rose (Pedell), Michael Chevallier (Andreas Lang), Nina von Porembsky (Otti Ermer), Hilde von Stolz (Frau Ermer). Produktion: Roxy-Film. 92 Minuten. UA: 24.11.53.

Tüchtige, forsch sympathische Lehrerin hat es mit einer Horde flegelhafter Oberprimaner zu tun, mit denen sie sich nach Art des Genres eine Filmlänge herumplagen muß. Auch das Lehrerkollegium, rückständig und gehemmt, hat grundsätzlich etwas gegen die geschiedene Frau, die ihr eigenes Leben lebt und eine anständige Liaison mit einem Tierarzt (Hans Söhnker) unterhält. Konventionelle Kinounterhaltung mit einer erfrischenden Luise Ullrich und ein paar glaubwürdigen Jungdarstellern. Einer von ihnen ist Götz George.
KRITIKEN: FAZ 23.12.54 Wolfgang Schwerbrock; KST 27.4.55 Kurt Weinhold.

1956

Alter Kahn und junge Liebe
anderer Titel: **Sonne über den Seen**
DDR
Regie und Drehbuch: Hans Heinrich, nach einem Szenario von

Dieter Noll und Frank Vogel. Kamera: Eugen Klagemann. Musik: Gerd Natschinski.
Darsteller: Alfred Maack (Schiffer Borchert), Erika Dunkelmann (Ehefrau Marie), GÖTZ GEORGE (sein Sohn Karl), Gustav Püttjer (Schiffer Vollbeck), Maria Häußler (seine Nichte Anne), Kurt Schmidtchen (Bootsmann Ernst), Horst Naumann (Kapitän Richter), Uwe Torsten (Buttje), Elfi Dugal (Dame), Waltraud Kogel (Assistentin), Alice Prill (Sekretärin). Produktion: DEFA.

Der alte Borchert geizt mit jedem Pfennig und nutzt seinen Sohn Karl weidlich aus, doch nicht aus Eigennutz: Durch den alten Kahn, mit dem er die Havel langtuckert, hat er sich finanziell übernommen, jetzt will er das Erbe für Karl wieder in Ordnung kriegen. Dabei geht er nicht immer gerecht vor, muß aber eines Tages erkennen, daß sowohl Karl als auch die zukünftige junge Frau wissen, was sie wollen. Götz kann bereits in seiner dritten Filmrolle sein spielerisches Talent unter Beweis stellen.

Als dieser Film besetzt wurde, ist Regisseur Hans Heinrich in die Schauspielschule gekommen, zu Else Bongers, wo wir gleichzeitig für Theater und Film ausgebildet wurden, uns also auch das Technische vermittelt wurde. Er kam in diese Schule, die einen sehr guten Ruf hatte, und hat uns beide, die Maria Häußler, die Tochter von Richard Häußler, und mich für das junge Liebespaar ausgesucht. Das waren die beiden tragenden Rollen. Dadurch habe ich sehr genau und sehr klar in jungen Jahren die Filmarbeit schon mal kennengelernt. Das war für mich eine ganz wichtige Erfahrung. (G. G.)

1958

Solange das Herz schlägt
BRD
Regie: Alfred Weidenmann. Drehbuch: Herbert Reinecker. Kamera: Igor Oberberg. Musik: Hans-Martin Majewski.
Darsteller: O. E. Hasse (Dr. Hans Römer), Heidemarie Hatheyer (seine Frau), Hans Christian Blech (Dr. Laue, Chirurg), Eva-Katharina Schultz (Frau Laue), Charles Regnier (Chemielehrer Kenneweg), GÖTZ GEORGE (Eberhard Römer), Gritt Böttcher (Renate Römer), Ernst Schröder (Franke, Industrieller), Folker Bohnet (Werner Franke), Siegfried Schüren-

›Solange das Herz schlägt‹: Götz George, Grit Böttcher, Folker Bohnet

berg (Dr. Wieler), Ursula Herking (Schulsekretärin Frl. Hirsch-
feld), Friedrich Maurer (Mathelehrer Stubenrauch), Anneliese
Book (Lehrerin Anne Sailer), Ludwig Linkmann (Schularzt Dr.
Bernburg), Ruth Scheerbarth (Dr. Wessum), Ruth Jacobi (Se-
kretärin Müninger).
Produktion: UFA. 105 Minuten. UA: 25.12.58.

Angesehener Oberstudiendirektor mit treusorgender Gattin und vielversprechenden Kindern wird eines Tages mit der Tatsache konfrontiert, daß er offensichtlich unheilbar krank ist. Aber da gibt es ja noch die Medizin! Götz George hat hier schon eine größere Rolle als jazzbegeisterter Sohn der Familie.

KRITIKEN: FILMKRITIK 2/59 Enno Patalas.

1959

Jacqueline
BRD
Regie: Wolfgang Liebeneiner. Drehbuch: Johanna Sibelius, Eberhard Keindorff, nach einem Stoff von Jochen Huth. Kamera: Günter Senftleben. Schnitt: Margot von Schlieffen. Musik: Franz Grothe. Regieassistent: Horst Rainer Erler.

Heidemarie Hatheyer und Götz George in ›Solange das Herz schlägt‹

›Jacqueline‹

Darsteller: Johanna von Koczian (Jacqueline), Walter Reyer (Paul Büttner alias Caesar Meyer), Alexa von Porembsky (Frau Klose, Zimmervermieterin), Hans Söhnker (Theaterdirektor Zander), GÖTZ GEORGE (Gustav Bäumler, ein junger Boxer), Eva Maria Meinecke (Schauspielerin Charlotte Christens), Gretl Schörg (Frau Burg, Chefin der »Bunten Kuh«), Walter Ladengast (Dramaturg Nöll), Horst Tappert (Haack, Journalist), Erik Frey (Bolingbroke), Rudolf Carl (Bühnenportier), Gretl Elb (Souffleuse), Eva Gaigg (Abigal), Hans Erich Pfleger (Fabrikant Bonte), Alexander Hunzinger (Wirt), Walter Regelsberger (Schauspieler), Franz Loskarn (Türöffner), Paula Braend (Fischfrau am Viktualienmarkt).
Produktion: UFA. 104 Minuten. UA: 17.9.59.

Auf dem Viktualienmarkt lernen sie sich kennen, der arme Komponist und Schriftsteller und die saubere, brave Nachtclubsängerin. Eine nette, konventionelle Kinogeschichte, mit dem üblichen Pseudorealismus versetzt. Als junger Boxer fällt Götz George erstmals schauspielerisch auf und wird offiziell zum Publikumsliebling erklärt. Auch die Kritik ist ihm gewogen: »... ein begabter junger Boxer, Matador eines Halbstarkenkrawalls (treudoof Götz George – bisher noch nie so gut!)« (Wolfgang Gerbracht); »Die Überraschung ist Götz George, der als gutmütiger Profi-Boxer Gustav eine prächtig nuancierte Gestalt auf die Beine stellt. Komisch, rührend, unbeholfen, voller Echtheit in Spiel, Bewegung und Ausdruck – eine abgerundete Leistung. Hoffen wir nur, daß dieser begabte junge Künstler jetzt nicht gleich auf täppische Naturburschen mit ungeschicktem Sprachfehler festgelegt wird. Denn zweifellos kann er viel mehr.« (Hans Jürgen Weber)

Kritiken: Filmkritik 10/59 Enno Patalas, Der Neue Film 24.9.59 Hans Jürgen Weber; KST 19.9.59 Wolfgang Gerbracht; SZ 19.9.59 K. H. Kramberg.
Götz George erhält den Bundesfilmpreis und den Preis der Filmkritik.

Das war für mich sehr wichtig, ein richtiger Durchbruch. Das Drehbuch war hervorragend, und ich habe wirklich Glück gehabt. Hätte ich diese Chance nicht bekommen, sähe mein Weg heute sicherlich anders aus. Gleich mit so einem Pfund anzufangen, schon Preise zu bekommen, und dann parallel die Theaterarbeit bei Hilpert. (G. G.)

1960

Kirmes
BRD
Regie und Drehbuch: Wolfgang Staudte, nach einer Idee von Klaus Hubalek. Kamera: Georg Krause. Schnitt: Lilian Seng, U. Tschische, U. Richter.
Darsteller: Juliette Mayniel (Annette), Götz George (Robert Mertens), Hans Mahnke (Paul Mertens), Wolfgang Reichmann (Georg Hölchert), Fritz Schmiedel (Pfarrer), Manja Behrens (Martha Mertens), Erika Schramm (Eva Schumann), Elisabeth Goebel (Wirtin Balthausen), Benno Hofmann (Wirt Balthausen), Irmgard Kleber (Else Mertens), Solveig Loevel (Gertrud), Hansi Jochmann (Erika), Rudolf Birkenmeyer (Haupt-

mann Menzel), Reidar Müller (Leutnant Wandray), Horst Niendorf (junger Soldat).
Produktion: Freie Film Produktion GmbH. 104 Minuten. UA: 18.8.60.

In einem kleinen Eifeldorf wird 1960 bei Erdarbeiten die skelettierte Leiche eines deutschen Soldaten gefunden. Als man der Sache nachgeht, stellt sich heraus, daß es sich bei dem Toten um einen gewissen Robert Mertens handelt, der fünfzehn Jahre zuvor, des Tötens überdrüssig, sich von seiner Truppe absetzte, als diese auf dem Rückzug zufällig durch sein Heimatdorf kam. Anstatt aber wieder in die vertraute Gemeinschaft aufgenommen zu werden, behandelte man ihn wie einen Aussätzigen und ließ ihn nicht zur Ruhe kommen. Durch die Unvorsichtigkeit seiner Geliebten erhielten die Behörden, die Robert Mertens als Deserteur verfolgten, einen Hinweis auf seinen Verbleib. Mertens nahm sich das Leben, um seinen Verfolgern zu entgehen. Einem Vaterlandsverräter wollte die Dorfgemeinschaft nicht einmal die letzte Ehre erweisen, also verscharrte man die Leiche einfach am Straßenrand. Als sie fünfzehn Jahre später wieder ausgegraben wird, werden alle Beteiligten von ihrer Vergangenheit wieder eingeholt. Doch nicht einmal nach so langer Zeit sind sie in der Lage, sich zu ihrer Schuld zu bekennen, ja, sie empfinden sie noch nicht einmal, für sie ist der Tote nach wie vor nichts anderes als ein Vaterlandsverräter.

KRITIKEN: FILMKRITIK 8/60 Theodor Kotulla; FAZ 29.8.60 Karl Korn; DEUTSCHE FILMKUNST 10/1960 Dieter Wolf; NEUES DEUTSCHLAND 11.3.64 Horst Knietzsch; DIE WELT 4.7.60 Friedrich Luft; DER TAGESSPIEGEL 5.7.60 Karena Niehoff.

Die Zusammenarbeit mit Staudte kam später und war sehr fruchtbar. Aber auch da habe ich das Glück gehabt, daß Staudte den Film eigentlich viel kleiner besetzen wollte, schmäler, ohne diese physische Präsenz. Der Mertens sollte ein kleiner, mickriger Mensch sein, aber Staudte hat dann gesagt, die Tragik liege eigentlich darin, daß der Sturzmoment ein größerer ist, weil dieser junge Mensch psychisch und physisch damit leben muß, daß er ein Fahnenflüchtiger ist. Das sind eben solche Überlegungen gewesen, und es war schön, sich mit Staudte zu unterhalten. Er wollte mich von seiner Idee überzeugen, und ich war damals noch sehr jung, für mich war er ein Gott, und so habe ich mit ihm ganz

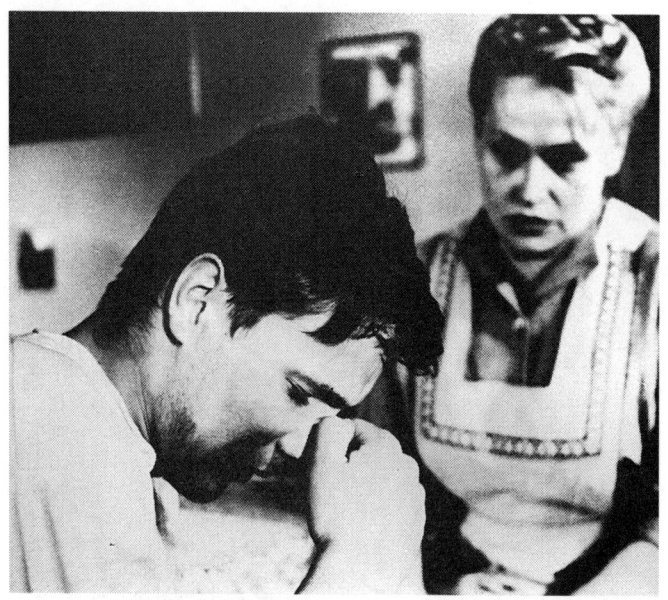

Götz George und Manja Behrens in Wolfgang Staudtes ›Kirmes‹

wertfrei diskutiert und gesagt: »*Okay, dann besetzen Sie die Rolle so, aber ich finde es toll, wenn einer prädestiniert wäre für das Soldatendasein und dann plötzlich etwas kapiert.*« *Staudte hat das verstanden und gesagt:* »*Das ist richtig. Da hast du recht.*« *Ich fühlte mich als Schauspieler oder zumindest als Gesprächspartner anerkannt. Das habe ich dann immer weiter vervollständigt beziehungsweise auf den Weg mitgenommen, und ich war dann immer fürchterlich erstaunt, wenn Regisseure mich bevormunden wollten.*　　　　　　　　　　　　　　　　　*(G. G.)*

1961

Die Fastnachtsbeichte
BRD
Regie: William Dieterle. Drehbuch: Kurt Heuser, nach der gleichnamigen Vorlage von Carl Zuckmayer. Kamera: Heinz Pehlke. Schnitt: Carl Otto Bartning. Musik: Siegfried Franz. Darsteller: Hans Söhnker (Panezza), Gitty Daruga (Viola),

Nachdem Götz George für ›Jacqueline‹ den Bundesfilmpreis sowie den Kritikerpreis erhalten hatte, vertraute man ihm eine Hauptrolle in der Zuckmayer-Verfilmung ›Die Fastnachtsbeichte‹ an; hier posiert er mit seiner Filmpartnerin Ursula Heyer für die Fotografen

Friedrich Domin (Dr. Henrici), Berta Drews (Frau Bäumler), GÖTZ GEORGE (Clemens), Hilde Hildebrand (Madame Guttier), Grit Böttcher (Bertel), Ursula Heyer (Rosa), Helga Schlack (Bettine), Helga Tölle (Katharina), Rainer Brandt (Ferdinand), Herbert Tiede (Merzbecher), Milena von Eckardt (Frau Panezza), Albert Gessler (Dr. Classen), Christian Wolff (Jeanmarie).
Produktion: UFA. 99 Minuten. UA: 15.9.60.

Während des Karnevalstreibens in der närrischen Hochburg Mainz anno 1913 verliebt sich ein alternder Karnevalsprinz in die neunzehnjährige Prinzessin, wird ein bislang Totgeglaubter wirklich ermordet, gerät ein Soldat in Verdacht, seinen Bruder umgebracht zu haben. Wortreich und einfallsarm hat US-Heimkehrer William Dieterle das Zuckmayersche Drama fürs Kino inszeniert und damit den bundesdeutschen Kinomief bereichert, statt gegen ihn anzugehen.

KRITIKEN: FILMKRITIK 4/61 Dietrich Kuhlbrodt.

Für diesen Film kam William Dieterle zurück aus Hollywood, und du spürtest ihm schon an, daß er eine völlig andere Schule hatte. Der ließ sich ganz andere Dinge ins Atelier bauen, hatte einen anderen Anspruch. Er ging anders mit einem ins Zeug und sagte zu meiner Mutter, die ja in einer kleinen Rolle mitspielte: »Dieser Junge ist sehr eigenständig«, und er würde es bewundern, daß ich ganz ohne große Scheu zu ihm hingegangen sei und gesagt habe, das fände ich ganz schlecht, was er da von mir wolle. Ich möchte ihm das mal so vorspielen, wie ich das empfinde, und er

Rainer Brandt – auch ein Bekannter aus dem ›Tatort‹ – und Götz George in ›Die Fastnachtsbeichte‹

hatte einen ganz, ganz großen Gefallen an mir gefunden, was mir dann meine Mutter wiedererzählte. Sie sagte: »*Der ist ganz zufrieden mit dir*«, *und auch Zuckmayer, der dann auch nach der Premiere des großen Films, der ja quasi noch in der UFA-Ära gedreht wurde, weinte. Das ist für einen jungen Menschen ein ungeheures Lob. Ich war überhaupt nicht zufrieden mit dem, was ich da machte, aber dadurch wirst du selbstbewußter, das braucht man vor allem für die Bühne. Deine ganzen Verklemmungen, weil der Beruf so wahnsinnig schwer ist, wenn du da ganz allein*

Die fassungslose Frau Bäumler (Berta Drews) wird vor Gericht zitiert, weil man ihren Sohn des Mordes verdächtigt: ›Die Fastnachtsbeichte‹

auf der Bühne stehst, wenn der Vorhang aufgeht oder die Kamera
zu surren anfängt und die Klappe geschlagen wird, da sind so
wahnsinnig viele Ängste zu überwinden, daß du erst mal ein ganz
starkes Selbstwertgefühl haben mußt. Du bist dann auch dein här-
tester Kritiker, weil du nie – selbst wenn der Regisseur sagt, das sei
fabelhaft – zufrieden bist. Es kam öfter vor, daß ich sagte: »*Bitte,*
laß es uns noch mal wiederholen, ich finde das nicht gut, dann
hast du zumindest eine Fassung, die du bevorzugst und eine, die
ich bevorzuge.« *Die endgültige Entscheidung muß ich dann dem*
Regisseur überlassen. Der Zuckmayer-Film war eine ganz an-
strengende Erfahrung. Alles, was du in dieser Perfektion noch ge-
liefert bekommst in jungen Jahren, da können heute junge Schau-
spieler gar nicht mehr mitreden, weil sie das gar nicht geboten be-
kommen, daß ein richtiger Altmeister, der in Amerika sehr gute
Filme gedreht hat, auf einmal mit dem, was hier geboten wird,
auch sehr einverstanden ist – oder andererseits mit Forderungen
kommt, die ihm eigentlich gar kein Produzent erfüllen will.

(G. G.)

Der Teufel spielt Balaleika
BRD
Regie: Leopold Lahola. Drehbuch: Heinrich Dechamps, Johan-
nes Kai, Leopold Lahola. Kamera: Karl Schröder (Scope).
Musik: Z. Borodow.
Darsteller: Charles Millot (Oberleutnant Seidenwar), GÖTZ
GEORGE (Peter Joost), Anna Smolik (Elena), Pierre Parel (Ober-
leutnant Fusow), Rudolf Forster (Admiral), Wilmut Borell (Mit-
terle), Peter Neusser (Beckmann), Günther Jerschke (Aktivist
Gellert), Sieghart Rupp (Lauterbach), Peter Lehmbrock
(Ebermeier), Franz Muxeneder (Hintermoser), Joachim Rake
(Brennecke), Henry van Lyck (Kolitz), Oda Hiroki (Akimoto),
Georges You (Yoshohito).
Produktion: UFA. 117 Minuten. UA: 21.2.61.

Prädikatisiert und von der Kritik teilweise hoch gelobt: »Endlich ein deutscher Kriegsgefangenenfilm ohne Schablone.« –
Was an diesem wie vielen anderen Filmen über Kriegsgefange-
nenlager verärgert, ist vor allem die Gleichsetzung sowjetischer
Soldatenlager in Sibirien, die bei aller Härte und vielleicht auch
Ungerechtigkeit der Bestrafung für kriegerische Taten dienen,
mit jenen Konzentrationslagern der Nazis, die dazu dienten, ein

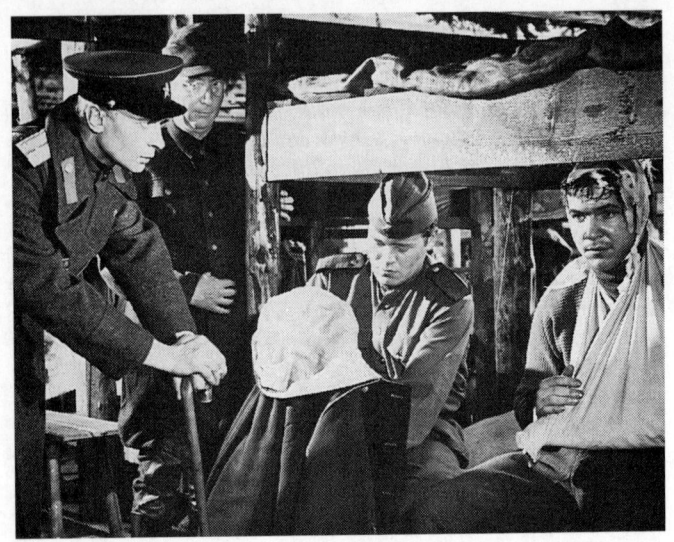

›Der Teufel spielt Balaleika‹: Charles Millot, Günther Jerschke und Götz George

ganzes Volk auszurotten. Götz George spielt einen Jungen, der einiges durchschaut hat. Die Jahre in Sibirien verändern ihn: »Es sind immer die gleichen, die sich sattfressen, während andere arbeiten und verrecken«, sagt Peter Joost im Film.

KRITIKEN: FILMKRITIK 4/61 Enno Patalas.

Das war ein sehr ambitionierter Film von Leopold Lahola, der sehr jung gestorben ist. Peter Bamberger, der den Film produziert hat, wollte ihn dann in den siebziger Jahren noch mal auf die Leinwand bringen, weil der Film für die damalige Zeit schon eine Bedeutung hatte. Er kriegte auch gute Kritiken. Sehr imponiert haben mir die beiden Exilrussen, die in dem Film spielen und ganz hervorragende Schauspieler waren. Von daher muß man das auch sehen, wie ich heute diese Filme beurteile: wenn ich sage, der Film ist schlecht, aber da waren zwei wunderbare Schauspieler drin, oder: die eine Sequenz war wunderbar fotografiert, oder: diese Szene war toll gespielt. So beurteile ich heute Filme. Ich gehe niemals aus 'nem deutschen Film raus und sage: Das war ein Wurf. Jetzt schon eher, aber vor zehn Jahren … (G. G.)

Mörderspiel
BRD/Frankreich.
Regie: Helmuth Ashley. Drehbuch: Thomas Keck, Helmuth Ashley, nach einem Roman von Max Pierre. Kamera: Sven Nykvist. Schnitt: Walter Boos. Musik: Martin Böttcher.
Darsteller: Magali Noel (Eva Troger), Harry Meyen (Andreas Troger), Robert Graf (Dr. Horn), GÖTZ GEORGE (Kersten), Hanne Wieder (Journalistin), Wolfgang Reichmann (Dr. Rosen), Anita Höfer (Babsy), George Riviere (Dahlberg), Margot Hielscher (Claudia Ahrends), Heinz Klevenow (Hauser), Uschi Siebert (Margit), Wolfgang Kieling (Kriminalinspektor), Armin Dahlen (Kriminal-Assistent), Balduin Baas (Diener), Ruth Grossi (Frau Rosen).
Produktion: Bavaria, Les Films Gibe/Paris, Filmaufbau/Göttingen. 81 Minuten. UA: 16.10.61.

Krankhafter Frauenmörder nutzt Nobel-Party für ein Mörderspiel, das allein dem Alibi für seine letzte Bluttat dienen soll.
KRITIKEN: FILMKRITIK 11/61 Martin Ripkens.

Götz George und Anna Smolik in › Der Teufel spielt Balaleika ‹

Hanne Wieder und Götz George in ›Mörderspiel‹

*Bei diesem Film hatten wir eine ganz tolle Besetzung, aber das
war auch ein Film mit falschen Ambitionen. Da hat einer gesagt,
nun machen wir mal einen Film, hatte einen der weltbesten Kame-
ramänner, den Schweden Sven Nykvist, ganz tolle Schauspieler
wie Wolfgang Reichmann und Robert Graf, aber die waren alle
völlig verzweifelt, weil der Regisseur Helmuth Ashley sich einfach
übernommen hatte – so fand ich das jedenfalls –, der mich auch
damals wahnsinnig quälte, weil er mich einfach überhaupt nicht
kommen ließ. Der sagte einfach: »Mach das, mach das«, und das
war's dann. Und wie man Sven Nykvist behandelte, das war einfach eine Schande.* (G. G.)

Unser Haus in Kamerun

BRD

Regie: Alfred Vohrer. Drehbuch: Georg Hurdalek, nach einer Originalidee von Horst Wendlandt. Kamera: Karl Löb. Musik: Martin Böttcher.

Darsteller: Johanna von Koczian (Doris Kröger), Horst Frank (Klaas Steensand), GÖTZ GEORGE (Georg Ambrock), Hans Söhnker (Willem Ambrock, sein Vater), Berta Drews (Tante Edith), Katrin Schaake (Christine Ambrock), Walter Rilla (Konsul Steensand), Helga Sommerfeld (Manuela Ingaridez), Kenneth Spencer (Diener »Bismarck«), Henry Vahl (Taxichauffeur), Joseph Offenbach (Direktor), Uwe Friedrichsen (Rolf Ambrock), Käte Jaenicke (Elli Dörfler), Helga Münster (Ina Lorenz), Barbara Lienau (Frau Konsul Steensand).

Produktion: Rialto. 103 Minuten. UA: 21.12.61.

›Unser Haus in Kamerun‹: Helga Sommerfeld und Götz George

Illustriertenroman, klischeehaft und verlogen: Der schwächliche Sohn eines nationalistisch gesinnten reichen Farmers in Tanganjika (nicht im wohlklingenden Kamerun des Titels) kommt, um seinen Horizont zu erweitern, nach Hamburg, gerät dort – labil, wie er ist – in Beziehung zu einem Scheckfälscher und Gauner, dessen »auf die schiefe Bahn geratene« Freundin er aber rettet, indem er sie an sich bindet und sogar das uneheliche Kind in Kauf nimmt. Götz George als der labile, aber wandlungsfähige junge Mann.

1962

Ihr schönster Tag / Das Fenster zum Flur
BRD
Regie: Paul Verhoeven. Drehbuch: Curt Flatow, Horst Pillau, nach Curt Flatows Bühnenstück »Das Fenster zum Flur«. Kamera: Heinz Hölscher. Musik: Friedrich Schröder.
Darsteller: Inge Meysel (Frau Wiesner), Rudolf Platte (Karl Wiesner), Sonja Ziemann (Tochter Helene), Brigitte Grothum (Tochter Inge), Axel Scholtz (Sohn Herbert), GÖTZ GEORGE.
Produktion: Melodie. 93 Minuten. UA: 3.4.62.

Links und rechts oben und unten: Götz George in der Rolle des Georg in ›Unser Haus in Kamerun‹

Inge Meysel und Götz George in ›Ihr schönster Tag/ Das Fenster zum Flur‹

Der Titel des erfolgreichen Stücks zeigt den Blickwinkel an: Aus dem Kellerfenster heraus betrachtet die Portiersfrau Wiesner die Welt, und so sieht sie auch nur einen kleinen Ausschnitt und nicht das, was in der Familie vorgeht: Das Lenchen hat gar keinen Millionär geheiratet, der Herbert studiert nicht mehr Medizin, und ihr Mann, der Straßenbahnfahrer, kann bald nichts mehr sehen. Doch der Film kriegt sein Happy-End, zwar erweist sich der Traum vom Glück am Ende als Illusion, doch die wird nicht als solche empfunden, denn was geschieht, hat seine Ordnung. Am Ende weiß der Zuschauer: Auch wenn man alles falsch macht, ist es schon richtig. Lebenslüge als Komödie.

KRITIKEN: FILMKRITIK 5/62 Reinhold E. Thiel.

Es war eine schöne Arbeit. Das war ja eigentlich ein Theaterstück von Curt Flatow. Regisseur war der Altmeister Paul Verhoeven,

218

da mußte ich auch kämpfen, das war eine schöne Erfahrung, die ich da gemacht habe, und auch ein ganz lustiger Film. Die Inge Meysel spielte mit und Rudolf Platte, eine wunderbare Besetzung. Das war ganz prima. Die Meysel ist ja eine ganz hervorragende Schauspielerin, die war damals toll. (G. G.)

Das Mädchen und der Staatsanwalt
BRD
Regie: Jürgen Goslar. Drehbuch: Jürgen Goslar, Fred Ignor. Kamera: Werner M. Lenz. Musik: Hans-Martin Majewski. Darsteller: Wolfgang Preiss (Staatsanwalt Soldan), Elke Sommer (Renate Hecker), GÖTZ GEORGE (Jochen Rehbert), Paul Dahlke (Vorsitzender), Fritz Tillmann (Verteidiger Dr. Stoll), Berta Drews (Frau Hecker), Agnes Fink (Frau Soldan), Ann Smyrner (Monika Pinkus), Gisela Uhlen (Schwester Magda), Horst Janson (Thomas Ungermann), Ann Savo (Gerichtsreporterin), Matthias Fuchs (Berndt), Carsta Löck (Zuchthausaufse-

G. G. in James-Dean-Pose: ›Das Mädchen und der Staatsanwalt‹

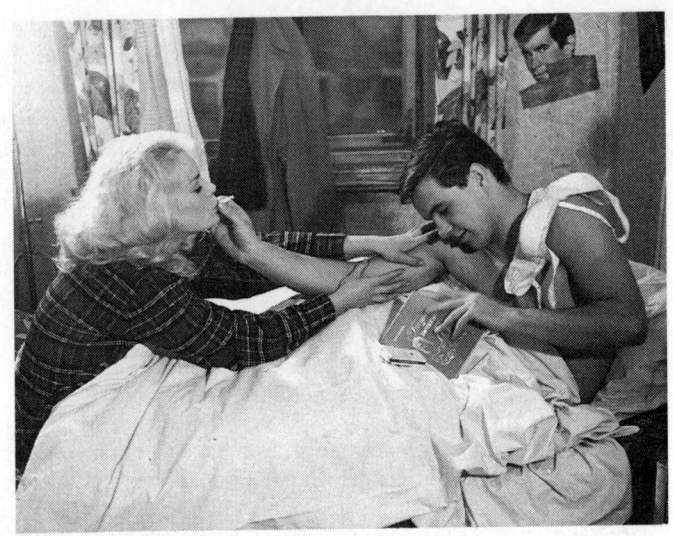

Elke Sommer und Götz George in ›Das Mädchen und der Staatsanwalt‹

herin), Camilla Spira (Gefängnisinsassin), Dorothea Wieck (Oberin), Alexander von Richthofen (Claus), Stanislav Ledinek (Autohändler), Klaus Dahlen (Charly), Herbert Weissbach (Jugendpfleger), Joachim Hansen (Patient).
88 Minuten. UA: 8.3.62.

Der Staatsanwalt ist ein Haderlump. Der bringt die brave arme Frau Hecker (Berta Drews) ins Gefängnis, weil sie nicht unterbunden hat, daß in ihrer Wohnung das attraktive Töchterchen, Elke Sommer, mit dem Autohändler Götz George Liebe macht, und dabei hat's der saubere Staatsanwalt Soldan auch mit der Kleinen. Jürgen Goslars Film sagt: So nicht, mein Herr Staatsanwalt!

KRITIKEN: FILMKRITIK 4/62 Wilfried Berghahn.

Der Schatz im Silbersee
BRD/Jugoslawien.
Regie: Harald Reinl. Drehbuch: Harald G. Petersson, nach dem Roman von Karl May. Kamera: Ernst Kalinke (Scope). Schnitt: Hermann Haller. Musik: Martin Böttcher.

220

›Der Schatz im Silbersee‹

Götz George und Karin Dor in ›Der Schatz im Silbersee‹

Darsteller: Lex Barker (Old Shatterhand), Pierre Brice (Winnetou), Karin Dor (Ellen Patterson), GÖTZ GEORGE (Fred Engel), Marianne Hoppe (Mrs. Butler), Eddie Arent (Castlepool), Herbert Lom (Cornel Brinkley), Jan Sid (Patterson), Ralf Wolter (Sam Hawkins), Mirko Bauman (Gunstick Uncle).
Produktion: Rialto/Jadran. 111 Minuten. UA: 14.12.62.

Auf vielfachen Wunsch
jetzt ab 6 Jahren freigegeben!
Der SCHATZ im SILBERSEE

›Der Schatz im Silbersee‹

Karl Mays Roman vom wertvollen Goldschatz, der in falsche Hände gerät, dann aber von den unzertrennlichen Freunden Winnetou und Old Shatterhand zurückerobert wird, diente dem krisenhaften Kino der beginnenden sechziger Jahre als Anreiz für eine erfolgreiche Serie. Regisseur Harald Reinl hatte bereits mit seinen Familienserien und Heimatfilmen, später auch mit einer erfolgreichen Edgar-Wallace-Serie, zur Sanierung der Filmwirtschaft beigetragen. Er hat mit Karl May erstmals ein amerikanisches Genre für den europäischen Markt erobert. Das führte ganz rasch zu dem von ihm inspirierten Italo-Western. Götz George spielt die kleine, aber wichtige Rolle eines guten, wackeren jungen Helden mit dem schönen Namen Fred Engel.

1963

Nur tote Zeugen schweigen / Hipnosis
BRD/Spanien/Italien.
Regie: Eugen Martin. Drehbuch: Gerhard Schmidt, Francis Niewel, Giuseppe Mangione. Kamera: Franz Sempere. Schnitt:

›Nur tote Zeugen schweigen‹

224

Edith von Seydewitz. Musik: Angelo Francesco Lavagnino, Roman Vlad.
Darsteller: Jean Sorel (Erik Stein), Heinz Drache (Inspektor Kaufmann), GÖTZ GEORGE (Chris Kronberger), Eleonora Rossi-Drago (Magda Bergen), Margot Trooger (Katharina, Ballettmeisterin), Mara Cruz (Karin Kronberger), Werner Peters (Kommissar), Massimo Serato (Georg von Cramer).
Produktion: Germania International/Procusa/Domizianc Internazionale. 85 Minuten. UA: 31.1.63.

Ein Varieté-Künstler, Bauchredner und Hypnotiseur wird ermordet, sein Gehilfe erweist sich als eiskalter Mörder, dem ein geheimnisvoller Fremder auf der Spur ist, obwohl der Verdacht auf einen Botenjungen fällt. Der Film bezieht seine Spannung aus der Suche nach dem unbekannten Verfolger.

Das war eine Koproduktion, der Regisseur war Eugenio Martin, ein Spanier, ein guter Mann eigentlich. Die Geschichte war auch gut. Ich will mir das noch einmal angucken, weil ich wissen möchte, wie dieser Film heute wirkt. *(G. G.)*

Liebe will gelernt sein

BRD

Regie: Kurt Hoffmann. Drehbuch: Erich Kästner, nach seinem
Bühnenstück. Kamera: Herbert Geyer, Ricci Weihmayr.
Schnitt: Ursula Kahlbaum. Musik: Hans-Martin Majewski.
Regieassistenten: Werner Grassmann, Thomas Grimm.
Darsteller: Barbara Rütting (Hermine), Martin Held (Mylius),
GÖTZ GEORGE (Hansgeorg), Loni von Friedl (Margot), Marga-
rethe Haagen (Frau Krüger), Grit Böttcher (Dora), Fita Benk-
hoff (Ilse), Bruno Hübner (Feldhammer), Charles Regnier
(Kramer), Ralf Wolter (Müller), Blandine Ebinger (Frl. Bret-
schneider), Michael Barry (Andreas), Hertha Saal (Nelly),
Dagmar Hank, Peter Striebeck, Helmut Gentsch, Ilse Page,
Alfons Teuber.
Produktion: Independent. 93 Minuten. UA: 1.3.63.

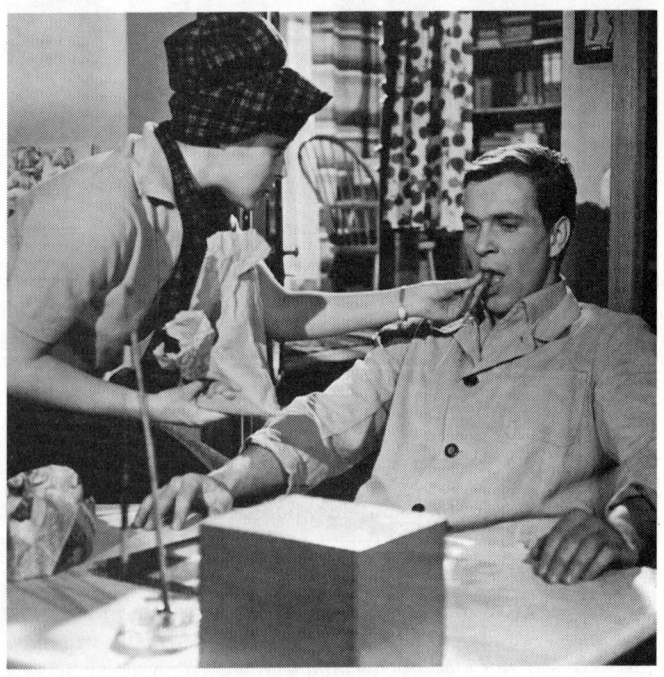

›Liebe will gelernt sein‹: Loni von Friedl versucht sich an Götz George

Die es noch lernen müssen, nachdem sie es bereits ausprobiert haben – der zweijährige Sohn beweist das –, sie, das sind Hansgeorg und Margot. Er ist ein eifriger Medizinstudent, Sohn der Arztwitwe Hermine. Deren Bruder, Hansgeorgs Onkel, der mit einer attraktiven Schauspielerin zusammenlebt, soll den »unerfahrenen Jungen« (von Sohn und Verhältnis weiß man noch nichts!) in Leben und Liebe einführen. Erich Kästners Drehbuch und Kurt Hoffmanns Regie sind so federleicht nicht, wie es Thema und Milieu verlangten, und die »großen Darsteller«, Held und Rütting, sind nicht ganz so überzeugend wie die frischen Jungen, Götz George und Loni von Friedl. Unterhaltung, mit ein wenig Schwerfälligkeit und Wortlast serviert.

Den Film inszenierte Kurt Hoffmann. Das war für mich damals sehr wichtig, weil das ein guter Mann war. Meine Partnerin Loni von Friedl hatte ich gerade bei der »Bambi«-Verleihung kennengelernt. Wir waren 1962 »Beste Nachwuchsschauspieler«. Diese ganzen Preise darf man ja nicht zu ernst nehmen, das hat zuviel mit Vermarktung zu tun. (G. G.)

Mensch und Bestie
BRD/Jugoslawien
(unter dem Titel **Die Flucht** 1980 kurz im Kino)
Regie: Edwin Zbonek. Drehbuch: Sigmund Bendkower, Al Bronsowy, nach einer Idee von Robert Azderball. Kamera: Nenad Jovicic. Musik: Iva Radic.
Darsteller: Götz George (Franz Köhler), Günther Ungeheuer (Willy Köhler), Katinka Hoffmann (Krankenschwester), Helmut Oeser, Alexander Allerson, Helmut Sobotka, Herbert Kersten.
Produktion: CCC-Film, Berlin, Avala, Belgrad. 88 Minuten (Kino: 79 Min.). UA: 2.7.63 (Filmfestspiele Berlin), Kinostart: 1980.
Unter dem Titel »Die Flucht« am 30. August 1985 im ZDF gesendet.

Kain und Abel im Zweiten Weltkrieg. Franz Köhler ist es gelungen, dem KZ-Terror zu entfliehen. Er hat eine Mission: Die Insassen des Lagers sollen liquidiert werden; Köhler schlägt sich zur russischen Front durch, um durch einen Scheinangriff auf das Lager das Leben der Kameraden zu retten. Doch die SS ist

Linke Seite und oben: ›Mensch und Bestie‹

ihm auf der Spur, KZ-Aufseher Willy Köhler, sein eigener Bruder, wird ihn am Ende schnappen.

Das war als Drehbuch eigentlich recht sentimental, aber durch die Konsequenz, mit der Edwin Zbonek das gedreht hatte, unge-

›Wartezimmer zum Jenseits‹: Hildegard Knef und Götz George

heuer spannend. Aber das ging so ans Eingemachte, das hätten
die Leute gar nicht verstanden. Deshalb hat man den Film später
völlig zusammengeschnitten und eine ganz andere Geschichte
draus gemacht. Der Aufbau der Story konnte dann nicht mehr
nachvollzogen werden. Ich war damals Arthur Brauner sehr
dankbar, weil er – obwohl er viel Schrott gemacht hat – ein ambitionierter Produzent gewesen ist. Er hat immer sein Anliegen ge-

*habt, und das wollte er aufgearbeitet wissen; er hat sehr viel inve-
stiert – tut es auch jetzt noch. Ich finde es toll, wenn ein Produzent
nicht nur auf Einspielergebnisse achtet, sondern auch noch Ideale
hat. Der Film war ein Filmfestspielbeitrag in Berlin, wo er in der
ursprünglichen Fassung lief, und er wurde ausgebuht. Brauner
sagte, das sei gesteuert gewesen. Dann hat der Film keinen Verleih
gefunden, und in der neuen Fassung wollte man ihn wieder ganz
neu rausbringen. Man titelte ihn um, und als man wieder keinen
Verleih fand, wurde er ans Fernsehen verkauft.* (G. G.)

Wartezimmer zum Jenseits
BRD
Regie: Alfred Vohrer. Drehbuch: Eberhard Keindorff, Johanna
Sibelius, nach dem Roman »Zahl oder stirb« von James Hadley
Chase. Kamera: Bruno Mondi. Schnitt: Hermann Haller.
Musik: Martin Böttcher.

G. G. versucht, seinen Bewacher (Pinkas Braun) außer Gefecht zu setzen

Götz George und Hans Clarin in ›Wartezimmer zum Jenseits‹

Darsteller: Hildegard Knef (Lorelli), Richard Münch (Alsooni), GÖTZ GEORGE (Don Micklem), Heinz Reincke (Dickes), Carl Lange (Crantor), Adelheid Seek (Lady Halen), Pinkas Braun (Carlos), Hans Paetsch (Sir Cyrus Bradley), Jan Hendriks (Felix), Hans Clarin (Harry Mason), Klaus Kinski (Shapiro).
Produktion: Rialto. 90 Minuten. UA: 23.4.64.

Die Schildkröte mit dem Totenkopf, das ist das Emblem des italienischen Grafen und seines Syndikats, das grausam seine
Feinde vernichtet. Götz George als Neffe eines im Auftrag des
italienischen Adligen ermordeten britischen Politikers wird von
einer liebesbedürftigen Lady vor einem qualvollen Tod errettet.
Inmitten eines prominenten, aber keineswegs in Hochform agie-
renden Ensembles hat er hier wenig Möglichkeiten, sich schauspielerisch zu entfalten. Regisseur Vohrer, der gelegentlich bei
Edgar Wallace und Karl May unterhaltsame Variationen ins her-
kömmliche Genre brachte, hatte hier keine sehr gute Hand, und
Kameramann Bruno Mondi hat schon bessere Zeiten gesehen.

KRITIKEN: FILMKRITIK 6/64 Dietrich Kuhlbrodt.

1964

Herrenpartie
BRD/Jugoslawien.
Regie: Wolfgang Staudte, Drehbuch: Werner Jörg Lüddecke,
Arsen Diklic, Wolfgang Staudte. Kamera: Nenad Jovicic.
Schnitt: C. O. Bartning. Musik: Zoran Hristic.
Darsteller: Hans Nielsen (Friedrich Hackländer), GÖTZ
GEORGE (Herbert Hackländer), Rudolf Platte (Werner Drexel),
Mira Stupica (Miroslava), Milena Dravic (Seja), Olivera Marko-
vic (Lia), Gerlach Fiedler (Redakteur Otmar Wengel), Friedrich
Maurer (Studienrat Karl Asmuth), Reinhold Bernt (Fernfahrer
Willi Wirth), Herbert Tiede (Inspektor Ernst Sobotka), Gerhard
Hartig (Kurt Siebert, Kunststoffhändler).
Produktion: Neue Emelka/Neue Münchner Lichtspielkunst
GmbH/Avala-Film, Belgrad. 92 Minuten. EA: 27.2.64.

Zwanzig Jahre nach dem Krieg bleibt ein deutscher Männergesangsverein in einem jugoslawischen Dorf hängen, weil der Sprit
ausgegangen ist. Den mißtrauischen Frauen des montenegrini-
schen Dorfes singen die Deutschen ein schmetterndes »Heil
deutsches Lied, heil deutsches Wort« zur Begrüßung, ohne auch
nur im mindesten daran zu denken, daß das Wort »Heil« bei den
Jugoslawinnen schreckliche Erinnerungen wachrufen könnte.
Tatsächlich waren während des Krieges alle Männer des Dorfes
bis auf einen von den Deutschen umgebracht worden. Entsprechend feindselig ist die Stimmung nun. Zwar versuchen die San-
gesbrüder zunächst, durch gutgemeinte Gesten die Atmosphäre

zu entschärfen, doch als diese Versöhnungsversuche von den Frauen zurückgewiesen werden, verschanzen sich die deutschen Männer wieder trotzig hinter kraftstrotzendem Deutschtum. Der Konflikt spitzt sich gefährlich zu, bis es den zwei jüngsten Mitgliedern des Männervereins gelingt, die verbohrten Alten davon zu überzeugen, daß man nicht so tun dürfe, als sei die Vergangenheit vergessen und die deutschen Greueltaten schon längst verjährt. Aber auch bei den Jugoslawinnen gibt es eine junge Frau, die sich bei ihren Leuten nachdrücklich für einen Sinneswandel einsetzt. Die Jugend, so die Botschaft dieses Films, muß die Versöhnung einleiten – und sie tut es auch.

Kritiken: Manfred Delling in Film (Velber) 8/1964 und in Die Welt 7.7.64; Reinhold E. Thiel in Filmkritik 4/1964; Günter Sobe in Berliner Zeitung; Uwe Nettelbeck in Die Zeit; p. z. in Neue Zürcher Zeitung; Karena Niehoff in Der Tagesspiegel 5.7.64; Hans Prescher in epd/Kirche und Film 4/64; Kurt Weinhold KST 4.7.64; Hans Christoph Blumenberg in KST 11.7.73; HRB in FR 11.7.73.

Der Film ist im Kino überhaupt nicht gegangen. Aber das war auch die Situation. Das Drehbuch war eines der besten, die ich überhaupt gelesen habe. Und dann wurde das umgeschrieben und verwässert. Mitten in dieser Situation gab es noch Privatprobleme im Team, und die mußten wir auch ausbaden. So wurde das eine sehr, sehr beschwerliche Arbeit, die Staudte schließlich in den Sand gesetzt hat. Der hat mich blond färben lassen, weil ich einen deutschen Jungen spielen sollte, der sich gerade gegen diese ganze Nazivergangenheit auflehnt. Da spielten dann bei der ganzen Sache viele emotionale Dinge mit, die die Arbeit belasteten. Die ganze Wut auf junge Männer mußte ich dann ausbaden. Das Drehbuch war ganz anders, ganz stark politisch ausgerichtet, mit einer gewissen Süffisanz gegenüber dem Nazitum. Gerade jetzt, wo wir wieder bei 2,1% für die NPD sind, muß man darüber nachdenken. Heute würde ein solches Thema sicherlich wieder gehen, wenn einer Mut hätte, denn das war eine phänomenal tolle Geschichte. Frank Beyer würde das heute ganz anders machen. Der hat diese Ernsthaftigkeit und trotzdem diesen durchscheinenden Humor. Die Gruppe der Neonazis kriegte einfach bei Staudte ein Eigenleben, das so persifliert war, daß sie keine Glaubwürdigkeit mehr hatte. Das fand ich nicht gut. Staudte hat das zeitweilig damit erklärt, daß er nicht so drehen konnte, wie er wollte. Aber

ihm hatte wohl einfach die Zivilcourage gefehlt. Als er drüben angefangen hatte, galt seine Sympathie der Kommunistischen Par-
tei, aber gleichzeitig hatte er Probleme mit den Genossen in der
DDR. Das war immer wechselseitig, nicht ganz politisch artikuliert, was man bei einem Film ja machen muß. Man muß Farbe
bekennen, muß sagen, also das haben wir vor. Das soll ja nicht be-
schönigen, sondern etwas zeigen, was wirklich passiert ist; das
war im Endeffekt dann inkonsequent. Durch die Querelen, die
die Genossen da drüben machten, hat er sich halt hinreißen lassen
und eine seichte Bearbeitung von dem wunderbaren Drehbuch
gemacht. Dadurch ist so ein Film verschossen.   (G. G.)

Unter Geiern
BRD/Frankreich/Jugoslawien.
Regie: Alfred Vohrer. Drehbuch: Eberhard Keindorff, Johanna
Sibelius, nach einem Roman von Karl May. Kamera: Karl Löb.
Schnitt: Hermann Haller. Musik: Martin Böttcher.

235

›Unter Geiern‹: Elke Sommer und Götz George

Darsteller: Pierre Brice (Winnetou), Stewart Granger (Old Surehand), GÖTZ GEORGE (Martin), Elke Sommer (Annie), Walter Barnes (Baumann), Mario Girotti (Baker jr.), Renato Baldini (Leader), Sieghardt Rupp (Preston), Mila Baloh (Weller), Louis Velle (Gordon), Paddy Fox (Old Wabble), Georg Mitic (Wokadeh), Dunja Rajter (Betsy).
Produktion: Rialto/Societé Nouvelle/Atlantis-Film, Rom/Jadran-Film, Zagreb. 103 Minuten. UA: 8.12.64.

Oben und unten: ›Unter Geiern‹. Mit Elke Sommer und Steward Granger

Weiße Gangster treiben ihr Unwesen und täuschen vor, daß Indianer die Täter sind. Old Surehand und Winnetou durchschauen das Spiel und können den Konflikt zwischen den Weißen und den Indianern bereinigen. Innerhalb der seinerzeit erfolgreichen Karl-May-Filme eine der sorgfältiger gemachten Produktionen. Götz George als Martin hier noch einmal als Partner von Elke Sommer in der Rolle eines tapferen, braven Jungen.

Kritiken: Filmkritik 2/65 Peter H. Schröder.

›Ferien mit Piroschka‹: Marie Versini und Götz George

›Ferien mit Piroschka‹: Götz George und Terry Torday

1965

Ferien mit Piroschka
Österreich/BRD.
Regie: Franz Josef Gottlieb. Drehbuch: Kurt Nachmann, Ference Földessy, nach einem Roman von Hugo Hartung. Kamera: Tibor Vagyoczky/Richard Angst. Schnitt: Annemarie Reisetbauer. Musik: Peter Fenyes.

Darsteller: Marie Versini (Tery), GÖTZ GEORGE (Thomas Lau-
rends), Dietmar Schönherr (Alfi Trattenbach), Terry Torday
(Karin), Gisela Uhlen (Frau Laurends), Liselotte Bav (Ilona),
Hilda Gobbi (Katalin), Janos Görbe (Pali-Bacsi), Istvan Bujtor
(Ferenc).
Produktion: Sascha/Schlaraffia/Mafilm. 94 Minuten. UA:
31.12.65.

Playboy aus Hamburg verliebt sich in Pußta-Schöne so sehr, daß
seine frühere Geliebte bei ihrer Ankunft in Ungarn nur noch
fehl am Platz ist. Trotz erfrischenden Spiels von Marie Versini
und Götz George nur ein schwaches Remake des Hugo-Har-
tung-Erfolges ICH DENKE OFT AN PIROSCHKA von Kurt Hoffmann.

*Das sollte ein Remake sein. Das ist eine Zeit gewesen, die ich auch
nicht missen möchte. Das war eine schöne Zeit, das hat aber mit
dem Film selbst wenig zu tun. Drei Monate Ungarn – die Um-
stände waren einfach interessant. Das muß man ja immer mit ein-
fließen lassen. Wenn ich einen Riesenerfolg habe mit einem Film,
der mir keinen Spaß gemacht hat, würde ich auch darüber gerne
reden wollen. Aber das waren Filme, die haben mir Spaß gemacht.* *(G. G.)*

Sie nannten ihn Gringo
BRD/Spanien.
Regie: Roy Rowland. Drehbuch: Clark Reynolds, Helmut
Harun. Kamera: Manuel Merino (Scope). Schnitt: Fred Srp.
Musik: Piero Piccioni/Heinz Gietz.
Darsteller: GÖTZ GEORGE (Mace), Helmut Schmid (Ken), Alex-
andra Stewart (Lucy), Daniel Martin (Gringo), Sieghardt Rupp
(Reno), Sylvia Solar (Kate), Peter Tordy (Martin).
Produktion: Germania International/Procusa. 87 Minuten.
UA: 19.3.65.

Ein gelähmter reicher Rancher, ein Verwalter, der nicht nur ihn
übers Ohr haut, sondern auch sonst ein mieses Stück ist, der ver-
schollene Sohn des Reichen, den der Gauner auf krumme Wege
führt, schließlich der heldenhafte Sheriff, der alles wieder ins
rechte Lot bringt, indem der schwache Sohn stark wird, indem
er sein Leben für den Papa opfert. Für deutsche Verhältnisse erstaunlich gut gemacht, doch die Produktion täuscht: Der Regisseur ist ein Hollywood-Profi.

sie
nannten
.ihn
Gringo

Winnetou und das Halbblut Apanatschi

BRD/Jugoslawien.

Regie: Harald Philipp. Drehbuch: Fred Denger, nach Motiven aus Karl Mays »Halbblut«. Kamera: Heinz Hölscher. Schnitt: Jutta Hering. Musik: Martin Böttcher.

Darsteller: Lex Barker (Old Shatterhand), Pierre Brice (Winnetou), Ralf Wolters (Sam Hawkins), Uschi Glas (Apanatschi), GÖTZ GEORGE (Jeff), Walter Barnes (Mac Haller), Ilija Djuvale-

In ›Winnetou und das Halbblut Apanatschi‹ wirkte Götz George zum dritten Mal in einer Karl-May-Verfilmung mit; an seiner Brust, das ist das Schätzchen Uschi Glas

kovski (Curly-Hill), Marinko Cosic (Happy), Nada Kasapic (Bessie), Petar Dobric (Sloan), Vladimir Leib (Pincky), Mihail Baloh (Judge), Abdurahman Salja (Hank).
Produktion: Horst Wendlandt. Rialto/Jadran. 90 Minuten. UA: 17.8.66.

Der Karl-May-Boom in Agonie. Ohne Reinl oder Vohrer, die bei allem traditionellen Mief noch Profis im Action-Genre waren, geht nichts mehr. Auch Götz George ist noch mal dabei, hier heißt er Jeff – mehr ist nicht.

Dann kam der letzte Karl-May-Film von Harald Philipp. Alles das, was so naiv und locker angefangen hatte, wurde jetzt mit einem ungeheuren Leistungsdruck noch mal versucht. (G. G.)

1968

Ich spreng' euch alle in die Luft – Inspektor Blomfields Fall Nr. 1
Neue Titel: **Mad Joe** oder **Der Superbulle**
BRD
Regie: Rudolf Zehetgruber. Drehbuch: R. Z., Katharina Gajda. Kamera: Hannes Staudinger. Musik: Hans Hammerschmid. Schnitt: Annemarie Reisetbauer. Regieassistent: Günther Köpf.
Produktion: Constantin/Barbara. 92 Minuten. VA: 16.4.68
Darsteller: GÖTZ GEORGE (Eddie Blomfield), Eddi Arent (Harry Colman), Ingeborg Schöner (Susan Gillespie), Walter Barnes (Lancaster), Anthony Steel (Arthur Baker), Siegfried Wischnewski (Inspektor Sterling), Werner Pochath (Johnny Smith), Gert Günther Hoffmann (Mac O'Hara), Herbert Fux (Blinky Smith), Marianne Hoffmann (Nellie), Karl Schönböck (Colonel Lister), Leopold Rudolf (»Shakespeare«), Kurt Sowinetz (Brown), Barbara Lorenz (Mary), Rudolf Barry (Merrick).
Produktion: Barbara-Film/Terra-Filmkunst. 92 Minuten. UA: 16.4.68.

Ein Rauschgiftsüchtiger will seinen Bruder rächen, der in den Tod raste, als er versuchte, dem Kriminalbeamten Eddie Blomfield zu entkommen. Der Rächer taucht mit einem Fläschchen Nitroglyzerin in einem Polizeirevier auf und droht, es in die Luft zu sprengen. Oberflächlich, aber spannend – von fast britischem Humor.

›Ich spreng' euch alle in die Luft‹: Götz George und Eddie Arent

Der Todeskuß des Dr. Fu Man Chu
BRD/Spanien/USA.
Regie: Jess Franco. Drehbuch: Peter Welbeck, nach einem Illustriertenroman von Sax Rohmer. Kamera: Manuel Merino. Schnitt: Alan Morrison. Musik: Daniel White.
Darsteller: Christopher Lee (Fu Man Chu), Richard Green (Nayland Smith), GÖTZ GEORGE (Carl), Loni von Friedl (Celeste), Tsai Chin (Lin Tang), Maria Rohm (Ursula), Howard M. Crawford (Doktor Petrie), Ricardo Palacios (Sancho), Frances Kahn (Carmen), Isaura de Oliveira (Yuma), Shirley Eaton. Produktion: Terra/Ada/Udastex. 82 Minuten. UA: 23.8.68.

Wohl eher wegen der schönen Ferienlandschaft als aus Freude an dem drittrangigen Horror-Thriller aus der Reihe der beliebten Sax-Rohmer-Verfilmungen, haben Loni von Friedl und Götz

George an diesem Unternehmen teilgenommen. Der böse Dr. Fu Man Chu (schaurig-schön: Christopher Lee) will die Welt diesmal mit Hilfe leichtbekleideter schöner Mädchen retten, die sich mehr oder weniger gerne von Giftschlangen beißen lassen.

Das war einfach ein schönes Erlebnis. Ich durfte zusammen mit meiner Frau (Loni von Friedl) nach Brasilien fliegen, wo ich die Arbeitsatmosphäre einer internationalen Produktion kennengelernt habe. Eine englische Produktion, finanziert mit Geld von der Constantin. Das war ein belangloser Regisseur, der sich auf alles andere konzentriert hat als auf den Film. Die Begegnung mit Christopher Lee war einfach toll. Wir haben uns über Musik und Theater unterhalten, und er hat auch den Kopf geschüttelt über die Produktion, aber rückblickend war das ein wunderbares Erlebnis, weil ich halt drei Monate Zeit hatte, Brasilien kennenzuler-

›Der Todeskuß des Dr. Fu Man Chu‹

›Der Todeskuß des Dr. Fu Man Chu‹: Christopher Lee und Götz George

nen, und weil ich merkte, was es heißt, in so einer englischen Pro-
duktion drinzustehen, wo einfach Geld da war, wo Großzügigkeit
herrschte und einem sehr viel ermöglicht wurde.   *(G. G.)*

Himmelfahrtskommando El Alamein / Commandos
BRD/Italien.
Regie: Armando Crispino. Drehbuch: Dario Argento, Lucio
Battistrada, Armando Crispino, Stefano Strucchi, nach einer
Idee von Don Martin und Arthur Brauner. Kamera: Benito Frat-
tari. Schnitt: Daniele Abiso. Musik: Mario Nascimbene.
Darsteller: Jack Kelly (Captain Valli), Lee van Cleef (Sergeant
Sullivan), Joachim Fuchsberger (Oberleutnant Heitzel), GÖTZ
GEORGE (Rudi), Otto Stern (Braumann), Heinz Reincke
(Hans), Marilu Tolo (Adriana), Helmut Schmid (Hauptmann
Miller), Giampiero Albertini (Leutnant Tomassini), Marino
Mase (Dino).
Produktion: CCC/PEC/CCI. 88 Minuten. UA: 8.8.69.

Amerikanische GIs erobern, als Italiener verkleidet, ein Militär-
lager in El Alamein und täuschen auch die Deutschen. Dann

246

aber ist der Krieg zu Ende. Vor dem glücklichen Ende gibt es harte Action-Spannung – wie gehabt. Der Krieg dient hier wieder mal als Tummelplatz fürs große Abenteuer.

Das war ein reines Kommerzunternehmen – auch für Brauner. Für mich war das nicht so, weil ich spielen wollte. Der Film war sehr gut besetzt, etwa mit Lee van Cleef. Dann sollte es ein absoluter Antikriegsfilm sein, aber die Erfahrung lehrt ja, daß Kriegsfilme nie Antikriegsfilme sind. Wir mußten alle englisch sprechen, und im Endeffekt war es sehr lehrreich, was ich nicht bedauert habe. (G. G.)

1969

Le vent d'est (Ostwind)
Frankreich/Italien/BRD.
Regie: Group Dziga Vertov (Jean-Luc Godard, Jean-Pierre Gorin, Gerard Martin). Drehbuch: Daniel Cohn-Bendit, Jean-Luc Godard. Kamera: Mario Vulpiani. Schnitt: Jean-Luc Godard, Jean-Pierre Gorin.
Darsteller: Gian Maria Volonte (Soldat), Anne Wiazemsky (Hure), Christiana Tullio-Altan (Mädchen in Rosa), Rick Boyd

›Himmelfahrtskommando El Alamein‹

247

(Indianer), GÖTZ GEORGE (Funktionär), Glauber Rocha, Daniel Cohn-Bendit, Marco Ferreri, Jean-Luc Godard.
Produktion: Poli, Rom/Anouschka, Paris/CCC, Berlin. 95 Minuten. UA: 6.5.70 Filmfestival Cannes.

Eine Folge von Überlegungen und Gedanken über die Unmöglichkeit, wirksame politische Filme zu machen oder aber die Studentenrevolte vom Mai 1968 auf filmischem oder überhaupt kulturellem Wege fortzusetzen. Wie Glauber Rocha und Marco Ferreri spielt auch Götz George eine kleine Rolle.

Dann habe ich eine kleine Rolle bei Godard und Cohn-Bendit gespielt. Brauner hatte Geld gegeben und wohl geglaubt, ich spielte eine Hauptrolle. Als ich in Frankreich ankam, war schon der letzte Drehtag, und ich spielte nur eine ganz kleine Rolle. Die haben einfach das Geld von Brauner genommen, und der war nachher natürlich ganz irritiert darüber, was mit seinem Geld gemacht worden war. (G. G.)

1976

The Pawn / Die Diamanten des Präsidenten
BRD/Frankreich/USA
Regie: Claude Boissol. Drehbuch: Jean-Michel Charlier, Pierre Nivollet. Musik: Jack Arel.
Darsteller: Michel Constantin, Lena Ferugia, Ferdy Mayne, GÖTZ GEORGE, Robert Drayton, Sandra Prinsloo, Ken Gampu, Michael McGovern, Ian Yule, Patrick Mynhardt, Carel Trichardt, Stuart Parker, Cocky Thlothlamaje, Dennis Maraba, Joe Stewardson.
Inhalt: Politkrimi.

1977

Aus einem deutschen Leben
BRD
Regie: Theodor Kotulla. Drehbuch: Volker Canaris, Theodor Kotulla, nach einem Roman von Robert Merle. Kamera: Dieter Naujek. Musik: Eberhard Weber.
Darsteller: GÖTZ GEORGE (Franz Lang), Elisabeth Schwarz

248

(Else Lang), Hans Korte (Heinrich Himmler), Kai Taschner (der junge Franz), Kurt Hübner (Oberst von Jeseritz), Matthias Fuchs (Sturmbannführer Keller), Walter Czaschke (Obersturmbannführer Eichmann), Sigurd Fitzek (Hauptmann Günther), Werner Schwuchow (Obersturmführer), Peter Franke (Schrader), Claus-Dieter Reents (Ordonnanz Setzler), Anne Tegtmeier (Oberschwester), Elisabeth Stepanek (junge Schwester), Evelyn Matzura (Mutter von Franz), Hermann Günther (Soldat Schmitz), Yaak Karsunke (Unteroffizier), Martin Ripkens (Angestellter), Peter Moland (Arbeiter Henckel), Brigitte Janner (Magd), Hans Schulze (US-Oberstleutnant), Folke Wiegers (Kadow), Claus Fuchs (Geschäftsführer), Klaus Münster (Landarbeiter), Wolfgang Müller (SA-Mann Otto), Claus Enskat (SA-Mann Freddie), Winfried Elste (Arbeiter Siebert), Dietrich Kerky (Leutnant im Freikorps), Werner Eichhorn (Arbeiter Erich).
Produktion: Iduna/WDR. 145 Minuten. UA: 18.11.77.

Wenn man so will, ist *Aus einem deutschen Leben* die verfilmte Biographie des berüchtigten Lagerkommandanten von Auschwitz, Rudolf Höß, nur heißt er in diesem Film Franz Lang. Er hat eine strenge Erziehung genossen, der Vater war hart und unbeugsam. Schon als Siebzehnjähriger lernt er Höß/Lang den Krieg kennen – den Ersten Weltkrieg, bei dem er schon an die Front muß. Nach dem Krieg ist er arbeitslos und schließt sich wie so viele seiner Generation einem Freikorps an. Durch einen Freund lernt er führende Leute in der zunächst noch unbedeutenden NSDAP kennen. Der Mord an einem Kommunisten wertet ihn in der Parteihierarchie beträchtlich auf und förderte seine Parteikarriere, um so mehr, als er für seine Überzeugungstat ins Zuchthaus muß. Nach seiner Entlassung ist er eine Weile Landwirt, um dann, bald nach der Machtergreifung der Nationalsozialisten, Adjutant in Dachau zu werden. Dann bekommt er von Himmler persönlich den Auftrag, in Auschwitz die »Endlösung« vorzubereiten und »bestmöglichst durchzuführen«. Höß/Lang tut das, was ihm befohlen wurde. Keine Sekunde lang überlegt er sich, ob es nicht vielleicht einen Grund geben könnte, diesen Befehl nicht auszuführen. Er führt ihn mit der Effizienz einer Maschine aus. Er habe nur immer seine Pflicht getan, einen anderen Weg habe er nicht gesehen. Schuld? Nein, natürlich würde er jederzeit wieder seine Pflicht tun.

1984

Abwärts
BRD
Regie und Drehbuch: Carl Schenkel. Kamera: Jacques Steyn.
Musik: Jacques Zwart.
Darsteller: GÖTZ GEORGE (Jörg), Renée Sautendijk (Marion),
Hannes Jaenicke (Pit), Wolfgang Kieling (Gössmann), Klaus
Wennemann.
Produktion: Laura/Mutoscope/Dieter Geissler. 90 Minuten.
UA: 4.5.84; TV-Sendung am 1. Juli 1987 – ARD.

Frankfurt am Main, Freitagabend in einem Geschäftshochhaus.
Der Lift ist mit vier Personen besetzt, als er plötzlich zwischen
zwei Stockwerken steckenbleibt. Der einzige, der die vier Leute
befreien könnte, ist der Wachmann, doch der hört die Alarm-
glocke nicht, weil er fernsieht. Die Enge bringt die Konflikte

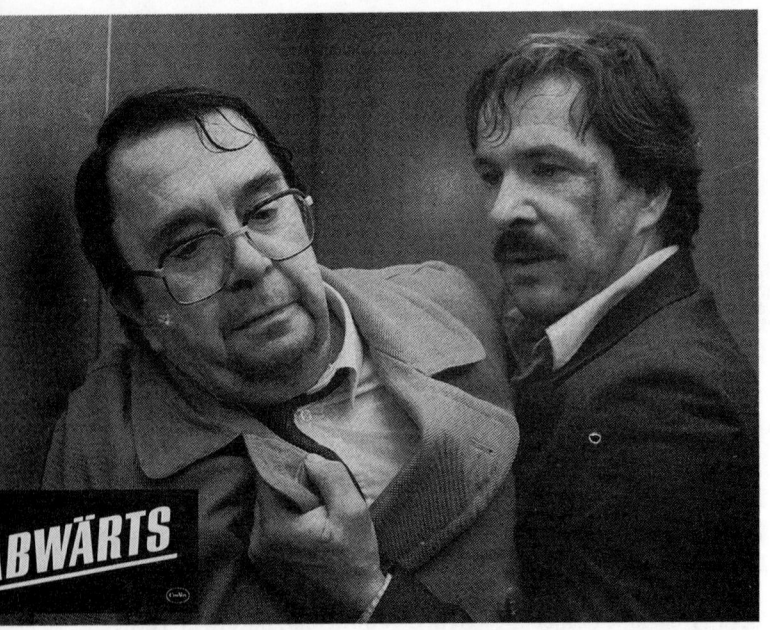

Wolfgang Kieling und Götz George in Carl Schenkels ›Abwärts‹

250

›Zahn um Zahn‹

zum Ausbruch, die sich im Alltag zwischen den vier angestaut haben. Marion nutzt die Gelegenheit, um ihrem Freund Jörg zu zeigen, daß es außer ihm noch andere Männer gibt, für die sie sich interessiert, und macht den kleinen, unscheinbaren Vertreter Pit an. Zwischen den beiden Männern entsteht eine heftige Auseinandersetzung um Marion, die den Zank nach Kräften fördert. Der vierte im Aufzug hat währenddessen nur einen Gedanken im Kopf, nämlich das viele, soeben seinem autoritären Chef geklaute Geld, das er in seiner Aktentasche hat.

1985

Zahn um Zahn
BRD
Regie: Hajo Gies. Drehbuch: Horst Vocks, Thomas Wittenberg. Kamera: Jürgen Jürges. Musik: Klaus Lage Band.
Darsteller: GÖTZ GEORGE (Schimanski), Eberhard Feik (Thanner), Renan Demirkan (Ulli), Rufus (Hacker), Charles Brauer (Grassmann), Ulrich Matschoss (Königsberg), Herbert Steinmetz (Krüger sen.), Martin Lüttge (Wilkens).
Produktion: Hartmut Grund. 95 Minuten. UA: 10.10.85.

251

Alfred Krüger bringt erst seine Familie und dann sich um, seine kleine Tochter hat sich als einzige retten können. Schimanski war ein Schulfreund des Toten und glaubt als einziger nicht an Selbstmord. Selbst Thanner steht gegen ihn. Schimanski beginnt trotzdem zu ermitteln und hat es bald mit dem ehemaligen Chef Krügers, Grassmann, zu tun, der den Toten wegen Unterschlagung hoher Geldsummen entlassen hatte. Der rauhe Umgangston, den Schimanski dem Unternehmer gegenüber anschlägt, kostet ihn die Dienstmarke, was ihn aber nicht davon abhält, weiter zu ermitteln. In der Journalistin Ulli findet er eine Verfechterin seiner Theorie. Auch wenn die beiden nicht wirklich zusammenarbeiten, ergänzen sich ihre Ermittlungen, die sie schließlich nach Marseille führen, wo es zu gefährlichen Zusammenstößen mit der Unterwelt kommt. Schimanski gelingt es trotzdem – nicht zuletzt durch Ullis Hilfe –, den Fall zu entwirren. Die endgültige Lösung findet der vom Jäger zum Gejagten gewordene Polizist erst, als er nach Duisburg zurückkehrt.

1987

Zabou
BRD
Regie: Hajo Gies. Drehbuch: Martin Gies, Axel Götz. Kamera: Axel Block. Musik: Klaus Lage, Tina Turner, Joe Cocker.
Darsteller: GÖTZ GEORGE (Schimanski), Eberhard Feik (Thanner), Claudia Messner (Claudia), Wolfram Berger (Hocks), Hannes Jaenicke (Melting), Ralf Richter (Sandrovski).
Produzent: Michael Röhrig. 90 Minuten. UA: 5.3.87.

Schimanski findet diesmal in einem zwielichtigen Amüsierschuppen, wo er harten Drogenhändlern auf der Spur ist, die geliebte Tochter seiner alten Jugendfreundin wieder. Er war für Conny allerdings immer schon mehr als ein fürsorglicher Vater. Schimanski will Conny aus dem Dreck holen, gerät aber dadurch selbst in allerlei kriminelle Verwicklungen. Man findet ihn betrunken und mit Drogen vollgestopft; er hat mehrere Verkehrsunfälle verursacht, aus seiner Dienstpistole wurde überdies ein Todesschuß abgefeuert. Schimanski, der das alles nur in Trance erlebt, erwacht im Krankenhaus unter Polizeigewahrsam, schafft es aber erneut, für Wirbel zu sorgen. Immer wieder ist Conny, die sich jetzt Zabou nennt, im Spiel. Sie gibt sich als

Lockvogel her, obwohl sie in Wirklichkeit den Mann liebt. Neue Spitzenleute des Drogenkonzerns werden getötet, immer verworrener wird die Frage nach dem großen Unbekannten. Obwohl »Schimi« am Ende das Rätsel löst, ist er doch alles andere als zufrieden. Denn nichts ist so verlaufen, wie er es sich hätte wünschen können, und von Conny ist er am meisten enttäuscht.

Die Katze
BRD
Regie: Dominik Graf. Drehbuch: Uwe Erichsen, Christoph Fromm, nach dem Roman »Das Leben einer Katze« von Uwe Erichsen. Kamera: Martin Schäfer. Musik: Andreas Köbner.
Songs: Eric Burdon, Cruzados, Roger Chapman, The Hollies, Annabel Lamb, Chris Rea.
Darsteller: GÖTZ GEORGE (Probek), Gudrun Landgrebe (Jutta), Joachim Kemmer (Voss), Heinz Hoenig (Junghein), Ralf Richter (Britz).
Produktion: Bavaria/ZDF. Produzent: Bernd Eichinger. 115 Minuten. UA: 28.1.1988.

Ein Mann und eine Frau im leidenschaftlichen Liebesrausch. Dazwischen, ganz respektlos eingeblendet – die Zwischentitel. Götz George und Gudrun Landgrebe tun ihre anstrengende Arbeit. Man sieht natürlich nur die Gesichter, schweißgebadet in Ekstase. Sie hat auch einen Ehemann, der sitzt zu Hause und denkt nach. Vielleicht darüber, was seine Frau so alles treibt. Mit wem, das weiß er – wie der Zuschauer in wenigen Minuten erkennen wird. Die Begegnung zwischen Probek und Jutta ist auch eine geschäftliche, denn es geht um drei Millionen Mark. Probek ist ein ganz abgefeimter Gangster, der sich an Jutta, die attraktive Ehefrau des Bankfilialleiters Ehser, heranpirscht – oder sie an ihn? Sein Ziel: ein raffiniert ausgeklügelter Bankraub. Dabei will er sich selbst die Hände nicht schmutzig machen, er leitet den Coup von den oberen Etagen eines Nobelhotels aus. Der kleine Handlanger in der Bank, der mit dem Kompagnon von Probek die Drecksarbeit macht, erfährt erst nach und nach, was der Boß so im einzelnen plant. Der wußte sehr wohl, daß in der Bankfiliale nicht viel zu holen war; er hat vor, daß die Helfershelfer Geiseln nehmen, um Lösegeld zu erpressen. Doch einiges konnte auch der clevere Gentleman-Gangster nicht ahnen: Erstens, daß seine Gehilfen eben nicht ganz so geschick und emotionslos zu Werk gehen, wie es der Plan erfordert hätte. Zweitens, daß sie in Kriminalinspektor Voss einen ebenbürtigen, manchmal sogar überlegenen Gegenspieler kriegen. Drittens, daß es Jutta am Ende doch gleichgültig ist, mit welchem der Männer sie die drei Millionen Mark durchbringen wird, denn auch ein Bankdirektor mit einem Koffer voller Banknoten im Privatwagen muß nicht unbedingt ein Ehrenmann sein.

1988

Der Bruch
BRD/DDR
Regie: Frank Beyer. Drehbuch: Wolfgang Kohlhaase. Kamera: Peter Ziesche. Musik: Günther Fischer. Schnitt: Rita Hiller. Produktion: Gerrit List für DEFA. Orwocolor. 116 Minuten. UA: Berlinale 1989.
Darsteller: Rolf Hoppe (Markward), Otto Sander (Lubowitz), GÖTZ GEORGE (Graf), Reiner Heise (Pinske), Jürgen Walter (der schöne Müller), Angelika Waller (Anita Graf), Franziska Troegner (Frau Markward), Klaus Manchen (Dombrowski), Gerhard Händel (Lotz), Hermann Beyer (Kollmorgen), Jens-Uwe Bogadtke (Biegel), Ulrike Krumbiegel (Tina), Thomas Rudnick (Bubi), Volker Ranisch (Julian), Hildegard Alex (Tinas Wirtin), Heinz Dieter Knaup (Escheritz), Günter Rüger (Pförtner), Peter Mohrdieck (Notar), Axel Werner, Hans Jochen Röhrig, Joachim Schönfeld (Polizisten), Ute Loeck (Dame), Hannes Stelzer (Mucker), Peter Pauli (Erbsenschieber), Magne Brekke (Rotarmist), Elke Schuhrk (Julianes Mutter), Christel Peters (Wirtin von Lubowitz).

Schauplatz Berlin, 1946. Ein Grammophon auf einem Trümmergrundstück, ein Mädchen, das sich mit einem Ganoven einläßt, zwei Jungens, die auf dem Schwarzmarkt zum zweitenmal geschnappt werden und im Bau landen. Zwei zwielichtige Gestalten gründen eine Immobilienfirma, beim Rausgehen fragt einer den anderen: Was sind denn Immobilien? Es geht natürlich um eine Scheinfirma, und das Ganze ist nur Tarnung, klar. Ein Bankgebäude, ein Tingeltangel, Kneipe, Kino und Boxhalle unweit vom Alexanderplatz. Ein Ganoventrio hat es auf einen Tresor abgesehen. Der ehemalige Marinekoch Graf kommt mit einem Plan, der arbeitslose Kriminelle Lubowitz organisiert die Sache und holt sich zur Ausführung den Profi Markward, der als atheistischer Grabprediger ein biederes Leben führt. Zur Tarnung mieten Graf und Lubowitz einen schäbigen Büroraum, gründen eine Scheinfirma und drehen in aller Gemütsruhe das Ding. Doch die Polizei hat schon Lunte gerochen, und Kommissar Kollmorgen, ein alter Sozi mit Mißtrauen gegenüber dem Kapital, verdächtigt den Bankdirektor. Als der sich als schuldlos erweist, notiert Kollmorgen das gelassen: »Nicht jeder Klassenfeind ist ein Kassendieb.«

Eine kleine Diebesgeschichte mit Neigung zum Anachronismus. Doch Wolfgang Kohlhaase und Frank Beyer sind Profis und Tüftler zugleich. In der Detailliebe, in den kleinen, feinen, sehr genauen Beobachtungen liegt die Würze: Jede einzelne der Dutzend Figuren hat ihr Eigenleben, ihre Persönlichkeit, ihren Pfiff. Der atheistische Grabprediger Markward mit Schalk in den Augen, der Halbprofi und trockene Witzbold Lubowitz und der schmalzige Galan Graf passen so gar nicht zusammen und schaffen den Coup mehr aus Glück. Nicht weniger unprofessionell sieht es bei der Polizei aus: Beide Beamte lösen den Fall mehr zufällig.

1989

Zwei Frauen (Arbeitstitel: Schweigen wie Glas)
BRD
Regie: Carl Schenkel. Drehbuch: Bea Hellmann, Carl Schenkel, Kamera: Dietrich Lohmann. Schnitt: Norbert Herzner. Musik: Anne Dudley.
Darsteller: Jami Gertz (Eva), Martha Flimpton (Claudia), Bruce Payne (Dr. Behringer), Rip Torn (Dr. Markowitz), George Peppard (Herr Martin), Gayle Hunnicutt (Frau Martin), Dayle Haddon (Darlene), Therese Merritt (Schwester Wilson), Carin C. Tietze (Schwester Flannery), Jessica Kosmalla (Alison), Hannes Jaenicke (Ivanov).
Produktion: Bavaria/Roxy/Lisa. Eastmancolor. 103 Minuten.
UA: 6.7.1989.

Der Film erzählt eine autobiographische Geschichte. Die junge Tänzerin Eva Martin bricht nach der Premiere auf der Bühne zusammen, im Krankenhaus stellt man fest, daß sie an Krebs erkrankt ist, Hoffnung gibt es kaum mehr. Im Krankenzimmer lernt sie die kauzige Claudia Jacobi kennen; Claudia hat einen makabren Humor. Sie ist an lymphatischer Leukämie erkrankt, das ist absolut tödlich. »Ich dachte immer, daß man daran stirbt«, sagt Eva, als sie von Claudias Krankheit erfährt, und diese antwortet: »Tut man ja auch, ich tu seit Monaten nix anderes. Ich sterb und sterb und sterb. Aber so flott wie im Kino geht dat inner Wirklichkeit nich.«

Schweigen wie Glas ist eine Tragikomödie, in der es gelegentlich sehr heiter zugeht, doch die Heiterkeit ist eher Galgenhumor. Götz George hat die Autorin des Buches, Bea Hellmann, kennengelernt, sah in ihrem Buch einen aufregenden Filmstoff, den er Carl Schenkel erzählte. Gemeinsam haben sie sich später um das Projekt gekümmert und das Drehbuch produziert. Götz Ge-

Jami Gertz und Hannes Jaenicke (rechts) in Carl Schenkels Melodram ›Zwei Frauen‹ (Schweigen wie Glas).

orge sollte ursprünglich die Rolle von Evas Vater (jetzt gespielt von George Peppard) übernehmen, doch die Dreharbeiten überschneiden sich mit Reinhard Hauffs *Blauäugig*, der in Argentinien gedreht wird.

Carl Schenkel über das Projekt: *Götz George hatte mir bei der Premierenfeier von* Abwärts *in der Schweiz die Geschichte von dem Mädchen, das er kennt, erzählt, ich habe mich sofort dafür interessiert, und wir haben dann gemeinsam das Drehbuch produziert, die Mittel vorgestreckt, und er hat – wie ein Produzent eben – alles in die Wege geleitet, organisiert. Später trafen wir uns dann mit der Autorin. Ohne Götz wäre die ganze Sache gar nicht passiert, weder von der Idee noch von der Durchführung. Er sollte ja auch die Rolle von dem Vater spielen, die ja die wichtigste Männerrolle in dem Stück überhaupt ist.*

Für mich ist Götz George ein sehr wichtiger Schauspieler, seit ich ihn zufällig damals als Lagerleiter von Auschwitz in Aus einem deutschen Leben *von Kotulla gesehen habe und merkte: der ist ja unheimlich gut. Und als wir dann* Abwärts *schrieben, gab es eigentlich nur zwei Besetzungsmöglichkeiten, aber der Götz war für mich der Geheimtip. Als wir uns dann trafen, war für mich klar: der ist es. Er ist ein ausgezeichneter Schauspieler und er ist ein Star. Mit Götz zu arbeiten ist interessanter als mit den meisten anderen Schauspielern. Die Intensität, mit der er arbeitet, kommt dem sehr entgegen, was ich eigentlich als Partner in einem Film brauche, denn es ist ja eine Partnerbeziehung, die da stattfindet. Bei uns gibt es ja keine Stars, weil es kein Kino gibt. Als ich ihn damals besetzte, sagte jeder: der ist doch Schimanski und dauernd im Fernsehen; aber ich wußte, daß der auch ganz anders sein kann. Mittlerweile hat er einen Status erreicht, wo er alles spielen kann, und wenn er die Rollen richtig auswählt, dann kann er noch so viele Schimanskis spielen, er wird jedesmal der Schauspieler Götz George sein, der eine bestimmte Rolle spielt.*

Blauäugig
BRD

Regie: Reinhard Hauff. Drehbuch: Dorothee Schön. Kamera: Hector Morini. Schnitt: Heidi Handorf. Regieassistent: Peter Carpentier. Musik: Marcel Wengler.
Produktion: Eberhard Junkersdorf für Bioskop. Eastmancolor. 87 Minuten. UA: 5.10.1989

Darsteller: GÖTZ GEORGE (Johann Neudorf), Miguel Angel Sola (Daniel), Julio de Grazia (von Elz), Alex Benn (Alfredo), Alberto Segado (Gomez), Noemi Morelli (Ana), Haydee Padilla (Frau Garaguso), Walter Soubrie (Herr Garaguso), Monica Galan (Elena), Marta Cerain (Frau von Elz).

Johann Neudorf heißt eigentlich Hanus Novak. Durch Zwangsadoption bei deutschen Eltern entkam er dem Nazi-Terror. Nach dem Krieg emigriert er nach Argentinien und wird dort unter seinem deutschen Namen ein erfolgreicher Geschäftsmann mit den besten Kontakten zur Wirtschaft und zu den Militärs. Den Terror der Militärjunta in den späten siebziger Jahren will er so lange nicht wahrhaben, bis eines Tages seine schwangere Tochter entführt und kurz darauf ermordet wird. Das Kind hat sie noch zur Welt gebracht, aber niemand weiß, wo es ist. Während sich

Johann Neudorf (Götz George) hat in seinem Sohn Alfredo (Alex Benn) wenig Hilfe bei der Suche nach seiner verschleppten Tochter. Reinhard Hauffs ›Blauäugig‹ spielt im Argentinien der Militärjunta.

... verloren in der Menge ist Johann Neudorf. Der Karrierist von einst ist niedergeschmettert, der Komplize und Freund von Junta-Generälen mischt sich selbst unter jene, die klagend ihre Stimme gegen die Verbrechen des Regimes erheben. Aus Reinhard Hauffs ›Blauäugig‹

Johann auf die Suche macht, wird er von Daniel, dem Freund seiner Tochter, als Fluchthelfer benutzt und somit für die Militärs als Subversiver eingestuft.

Alfredo, sein eigener Sohn, der als Offiziersanwärter auf der anderen Seite steht, wird zum Verräter an Daniel und mitschuldig, als dieser erschossen wird. Johann wird gefangengenommen und in geheime Lager verschleppt, wo er den Folterungen nur durch alte Kontakte entkommen kann.

Wieder auf freiem Fuß, zeigt Johann, daß er die Situation verstanden hat, jetzt wird er mit eiserner Energie auf eigene Faust gegen Unrecht und Terror kämpfen, jetzt ist Johann nicht mehr blauäugig.

1991

Schtonk!

BRD

Regie: Helmut Dietl. Drehbuch: Helmut Dietl, Ulrich Limmer.
Kamera: Xaver Schwarzenberger. Schnitt: Tanja Schmidbauer.
Musik: Konstantin Wecker. Ausstattung: Götz Weidner, Benedikt Herforth.

Darsteller: GÖTZ GEORGE (Hermann Willié), Uwe Ochsenknecht (Fritz Knobel), Christiane Hörbiger (Freya von Hepp), Rolf Hoppe (Karl Lentz), Dagmar Manzel (Biggi), Veronica Ferres (Martha), Rosemarie Fendel (Frau Lentz), Karl Schönböck (Professor Strasser), Harald Juhnke (Kummer, Ressortleiter), Ulrich Mühe (Dr. Wieland, Verlagsleiter), Martin Benrath (Uwe Esser, Chefredakteur), Hermann Lause (Kurt Glück, Chefredakteur), Georg Marischka (Von Klantz), Peter Roggisch (SS-Obersturmbannführer), Andreas Lukoschik (Knopp, Buchhalter), Thomas Holtzmann (Cornelius, Notar), Hark Bohm (Pfarrer), Fritz Lichtenhahn (Gutachter, Schweiz), Wolfgang Menge (Gutachter, London), Willy Harlander (Grenzbeamter).

Produktion: Bavaria. Produktionsleitung: Günter Rohrbach, Helmut Dietl. Cinemascope. Eastmancolor. 115 Minuten.
UA: 12.3.1992

Eine Komödie um die legendären Hitlertagebücher im »Stern«.
Ein Fälscher und ein Reporter »entdecken« die Tagebücher Adolf Hitlers und schlagen aus diesem Knüller so lange Kapital, bis ihre Karrieren mit lautem Knall im Knast enden.
Schon als Knabe im zerbombten Berlin entdeckt Fritz Knobel, wie leicht man gute Geschäfte mit Leicht- und Gutgläubigen machen kann: Er dreht GIs Führer-Memorabilien an, die freilich von ihm selbst fabriziert sind. Aus dem kleinen Fritz wird der Kunst- und Antiquitätenhändler »Professor Dr. Knobel«, der in einem schwäbischen Dorf an Fälschungen aller Art werkelt, ohne allerdings daraus Kapital schlagen zu können. Dabei gelingt dem »künstlerischen Multitalent« ein Gemälde von Toulouse Lautrec genauso gut wie eines von Adolf Hitler. Als Knobels Ehefrau Biggi, die sich ansonsten als Putzfrau betätigt, ihm nicht mehr Modell stehen will, findet er in der drallen Kellnerin Martha bald eine neue Muse.

Hermann Willié ist am Ziel seiner Träume: Endlich hat er Hitlers Tage-
bücher gefunden!

Mit zwei Geliebten hat auch Hermann Willié, von Geldnöten
geplagter Reporter der Illustrierten »HH-press«, zu tun: Die
eine ist ein ziemliches Wrack, heißt »Carin II« und war einst
stolze Yacht von Hermann Göring. Die zweite ist auch nicht
mehr taufrisch; heißt Freya von Hepp und ist die Nichte des be-
sagten Reichsmarschalls. Bei einem Nähmaschinen-Fabrikan-
ten, der anläßlich von Führers Geburtstag zu einem »Kamerad-
schaftsabend« lädt, begegnen sich Knobel und Willié. Das Ver-
hängnis nimmt seinen Lauf – hat Knobel doch gerade ein gehei-
mes Tagebuch des Führers produziert und präsentiert. Willié
wittert eine Weltsensation, öffnet bei seinem Verlag die Geld-
hähne, während Knobel Schwerstarbeit leistet und das Gesamt-
machwerk seines Lebens schafft. Als die Hitler-Tagebücher

Hermann Williè in Aktion.

einer erstaunten Öffentlichkeit präsentiert werden, sieht sich
Williè auf dem Höhepunkt seiner Karriere. Allerdings nicht
lange …

Götz George über Helmut Dietl und »Schtonk«: *Und da hast du
dann so etwas wie die Arbeit mit Helmut Dietl bei »Schtonk«. Das
ist eine Sternstunde, so etwas kriegst du wirklich nur alle zehn
Jahre, einen solchen Regisseur! Die Arbeit war so gewaltig. Wir
haben ja wirklich keine Komödienregisseure, und das ist der
Dietl. Der letzte, an den ich mich noch erinnern kann, war Kurt
Hoffmann. Und Helmut Dietl ist eine ganz andere, politisch aus-
gerichtete Begabung. Wenn du das Glück hast als Schauspieler,
in die Hände eines solchen Regisseurs zu kommen, und wenn der
dich noch mag, dann hast du für einen Moment ein ungeheueres*

Glücksgefühl und wirst am Ende in eine fürchterliche Grauzone
zurückgeschmissen, wenn du wieder ins Fernsehen zurückkehrst,
und du bist tief irritiert, weil alles im Grunde nicht funktioniert.

1993

Ich und Christine

Regie/Drehbuch: Peter Stripp. Kamera: Peter Brand. Schnitt:
Silvia Hebel. Musik: Karl-Heinz Wahren.
Darsteller: GÖTZ GEORGE (Bruno), Christiane Paul (Christi-
ne), Daniel Morgenroth (Clemens), Jutta Speidel (Luzie), Pe-
ter Fitz (Hotte), Maximilian Wigger (Egon), Nina Petri (Silvia).
Produktion: Manfred Durniok/WDR. Eastmancolor. 92 Mi-
nuten.
UA: 2.9.1993

Radio-Popsängerin Christine lebt mit einem gleichaltrigen Ju-
risten zusammen, will aber ihre Freiheit nicht zu Lasten einer
stumpfen Zweierbeziehung verkümmern lassen. Da verliebt sie
sich eines Tages in den sicher 30 Jahre älteren Betonmischfah-
rer Bruno ...

»Only you? Ein Mädchen, das einem unversehens vor den
Kühler purzelt, damit fängt es also an, auf einer Straße im
Stoßverkehr, mitten in der Stadt: Sommer in der City, der
Ozonhimmel über Berlin. Die Menschen sind gereizt und er-
regt – ein Wetter für Wunscherfüllungen aller Art; genau das
richtige Klima für all jene Ereignisse, die das ganze Leben verändern und Träume Wirklichkeit werden lassen. Wie lange das
Silhouettengirl schon so reizend, so aufreizend auf dem Kühler
geprangt hat, wissen wir nicht, aber nun hockt plötzlich das
andere Mädchen in Fleisch und Blut vor dem Fahrmischer des
in die Jahre gekommenen Betonfahrers Bruno: Götz George,
grauer Stoppelbart, 35-Quadratmeter-Einzelappartement, ge-
schieden.

Daß die bezaubernde Christine (Christiane Paul, kurz und rot
das Haar, mit Frische-Effekt wie einst Audrey Hepburn) nach
kurzem verwirrenden Zappling einen Sturz baut, wird keiner,
der an die Psychologie des Alltagslebens glaubt, für einen Zufall halten – oder gar dem Ozon zuschreiben. Zumal, wenn man
sieht, wie die ganze Geschichte gleich weitergeht, mit einer
aparten Medienschummelei; wie Christine ihr Erlebtes bei ih-

Götz George und Christiane Paul in ›Ich und Christine‹

rer Live-Radiosendung ›verarbeitet‹ und dabei den ›alten Zausel‹ Bruno ein ganzes Stück machohafter wegkommen läßt, als er in Wirklichkeit ist.

Bruno ist anders, und er schreitet spontan zur Tat, er will dieses schräge Image gleich zurechtrücken. Er läßt seine Fuhre Fuhre sein und taucht im Funkhaus auf, dort wird er auch ans Mikrophon gelassen und liefert seine Erklärung des Falles. Ein Auftritt mit eher therapeutischem Effekt freilich, von dem, aufgrund der technischen Manipulation der Radioleute, nichts rüberkommt zum Hörer.

Mit Bruno am Mikro setzt der Reigen der Spiele und Rollenspiele sich in Bewegung, aus dem der neue Film von Peter Stripp besteht. Den kennt man als Verfasser von Fernsehproduktionen wie ›Rote Erde‹ oder als Regisseur von ›Unser Mann im Dschungel‹. Hier liefert er seine eigene hinreißend naive und kunstvolle Theorie der Verständigung: Das Rauschen ist im Kommunikationskanal der wesentliche Faktor, das Sprechen wichtiger als das Verstandenwerden. Sprache ist Aktion, und selbst wenn der enttäuschte Bruno am Ende die Hütte seiner Träume – mitten in Berlin, mit ›Ausblick aufs Meer‹ – erst mal niederwalzt, ist das alles andere als eine symbolische Handlung: Es ist konkrete Umwelt- und Lebensgestaltung.

Es ist eben alles anders, als es ausschauen mag, und es kommt auf den Standpunkt an, den man einnimmt. Das zeigt sich gleich anfangs, als Bruno in der Eingangshalle des Funkhauses in die falsche Richtung loszieht: weil der Pförtner bei der Links-rechts-Koordination seiner Richtungsangabe von seinem Sitzplatz ausgegangen war. Mit schöner Konsequenz sind die ersten Eindrücke und Impulse deshalb immer wieder falsch in diesem Film. Christines krischnatisch meditierender Freund ist eigentlich ein ehrgeiziger Yuppieanwalt, der in Rostock Karriere machen wird. Und der sich nicht vorstellen kann, daß sie mit dem Stoppelbart Bruno zurechtkommen könnte. Aber Bruno ist nicht ohne, ein Sensibler. Er hat sogar ein paar Streicheleinheiten für die Katze seines Chefs Hotte und einen Blick für die Bilder, die sein Freund Egon fabriziert; das einzige, was ihm nicht gefällt dabei, sind Hottes Kommentare, der sieht alles zu düster. Was ihn nicht hindert, ihm sein wunderschönes Automobil wieder aufzumöbeln, das er behandelt wie ein Bruder, der gleiche Jahrgang wie er selbst.

Auch in der Liebe kommt es bei Bruno immer auf die Mischung an. Mit seiner guten Bekannten Luzie, Verkäuferin in der Parfümerieabteilung eines Kaufhauses, geht er schon mal in Deckung unterm Ladentisch, und nach Dienstschluß inszenieren die beiden phantasievolle Kostümspiele zu zweit. Only you: Für die eigenen Gefühle kennt Bruno keinen Ersatz. So hatten denn, wie man sieht und hört, die Platters absolut recht.« Fritz Göttler

Die Sturzflieger
(BRD 1993/94)
Regie: Peter F. Bringmann. Drehbuch: Matthias Seelig. Kamera: Frank Brühne. Schnitt: Annette Dorn. Ausstattung: Götz Heymann.
Darsteller: Ingo Naujoks (Rio Kowalski), GÖTZ GEORGE (Replikant Max), Anja Kling (Angie), Michael Markfort (Spike), Michael Habeck (Nelson Lee), Andreas Kunze (Mann am Totalisator), Robert Fasser (Drago), Paulus Manker (Garcia), Sigo Lorfeo (Luigi), Andras Friscay Kali Son (Gibson), Peter Clös (Redner).
Produktion: Bavaria/ZDF/Taurus.
Drehbeginn: 20.9.1993.

Inhalt: Wenn er nicht zufällig den letzten Funkspruch des abstürzenden Raumtransporters Titanus aufgefangen hätte, dann würde Rio Kowalski noch heute polnischen Whisky und zweitklassige Pornos in entlegene Weltraumstationen schmuggeln. Max hätte noch beide Ohren, und Angie wäre vermutlich an der Woodward-Bridge ausgestiegen – aus Rios Shuttle und aus seinem Leben.

Peter F. Bringmann zu »Die Sturzflieger« (Herbst 1993):

Wie lange dauerte die Entwicklung des Projekts?

PFB: Sehr lange. Das Projekt habe ich zusammen mit Matthias Seelig bereits 1984 entwickelt. Matthias ist ja auch Autor fast aller meiner Filme gewesen, beispielsweise »Theo gegen den Rest der Welt«, um nur den bekanntesten zu nennen. Wir konnten Günter Rohrbach schon sehr früh für unser Projekt begeistern. Allerdings ist solch ein aufwendiger Science-fiction-Film nicht von heute auf morgen zu finanzieren. So haben wir in der Zwischenzeit erst den Kinofilm »Schneemann« und den TV-Zweiteiler »Gambit« gemacht, bis wir uns ganz und mit aller Kraft auf diesen Film stürzen konnten. Es dauert einfach in Deutschland eine ganze Weile, bis ein Science-finction-Film dieser Größenordnung realisiert werden kann. Ein Budget von 15 Millionen DM ist hierzulande die große – aber natürlich auch faszinierende – Ausnahme.

War die Rolle des »Nahkampfreplikanten älterer Bauart« auf Götz George zugeschnitten?

PFB: Als der erste Drehbuchentwurf vor uns lag, war uns eines klar: Ein Film dieser Gewichtsklasse braucht auch hochkarätige Stars, die das Publikum mit dem Stoff überzeugen und beeindrucken können. So kamen wir dann sehr schnell zu Götz George, der mit der Bavaria Film ja über die Jahre schon viele erfolgreiche Projekte realisiert hat. Aber du kannst dir vorstellen, daß Götz von der Idee, einen Replikanten zu spielen, zunächst nicht begeistert war. Er ist ein besonders menschlicher, blutvoller und emotionaler Schauspieler, der sich beim besten Willen nicht in der Rolle eines »Roboters« sah. In unseren Gesprächen konnte ich ihn aber dann doch davon überzeugen, daß es genau diese seine Qualitäten sind, weswegen ich ihn für diese Rolle haben wollte. Und darüber hinaus ist die Rolle eines nicht natürlichen »menschlichen« Wesens eine große schauspielerische Herausforderung – und das hat Götz sehr wohl gespürt und sich dann gern und risikofreudig auf diese Aufgabe eingelassen. Als die Besetzung dann stand, hat Matthias Seelig die Endfassung des Drehbuchs Götz George und seinen Filmpartnern noch ein wenig auf den Leib geschrieben. Und mit Anja Kling und Ingo Naujoks hat Götz noch zwei hochbegabte und professionelle Partner zur Seite.

Bei einem Studiobesuch wurde eine Szene gedreht, in der Rio Kowalski (Ingo Naujoks) seinen Replikanten Max (Götz George) zu einem »Gladiatorenkampf« anmeldet …

PFB: … weil Rio wieder einmal pleite ist und sein letztes Geld auf einen Sieg von Max gesetzt hat. Nur so glaubt Rio an das Kapital zu kommen, das er dringend braucht, um sein Raumschiff reparieren zu lassen – denn er will um jeden Preis die Suche nach der Titanius fortsetzen, die bei Lloyds für 50 Milliarden versichert war, und die will er finden, weil … aber ich wollte ja jetzt nicht die ganze Geschichte des Films erzählen.

Der Kampf ist eine zentrale Szene des Films. Die Spannung ist auch deshalb riesig, weil Max' Gegner ein brutaler Nahkampfreplikant der neuesten Serie ist, der noch nie besiegt wurde. So wundert es niemand, daß die Wetten 840 zu zehn stehen – gegen Max. Ein fast aussichtsloses Unterfangen.

Gewinnt Max?

PFB: Allerdings, wenn auch mit einigen Blessuren … Diese Szene ist auch charakteristisch für den Stil und die Optik unseres Films. Ich habe ein stillgelegtes Stahlwerk als eine der Kulissen – die Raumstation »Katanga« – gewählt, weil ich glaube, daß die Zukunft eher noch schrottiger aussehen wird als die Gegenwart.

Wir haben bei der Erfindung unserer Geschichte einen Aspekt im Auge gehabt, der eigentlich – vom Kostenstandpunkt aus gesehen – tödlich ist für eine Science-fiction-Komödie: Wir haben uns ein Road-Movie im Weltraum ausgedacht. Kein vernünftiger Mensch würde so etwas tun, da der ständige Wechsel der Drehorte, die Vielfalt und Verschiedenartigkeit der Motive immense Summen von Geld zu verschlingen drohen. Aber wir wollten eben auch eine sehr abwechslungsreiche Geschichte erzählen – und Road-Movies sind nun mal unsere große Liebe. So mußten wir mit viel Phantasie und mit dem Erfindungsreichtum und der Flexibilität aller Mitarbeiter das manchmal Unmögliche möglich machen.

1995

Der Totmacher
BRD
Regie: Romuald Karmakar. Drehbuch: Romuald Karmakar, Michael Farin, nach Protokollen der gerichtspsychiatrischen Untersuchung. Regieassistent: Doris Wedemeier. Kamera: Fred Schuler. Schnitt: Peter Przygodda. Musik: »Ich hatt' einen Kameraden« von Fritz Baumann und Orchester. Komponist: Friedrich Silcher. Ausstattung: Toni Lüdi.
Darsteller: GÖTZ GEORGE (Fritz Haarmann), Jürgen Hentsch (Professor Dr. Ernst Schultze), Pierre Franckh (Stenograf), Hans-Michael Rehberg (Kommissar Rätz), Matthias Fuchs

Regisseur Romuald Karmakar und Götz George bei den Dreharbeiten zu ›Der Totmacher‹

(Dr. Machnik), Marek Harloff (Fürsorgezögling Kress), Christian Honholf (Wärter Schwaimler).
Produktion: Pantera Film GmbH, WDR, Südwestfunk. Produzent: Thomas Schühly, Romuald Karmakar. 35 mm. Farbe. Länge: 114 Minuten.
Uraufführung: 23.11.1995.

Inhalt: Fritz Haarmann sitzt in der Provinzial-Heil- und Pflegeanstalt Göttingen dem Psychiater Professor Ernst Schultze gegenüber. Es ist August 1924. In diesem Jahr entsteht Friedrich Wilhelm Murnaus *Der letzte Mann,* der Österreicher Adolf Hitler wird wegen Hochverrats angeklagt. Haarmann gesteht,

269

24 junge Männer ermordet und zerstückelt zu haben, in der sechswöchigen Untersuchung geht es um die Zurechnungsfähigkeit des Täters.

In Karmakars dokumentarischem Spielfilm werden die Figuren und Fakten wirklichkeitsgetreu nachgestellt. Grundlage des Drehbuchs sind die Protokolle der Untersuchung. Außer Haarmann und Schultze ist der Stenograf anwesend, gelegentlich treten andere Personen auf: ein Kommissar, ein Arzt, ein Wärter.

Ort der Handlung: ein karger hoher Raum mit Holztisch, das Licht einer Lampe fällt auf den fast leeren Tisch. Die Personen Haarmann und Schultze repräsentieren zwei Seiten der deutschen Gesellschaft. Der ruhig und neutral wirkende Dr. Schultze, der die Fragen stellt, und Haarmann – Götz George nuanciert ihn in jedem Augenblick neu und anders – angestrengt, eine Figur zugleich listig und aufrichtig. Schultze ist der Bürokrat, die Taschenuhr vor sich auf dem Tisch. Die ersten Fragen sollen Auskunft darüber geben, wer sein Gegenüber ist. Wo war sein Platz unter den Menschen, was weiß er vom Leben und den Menschen um sich herum, was von der Welt, in die er hineingeboren wurde, in der er aufwuchs? Fragen über die Geschichte, den Kaiser, den Ersten Weltkrieg, die Stadt Berlin, die Städte Hamburg, Lübeck, Bremen, über »den« Fluß Rhein. Haarmann weiß etwas vom Kaiser, für ihn gibt es diesen Schutz immer noch. Die Änderung zu einer Republik hat er nicht wahrgenommen. Der Rhein ist für ihn ein deutscher Fluß, und daß die drei Städte Hansestädte sind, weiß er nicht, denn jede Stadt ist für ihn das, was sie ist. Die Fragen schaffen vorsichtig die Verbindung zu dem, was privat ist, und es stellen sich die Bezüge her. Haarmann wird allmählich für den Betrachter zu einer Figur, die immer genauer und präziser in einem sozialen Umfeld steht. Die Kamera arbeitet mit, so gleichberechtigt wie das Wort, Sie ist mal starr, dann umkreist sie den ganzen Menschen Haarmann. Ganz unterschiedlich wird das Gesicht ausgeleuchtet, mal sind es die kleinen Runzeln um die Augen, die Bewegung zeigen, mal sind es die Hände, die auf den Tisch klopfen, mal ist es die schelmische Gestik, die den Professor nachahmen will in seinen kleinen Detailbewegungen. Wenn der etwa sein Wasserglas mit einem Stück Papier abdeckt, tut Haarmann das auch. Er will ein klein wenig die Aufmerksamkeit auf sich lenken. Eine eigenwillige Spannung entsteht, in dem Raum wird etwas spürbar, von dem nicht und nie autonomen Haarmann, der auch jetzt eine Vaterfigur sucht. Er spricht von seiner Braut, die ihn verlassen hat; er glaubt, wenn sie dageblieben wäre, wäre das alles nicht passiert. Karmakar entwirft mit den Fragen und Antworten und wie er sie plaziert, ein durchdringendes Bild von dem bis ins Detail gehorsamen und folgsamen Haarmann, der von den Verboten in der Bibel weiß, von den Verboten bei der Polizei, dem Staat, und der bei seiner immer stärker werdenden Vorliebe für hübsche junge Knaben auch weiß, was recht ist und was unrecht ist. Haarmann ist genau in der Befolgung der Regeln und der Ordnung, er ist einer, der immer Liebe gefordert hat, einer dem es oft schlechtgegangen ist.

Jürgen Hentsch als Professor Schultze (Mitte) im Gespräch mit dem Massenmörder Haarmann (Götz George) in ›Der Totmacher‹

Karmakar erzählt das nüchtern, läßt Haarmann beschreiben, wie er mit den einzelnen Leichenteilen fertig geworden ist, wie ihn auf erschreckende Weise die Tätigkeit des Totmachens vergessen läßt, daß es sich um Menschen, um menschliche Körper handelt, die da zerstückelt werden. Der Augenblick des Tötens kam über ihn – sagt Haarmann. Eine akribische Beschreibung einer Figur. Haarmann war nicht einer, der außerhalb einer Gesellschaft steht, sondern ganz normaler Teil der Gesellschaft. Er ist einer, der in seinem Denken, in seinem Funktionieren und in seiner Suche nach Anerkennung für Momente ausgeruht, ja glücklich sein kann.

Es ist eine hervorragende Leistung, wie Götz George diesen Haarmann erarbeitet, nuancenreich in diesen sehr beengten kleinsten Bewegungen des Körpers, der Mimik und der Sprache. Präsenz, Präzision bis in die Fingerspitzen und Mundwinkel, von der Kamera mal von vorne, von der Seite, von hinten aufgenommen. Leidend, unterwürfig, dann wieder großtuerisch: Facetten eines Menschen, der ein Monstrum sein müßte, aber nichts davon erkennen läßt.

Das hat Karmakar in hervorragender dramaturgischer Herausarbeitung geschafft.

1996

Rossini
oder die mörderische Frage, wer mit wem schlief
BRD
Regie: Helmut Dietl. Drehbuch: Helmut Dietl, Patrick Süskind. Kamera: Gernot Roll. Schnitt: Inez Regnier. Musik: Dario Farina.
Darsteller: Veronica Ferres (Schneewittchen), Jan Josef Liefers (Bodo Kriegnitz), Meret Becker (Zillie), Joachim Król (Jakob Windisch), Martina Gedeck (Seraphina), Mario Adorf (Paolo Rossini), GÖTZ GEORGE (Uhu Zigeuner), Gudrun Landgrebe (Valerie), Heiner Lauterbach (Oskar Reiter), Hannelore Hoger (Charlotte Sanders), Armin Rohde (Dr. Sigi Gelber), Hilde Van Mieghem (Fanny Zigeuner).
Produktion: Diana Film, BA Film, Bavaria Film, Fanes Film. Eastmancolor. Länge: 112 Minuten.

Götz George und Mario Adorf in ›Rossini‹

Inhalt: Allabendlich präsentiert sich ein ähnliches Bild in dem italienischen Restaurant Rossini, wo sich Regisseure, Produzenten und Schauspieler treffen. Es werden kleine Schlachten um die neuesten Filmprojekte geschlagen, Stars gemacht und vernichtet. Daneben wird gelacht, geweint, geliebt und gehaßt. Uraufführung: 23. 1. 1997

1998

Das Trio
BRD
Regie: Hermine Huntgeburth. Drehbuch: Horst Sczerba, Volker Einrauch, Hermine Huntgeburth, Kamera: Martin Kukula, Musik: Niki Reiser, Ausstattung: Katharina Woppermann. Kostüme: Peri de Braganca.

273

Darsteller: GÖTZ GEORGE (Zobel), Jeanette Hain (Lizzi), Felix Eitner (Rudolf), Christian Redl (Karl), Angelika Bartsch (Dorothee) Willi Thomczyk (Motorradpolizist), Uwe Rohde (Bahnpolizist), Husam Chhadad (Junge in Disco), Herbert Diebig-Schmiedefeld (Mann mit Strohhut), Georg Lenzen (Mann mit Brille), Hans Fischer (Mann mit Aufzug), Norbert Heisterkamp (Hüne), Daniel Könner (Boxer), Jennifer Ostermann (Kind), Heinrich Müller (Garagenchef); als Gast: Armin Rohde (Horst), Tana Schanzara (Wirtin), Ernst Hilbich (Schaffner)
Produktion: Next-Film
Inhalt: Lizzi, eigentlich als Junge erzogen, lebt mit ihrem Vater und dem Freund in einer Wohngemeinschaft. Sie leben zusammen und stehlen zusammen. Zobel, der Vater, verkleidet sich immer als Blinder und rempelt die Leute an und die Lizzi beklaut die Leute währenddessen und gibt die Beute an den Freund des Vaters.
Uraufführung: 29.1.1998

1998

Solo für Klarinette

Regie: Nico Hofmann, Drehbuch: Susanne Schneider, nach dem Roman von Else Lewin. Kamera: Hans Günter Bücking. Schnitt: Inge Behrens. Musik: Nico Glowna.
Darsteller: GÖTZ GEORGE (Bernhard Kominka), Corinna Harfouch (Anna Weller), Tim Bergmann (Freddie Bahlo), Barbara Auer (Lydia), Tobias Schenke (Theo), Christian Redl (Thomas Hecht), Katharina Thalbach (Louise Bethmann), Barbara Rudnik (Johanna Steinmann), Dietmar Mues (Georg Steinmann), Walter Kreye (Simon Weller), Mavie Hörbiger (Emmi), Nikolaus Paryla (Frieder Haug), Miranda Condic (Jolantha), Daniela Ziegler (Dörte), Nicole Heesters (Frau Jentsch), Saskia Vester (Coco), Marion Reuter (Frau Farber), Heinrich Schafmeister (Pathologe), Janusz Cichocki (Pole), Jochen Busse (Laichinger)
Produktion: Regina Ziegler Film
Premiere: Oktober 1998
Inhalt: Der brave Polizist Kominka verliebt sich nach zerrütteter Ehe in die seltsame Anna Weller just in dem Moment, als er mit seinem Kollegen in einer brutalen Mordsache ermittelt. Doch die wundersam intensive Liebe endet in einer verzweifelten Erkenntnis …

II. Fernseharbeiten

1957

Kolportage
SWF.
Regie/Drehbuch: Hans Lietzau, nach dem Schauspiel von Georg Kaiser.
Darsteller: Hans Caninenberg (Graf James Stjernenhö), Eva Katharina Schultz (Karin Stjernenhö-Bratt), GÖTZ GEORGE (Erik, ihr Sohn), Traute Carlsen (Gräfin Stjernenhö), Josef Dahmen (Baron Barrenkrona), Eva Crüwell (Alice, seine Tochter), Fritz Eberth (Knut Bratt), Carsta Löck (Frau Appeblom), Dieter Ranspach (Acke, ihr Sohn).
75 Minuten.
Sendung: 25. Juli 1957/27. September 1958.

1961

Alle meine Söhne
NDR.
Regie/Drehbuch: Franz Peter Wirth, nach einem Bühnenstück von Arthur Miller. Musik: Rolf Unkel.
Darsteller: Paul Dahlke (Josef Keller), Alice Treff (Käthe Keller), GÖTZ GEORGE (Christian Keller), Robert Dietl (Georg Deever), Inken Dteer (Annie Deever), Herbert Bötticher (Dr. James Bayliss), Isolde Bräuner (Susie Bayliss), Ernst Konstantin (Paul Deever), Sascha Hehn (Bert).
95 Minuten. Sendung: 25. Mai 1961.

1964

Wenn der Eismann kommt

1965

Alle meine Söhne
ZDF (nach einer Aufführung der »bühne 64« im Stadttheater Marl.
Regie/Drehbuch: August Everding, nach dem Bühnenstück von Arthur Miller.
Darsteller: René Deltgen (Joe Keller), Alice Treff (Kate Kel-

ler), Götz George (Chris Keller), Loni von Friedl (Annie Deever), Wolfgang Forester (George Deever), Emil Stöhr (Dr. Jim Bayliss), Eva Landgraf (Sue Bayliss), Dieter Scheil (Frank Lubey), Juvita Dermota (Lydia Lubey), Detlev Melnitzki (Bert).
115 Minuten.
Sendung: 20. Juni 1965.

1967

Peter Schlemihls wundersame Geschichte
ZDF.
Regie: Peter Beauvais. Drehbuch: Harald Zusanek, nach Adalbert Chamisso. Musik: Hans-Martin Majewski.

G. G. als Schlemihl mit Dagmar Heller, die die Mina spielte

276

›Peter Schlemihls wundersame Geschichte‹ war eine der schönsten Götz-George-Rollen unter der Regie von Peter Beauvais.

Darsteller: GÖTZ GEORGE (Peter Schlemihl), Rudolf Platte (der Graue), Bruno Dallansky (Bendel), Erik Schumann (Raskal), Hans Quest (Forstmeister), Ruth Hellberg (seine Frau), Dagmar Heller (Mina), Eva Christian (Fanny), Leopold Biberti (Albert John), Thilo von Berlepsch (Rittmeister Poggwisch), Paul Löffler (Bürgermeister), Nikolaus Schilling (Kurdirektor), Heinz Ulrich (Körrelein), Henning Schlüter (Professor), Max Wittmann (Ladenbesitzer), Albert Lieven (Adalbert Chamisso), Kurt Buecheler (Eduard Hitzig).
Produktion: Willi Egger für das ZDF. 120 Minuten.
Sendung: 25. Dezember 1967.

1968

Match
ZDF.
Regie: Wolfgang Becker. Drehbuch: Michel Fermaud. Musik: Gerhard Becker.

Darsteller: Loni von Friedl (Marie-Thérèse), GÖTZ GEORGE (André).
Produktion: Klaus Michael Kühn für TV-Union, Berlin. 80 Minuten.
Sendung: 24. Juli 1968.

1970

Tod einer Zeugin (Der Kommissar)
ZDF.
Regie: Zbynek Brynych. Drehbuch: Herbert Reinecker.
Kamera: Manfred Ensinger. Musik: Herbert Jarczyk.
Darsteller: Erik Ode (Kommissar Keller), Günther Schramm (Grabert), Fritz Wepper (Klein), Reinhard Glemnitz (Heines), Emely Reuer (Helga Lauer), Helma Seitz (Frl. Rehbein), GÖTZ GEORGE (Wolfgang Karass), Werner Bruhns (Höfer), Wolfgang Spier (Bocholt), Joseph Vinklar (Seuke), Klaus Dahlen (Harro Karass), Renate Roland (Hannelore), Hans Elwenspoek (Wirt), Tanja Lobbes (Anni), Claudia Bethge (Frau Senner).
Produktion: Klaus Stapenhorst für Neue Münchner Fernsehproduktion. 60 Minuten.
Sendung: ZDF/ORF 1: 6.2.1970, DRS: 8.9.1971.

11 Uhr 20 (Kriminalfilm in drei Teilen)
ZDF.
Regie: Wolfgang Becker. Drehbuch: Herbert Reinecker. Musik: Peter Thomas. Kamera: Rolf Kästel.
Darsteller: Joachim Fuchsberger (Thomas Wassem), Gila von Weitershausen (Maria Wassem), Friedrich Joloff (Dr. Arnold Vogt), Christiane Krüger (Andrea), Werner Bruhns (Minotti), GÖTZ GEORGE (Muller), Karl Walter Diess (Brocca), Anthony Steel (Carlsson), Vadim Glowna (Lassowski), Konrad Georg (Herr Konrad), Ann Smyrner (Helga), Peter Carsten (Korska), Sema Öszan (Frau Brocca), Jochen Busse (Henk), Muzaffer Tema (Polizeioffizier), Bilal Inci (Kriminalbeamter), Nadja Tiller (Maja), Esther Ofarim (Miriam), Hans-Michael Rehberg (Schmoll), Paul Hoffmann (Johnston).
Produktion: Dieter Nobbe für Neue Münchner Fernsehproduktion. 60/70/70 Minuten.

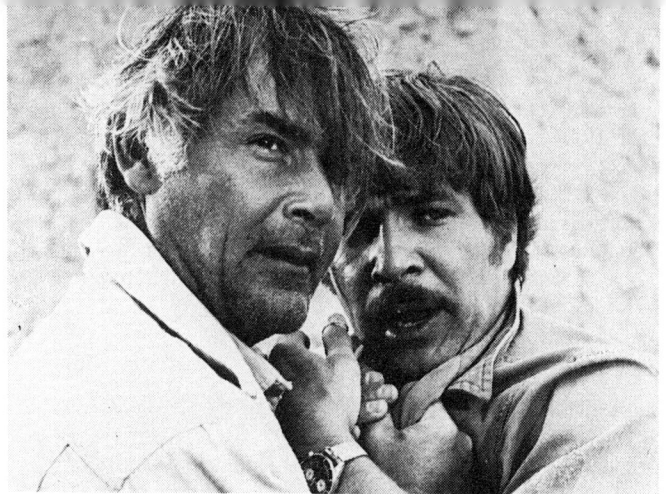

Joachim Fuchsberger und Götz George in ›11 Uhr 20‹ – ohne das Fernsehen hätte er einen drastischen Karriereknick hinnehmen müssen

Sendung: 1. Mord am Bosporus (8. Januar 1970), 2. Flucht in die Sahara (9.1.), 3. Tod in der Kasbah (11.1.).

1971

Blechschaden (Tatort)

NDR.

Regie: Wolfgang Petersen. Drehbuch: Herbert Lichtenfeld. Kamera: Jörg-Michael Baldenius.

Darsteller: Klaus Schwarzkopf (Kommissar Finke), Wolf Roth (Jessner, Assistent), Friedrich Schütter (Alvin Breuke, Bauunternehmer), Ruth-Maria Kubitschek (Frau Breuke), GÖTZ GEORGE (Joachim Seidel, Ingenieur bei Breuke), Volker Eckstein (Peter Reichert), Horst Stark (Wachtmeister Brinkmann), Dieter Traier (Wachtmeister Schult), Horst Beck (Waldhüter Sallner), Eva Astor (Monika Spehr), Monica Kaufmann (Inge, Seidels Freundin), Herbert A. E. Böhme (Vater Reichert), Günther Jerschke (Henk), Rudolf Beiswanger (Gärtner Schindler), Giulia Follina (Gerdi Vogt), Jens Weisser (Harald Lossmann), Jo Wegener (Hausangestellte Ida), Volker Bogdan (Tankwart), Walter Richter (Kommissar Trimmel).

Produktion: Dieter Meichsner/Karl-Heinz Knippenberg für NDR. 110 Minuten.

Sendung: 13. Juni 1971.

Diamantendetektiv Dick Donald
ZDF 1971, Serie: 13 Folgen
Regie: Jürgen Goslar (1, 3, 5–8, 12, 13); Erich Neureuther (2, 4, 9–11). Drehbuch: Heinz Bothe Pelzer. Kamera: Hans Kühle. Schnitt/Regieassistenz: Anneliese Astelt. Musik: Erich Ferstl. Darsteller: GÖTZ GEORGE (Dick Donald), Loni von Friedl (Daisy Johnson). Produktion: Karat-Film. Farbe. 16 mm. Länge: 13 × 25 Minuten.

1972

Rattennest (Tatort)
SFB.
Regie: Günther Gräwert. Drehbuch: Johannes Hendrich. Kamera: Horst Schier.
Darsteller: Paul Esser (Kommissar Kasulke), Gerhard Dressel (Assistent Roland), Jan Groth (Bernd Laschke), Carla Hagen (seine Frau Herta), Angelo Kanseas (Thomas, deren Sohn), GÖTZ GEORGE (Jerry), Ingrid van Bergen (Petra), Herbert Fux (Frankenstein), Ulli Kinalzik (Stocker), Kurd Pieritz (Felix), Günter Hoffmann (Wolf), Willy Semmelrogge (der Dicke), Klaus Sonnenschein (Rudi), Dieter Hallervorden (Prickwitz). Produktion: Dieter Defrank/Horst Borasch für den SFB. 95 Minuten.
Sendung: 8. Oktober 1972/7. März 1975.

Kesselflickers Hochzeit
SFB 1972, Aus der Reihe »Die Theaterwerkstatt«
Regie: Gerlach Fiedler, nach dem Schauspiel von John M. Synge, bearbeitet von Erich Fried.
Darsteller: Kirsten Dene, GÖTZ GEORGE, Sonja Karzan, Paul Edwin Roth.
Sendung: 13.11.1972. N3

Der Amoklauf (Der Kommissar)
ZDF.
Regie: Wolfgang Becker. Drehbuch: Herbert Reinecker.
Darsteller: Erik Ode (Kommissar), Günther Schramm (Grabert), Fritz Wepper (Klein), Ingrid Capelle (Frau Saume), Gerd Baltus (Weissmann), Krista Keller (Hannelore), GÖTZ

GEORGE (Neumann), Elisabeth Wiedemann (Anneliese), Charles Regnier (Dr. Förster), Hans Quest (Saume), Lisa Helwig (Frau Ludwig), Hans Michael Rehberg (Gefängnisdirektor), Lambert Hamel (Taxifahrer), Rosl Mayr (Kellnerin), Helma Seitz (Fräulein Rehberg).
Produktion: Neue Münchner Fernsehproduktion. 60 Minuten.
Sendung: ZDF/ORF 1: 2.6.1972, DRS: 8.8.1973.

Der Illegale (Biographie eines Spions in drei Teilen)
ZDF.
Regie: Günter Gräwert. Drehbuch: Henry Kolarz. Kamera: Horst Schier. Musik: Martin Böttcher.

Krista Keller und Götz George in › Amoklauf‹ (1972).

Darsteller: Götz George (Grunwaldt), Vera Tschechowa (Katharina), Gustav Knuth (Korotkow), Herbert Fleischmann (Nowak), Rolf Boysen (Mossewnin), Wolfgang Weiser (Michailoff), Friedrich Georg Beckhaus (Swetlakow), Hans Ulrich (Tschumakow), Herbert Fux (Klara), Philine Reiff (Helga), Heinz Meier (Leberecht), Klaus Hagen-Latwesen (der angebliche Sohn), Eva Kotthaus (Frau Leberecht), Rainer Penkert (Colonel Berthauld), Günter Mack (Rodenstock), Bibiane Zeller (Dora), Paul Dahlke (Grunwaldts Vater), Hans-Helmut Dikkow (Blaschke), Rosel Schäfer (Frau Blaschke), Paul Edwin Roth (Lohmann), Günther Strack (Leinhauser), Katinka Hoffmann (Margot Probst), Wilfried Klaus (KGB-Mann).
Produktion: Karl Gillmore/Studio Hamburg für ZDF 100/100/85 Minuten (sw).
Sendung: 1./4./7. Oktober 1972/31.1./7.2./14.2.1974.

1973

Die Gräfin von Rathenow
ZDF.
Regie: Peter Beauvais. Drehbuch: Hartmut Lange, nach seinem Schauspiel, basierend auf der Novelle »Die Marquise von

Götz George und Vera Tschechowa in ›Der Illegale‹

O.« von Heinrich von Kleist. Kamera: Wolfgang Treu. Musik: Wilhelm Killmayer.
Darsteller: Doris Kunstmann (die Gräfin), Hermann Treusch (Marquis de Beville), GÖTZ GEORGE (Leopold), Edda Seipel (Frau von Quast), Hans Quest (Herr von Quast), Rüdiger Vogler (Ludwig), Helga Anders (Kammerzofe), Rainer Basedow (Franziskus), Günter Bothur (Bursche), Günter Gräwert (Bruyère).
Produktion: Peter Hahne für CCC Television GmbH – Arthur Brauner – 95 Minuten.
Sendung: 1. Oktober 1973/2. August 1975.

Sommerpension (Der Kommissar)
ZDF.
Regie: Jürgen Goslar. Drehbuch: Herbert Reinecker. Kamera: Rolf Kästel. Musik: Herbert Jarczyk.
Darsteller: Erik Ode (Kommissar Keller), Günther Schramm (Grabert), Fritz Wepper (Klein), Reinhard Glemnitz (Heines), Marianne Hoppe (Amalie Schöndorf), Helma Seitz (Frl. Rehbein), Hans Schweikart (Adolf Grumme), Bruni Löbel (Paula Thelmann), Gerlinde Döberl (Barbie Schöndorf), Erika von Thellmann (Margarethe Heinrich), GÖTZ GEORGE (Gottfried Schuster), Lis Verhoeven (Maria Kerke).
Produktion: Helmut Ringelmann/Gustl Gotzler/Klaus Stapenhorst für Neue Münchner Fernsehproduktion. 60 Minuten (sw).
Sendung: 2. November 1973/15. November 1973 VM ARD/ZDF.

Zwischen den Flügen (Serie)
ZDF.
Regie: Helmut Förnbacher. Drehbuch: Horst Pillau.
Darsteller: Loni von Friedl (Ilse Martin), GÖTZ GEORGE (Tom Hartmann), Wolfgang Völz (Jan Eggers), Katrin Schaake (Erika Eggers), Maxl Graf (Peter Jopp), Jean-Pierre Zola (Dobberstein), Walter Buschhoff (Rudolf Brendel), Dieter Groest (Dieter Wieland), Rainer Basedow (Ewald Bolan), Friedrich Joloff (Dr. Gehse), Gerd Baltus (Juri), Arthur Brauss (Alexander), Helmut Förnbacher (Gert Steiner), Verena Buss (Geraldine McCloud), Günter Mack (Henri Bernet), Lukas Ammann (Peter Vollmer), William Berger (Ronald), Harry Wüstenhagen

(Mody), Margot Hielscher (Wally Uliczka), Wolfgang Kieling (Helmuth Dellé), Hellmut Lange (Kluge), Barbara Valentin (Alexa).
13 × 25 Minuten.
Sendung: ab 8.11.1973 ff.

1974

Mandragola
HR.
Regie: HeinzWilhelm Schwarz. Drehbuch: Max Christian Feiler nach seiner Komödie, frei nach Niccolò Machiavelli. Kamera: Winfried Bessiger. Musik: Roland Sonder-Mahnken.
Darsteller: Herbert Hermann (Callimaco, ein Edelmann), GÖTZ GEORGE (sein Diener Siro), Walter Jokisch (Nicia, ein Senator), Brigitte Kollecker (Lucrezia, seine Frau), Loni von Friedl (ihre Zofe Fiametta).
Produktion: Wolfgang Völker für den Hessischen Rundfunk, nach einer Aufführung der Neuen Schaubühne im Comoedienhaus Wilhelmsbad bei Hanau. 97 Minuten.
Sendung: Hessen drei: 2. Juni 1974, ARD: 5. August 1975.

1976

Café Hungaria (Serie in 13 Folgen)
ORF/Westdeutsches Werbefernsehen/MRT-Budapest.
Regie: Karoly Makk, Hagen Mueller-Stahl, Korbinian Köberle, Attila Nemeth. Drehbuch: György Sös, György G. Kardos, Istvan Csurka, nach Erzählungen von Gyula Krudy, Sandor Brody, Kalman Mikszath, Deszö Kosztolanyi, Lajos Nagy, Sandor Hunyadi, Emil Kolozsvari-Grandpierre, Erzsebet Galgoczi, Jenö Heltai, Boris Palotai, Bela Gador, Ferenc Molnar. Kamera: Lorant Lukacs.
Darsteller: Liselotte Pulver, Johannes Schauer, Karl-Maria Schley, GÖTZ GEORGE, Karl Paryla, Rüdiger Vogler, Günter Mack, Christiane Krüger, Thomas Fritsch, Jürgen Draeger, Wolfgang Preiss, Eva-Ingeborg Scholz, Herbert Mensching u. a.
13 × 25 Minuten.
ORF 2: ab 14.8.1976 ff, ARD: 1976.

Transit ins Jenseits (Tatort)
SFB.
Regie: Günter Gräwert. Drehbuch: Jens-Peter Behrend, Günter Gräwert. Kamera: Horst Schier. Musik: Klaus Doldinger. Darsteller: Marius Müller-Westernhagen (Horst Bremer), GÖTZ GEORGE (Martin Poll), Gisela Dreyer (Erika Marquart), Angelika Bender (Gisela Osswald), Martin Hirthe (Kommissar Schmidt), Ulrich Faulhaber (Kommissar Hassert), Gustl Bayrhammer (Kommissar Veigl), Peter Schiff (Paul Willner), Gerd Baltus (Raffeiner), Wilfried Klaus (Thiessen), Götz Olaf Rausch (Wagenknecht), Inge Sievers (Hilde).
Produktion: Heinz Janell für den SFB. 96 Minuten.
Sendung: 5. Dezember 1976.

1977

Vermutungen über Franz Bieberkopf
Döblins Roman »Berlin Alexanderplatz«, das Hör-Spiel, der Film
SFB.
Ein Dokumentarbericht
Regie/Drehbuch: Rainer K. G. Ott. Kamera: Hermann Dernbacher. Schnitt: Anneliese Krieger.
Mitwirkende: GÖTZ GEORGE (Franz B.), Günter Meisner, Inge Blau, Ilse Randt, Andreas Ranft, Nikolaus Dutsch.
Produktion: Martin Stachlowitz für SFB. Farbe. Länge: 59 Minuten.
Sendung: 26.9.1977. N3.

1978

Der Spitzel (Derrick)
ZDF.
Regie: Zbynek Brynych.
Darsteller: GÖTZ GEORGE (Lukas)

1978

Der schöne Alex (Der Alte)
ZDF.
Regie: Theodor Grädler. Drehbuch: Maria Matray.
Darsteller: Siegfried Lowitz (Köster), Michael Ande (Heymann), Jan Hendriks (Brenner), Ch. Wodetzky (Vera Mathiesen), Thekla Carola Wied (Alice Sellow), Gerd Baltus (Werner Sellow), GÖTZ GEORGE (Alex Bergemann), Elfriede Kuzmany (Frau Hauser), Lola Müthel (Madeleine Vernhagen).
Sendung: 6. Oktober 1978.

1979

Les chevaux du soleil (Die Sonnenpferde)
Regie: François Villiers. Drehbuch nach dem Roman von Jules Roy.
Darsteller: Paul Barge (Hector), Maurice Barrier (Bouychou), François Dunoyer, Genevieve Fontanel (Marie Aldabram), Jacques Frantz (Hector Gries), Therese Liotard (Marguerite), Denis Manuel (Leutnant de Roailles), Pascale Roberts (Marie Carnetto), Catherine Rouvel (Mathilde), Gilles Segal (Henri DemAtons), Gila von Weitershausen (La Generale des Roailles), Klaus Grunberg (Krieger), GÖTZ GEORGE (Victor), Hans Meier (Arthur Virtaut), Masha Gonska (Angele), Marie Dea (Angele), Jean-Claude Arnaud (Jean-Pierre), Sigfrit Steiner (Desire).
BRD-Sendung: ab 3.6.81 NDR/BR/HR/WDR/SFB 3.

1980

Der König und sein Narr
SFB.
Regie: Frank Beyer. Drehbuch: Ulrich Plenzdorf, nach dem Roman von Martin Stade. Kamera: Günter Marczinkowski. Musik: Günther Fischer.
Darsteller: Wolfgang Kieling (Jacob Paul v. Gundling), GÖTZ GEORGE (König Friedrich Wilhelm), Monika Gabriel (Anne de Larrey), Martin Brandt (Daniel), George Claisse (De Rottembourg), Jürgen Draeger (Creutz), Erna Haffner (Schneiderin), Gert Haucke (Forcade), Peter Jahns (Johann Christian Gün-

›Überfall in Glasgow‹

ther), Reinhard Kolldehoff (von Hermsdorf), Lutz Mackensy (Faßmann), Klaus Weiss (Ewersmann).
Produktion: Eike Hendrich für UFA-Fernsehproduktion, Berlin. 108 Minuten.
Sendung: 9. September 1981/31. Oktober 1981 WDR 3.

1981

Der Regenmacher
ZDF.
Regie/Buch: Ludwig Cremer, nach dem Bühnenstück von N. Richard Nash. Kamera: Günther Clames. Musik: Charly Niessen.
Darsteller: Cornelia Froboess (Lizzie), Günter Lamprecht (File), GÖTZ GEORGE (Bill Starbuck), Walter Richter (H. C. Curry), Rolf Becker (Noah), Jochen Schröder (Jim), Herbert Steinmetz (Sheriff).
Produktion: Helmut Brielmann, Accord-Film bei Studio Hamburg. 95 Minuten.
Sendung: 9. Mai 1982.

Überfall in Glasgow

ZDF.

Regie: Wolfgang Hantke. Drehbuch: Karl Wittlinger, nach dem Roman »Schlafwagen nach Glasgow« von Bill Knox. Musik: Hans Martin Majewski.

Darsteller: GÖTZ GEORGE (Craig Kennan), Hans-Helmut Diekow (Mac Taggart), Klaus Barner (Gerald Spence), Ferdy Mayne (Kenneth Ferras), Dietlinde Turban (Liz Sandon), Evelyn Opela (Kate Spence), Günter Mack (Vince Benson), Karl-Josef Cramer (Hardy), Manfred Lehmann (Lutter Melone), Karl Schulz (Leo Grundy) u. a.

Sendung: 5. Januar 1981.

1984

Das schöne Ende dieser Welt

ZDF.

Regie/Drehbuch/Produktion: Rainer Erler. Kamera: Wolfgang Grasshoff. Musik: Eugen Thomass.

Darsteller: Robert Atzorn (Michael Brandt), Claire Oberman (Elaine Murray), Judy Winter (Ursula Brandt), GÖTZ GEORGE (Craig Murray), Werner Kreindl (Raben, Manager), William Kerr (Brian), Dennis Schulz (Richard), Maurie Ogden, Ramsay McLean, Leone Martin-Smith, Ruth Elks, John & Polly Low.

Sendung: 10. Januar 1984.

Abgehört

ZDF.

Komödie von Peter Ustinov. Regie: Rolf von Sydow. Kamera: W. P. Hassenstein. Musik: Helmut Zacharias.

Darsteller: Heidelinde Weis (Iris), GÖTZ GEORGE (Bozidar Popkov-Prokop), Hansjörg Felmy (Mr. Caulker), Beatrice Richter (Hilda Beveridge), Peer Augustinski (Genosse Rukuc), Karl-Heinz von Hassel (Sergeant), Peter Kuiper (Abdul), Aranka Jaenke (Frau Kuruk), Susanne Beck (Frau Rukuc), Peter Ustinov (Kuruk).

Sendetermin: 21. Oktober 1984.

1989

Spielen willst du ja alles
Götz George – rastlos im Einsatz
WDR
Dokumentarfilm von Heiko R. Blum, Meinolf Zurhorst, Martina Kaimeier. Kamera: Hugo Graswinckel. Schnitt: Martina Kaimeier. Musik: Miles Davis. Produktion: De Campo Film. 60 Minuten.
Sendung: 18.11.1989, ARD.
»In einem Paperback der Heyne-Filmbibliothek hatte der Kölner Medienschreiber Heiko R. Blum vor knapp einem Jahr die Karriere des Sohnes von Heinrich George und Berta Drews nachgezeichnet, in flott angerissenen Betrachtungen, genauen Beobachtungen und Interviews, die Schimanski-George aus der Sicht der anderen zu einer lebendigen, liebenswerten Gestalt werden lassen. Jetzt hat Blum gemeinsam mit Martina Kaimeier und Meinolf Zurhorst ein Porträt fürs Fernsehen gedreht.
Man findet quasi alles, was man von ihm weiß: Den ruppigen Coverman mit dem sanften Blick, den harten Arbeiter immer in Bewegung, den netten Jungen von 50 und den ehrgeizigen Schauspieler, der gerne an seine großen Zeiten im Göttinger Theater und im Kino der Wolfgang Staudte (»Kirmes«) und Theodor Kotulla (»Aus einem deutschen Leben«) anknüpfen möchte:
George ist doch weit mehr in die Identität des Horst Schimanski geschlüpft, als es ihm selbst lieb ist, obwohl in Carl Schenkels intelligentem Thriller »Abwärts«, in Frank Beyer/Wolfgang Kohlhaases Gaunerkomödie »Der Bruch« und in Reinhard Hauffs Politmelo »Blauäugig« bei diesem Schauspieler noch etwas von subtilen Nuancen und Theaterdonner durchschimmert. Von all dem ist in dem Götz-George-Porträt »Spielen willst du ja alles« etwas drin. Der Film hat Struktur, ist in schlüssige Kapitel unterteilt und verzichtet gottlob auf den üblichen Kommentar-Kleister: Zu Wort kommen nur Götz George selbst, heutige und frühere Mitarbeiter, Produzenten, Regisseure und Schauspieler. Man erfährt etwas über die Göttinger Theaterzeit, Horst Wendland und Reinhard Hauff decken die Zeit zwischen Opas und Bubis Kino ab, und dann kommt – geschickt aufgelöst in Drehsituation und Statement – das Kapitel »Schimanski« ... (K. H. Stein in SDR 3)

Schulz & Schulz

ZDF

Regie: Ilse Hofmann. Drehbuch: Krystian Martinek, Neithardt Riedel. Kamera: Franz Brühne, Uli Krafzik. Schnitt: Barbara Hennings. Musik: Andreas Köbner. Ausstattung: Christoph Schneider.

Darsteller: GÖTZ GEORGE (Walter und Wolfgang Schulz), Marlen Diekhoff (Erika), Gerhard Garbers (Erwin), Martina Gedeck (Britta), Werner Schwuchow (Günther), Klaus J. Behrendt (Seibt), Katrin Schaake (Dr. Marquart), Eberhard Feik (Wirt), Krystian Martinek (Jochen), Neithardt Riedel (Roger). Produktion: Aspekt-Telefilm. Produzent: Markus Trebitsch. Sendung: 10.12.1989, ZDF.

Eine deutsch-deutsche Geschichte, wie sie das Leben schreibt: Im Zweiten Weltkrieg haben sich die Zwillinge Walter und Wolfgang Schulz aus den Augen verloren. Der eine ist heute Betriebsgrafiker in Stralsund/DDR, der andere Werbemanager in Hamburg. Durch eine Fernsehsendung werden sie an ihre Existenz erinnert, man trifft sich und – tauscht natürlich für einen Tag die Existenz. Das ist Grundlage für allerlei komische und tragische Verwirrungen.

1990

Schulz & Schulz II
Aller Anfang ist schwer

ZDF

Regie: Ilse Hofmann. Drehbuch: Krystian Martinek, Neithardt Riedel. Kamera: David Slama.

Darsteller: GÖTZ GEORGE (Walter und Wolfgang Schulz), Marlen Diekhoff (Erika Schulz), Martina Gedeck (Britta), Gerhard Garbers (Erwin), Werner Schwuchow (Günther), Monika Peitsch (Frau Gabriel), Klaus J. Behrendt (Seibt), Krystian Martinek (Jochen), Neithardt Riedel (Roger), Irmgart Riessen (Waltraud), Sybille Waury (Dorothee), Bodo-Lothar Frank (Alexander). Sendung: 31.3.1991.

Sowenig wie Ossis und Wessis sich gleichen, bleiben Walter und Wolfgang Schulz, was sie vor der Vereinigung waren: ein Ossi und ein Wessi. Walter feiert mit seiner Familie den 9. November

›Schulz & Schulz II‹: Zwischen Mauerfall und Neubeginn sieht Walter noch skeptisch in die neue Ost-Zukunft, auch wenn Steibt (Klaus J. Behrendt) noch so auf ihn einredet

1989, Wolfgang diskutiert mit seinen Kollegen den wirtschaftlichen Umschwung und beginnt zu handeln, er will in die DDR. Doch sein erstes Erstaunen: Die Trabis dürfen zwar raus, er aber darf nicht »rein«. Über den unterschiedlichen Auffassungen von gesamtdeutschem Denken und Handeln geraten die Brüder aneinander.

Walter wünscht sich, seinen Werbebetrieb für das System in eine Firma für Messebau umzuwandeln. Wolfgang will ihm helfen, doch Walter gefällt die »krumme Tour« des cleveren Bruders nicht.

Wolfgang hat aber schon den Stein ins Rollen gebracht, einen Stein, der ganz schön ins Auge gehen kann. Wendehälse, Ex-Stasi-Funktionäre sind am bösen Werk …

1992

Morlock
WDR/SDR/RAI
Regie: Peter F. Bringmann. Drehbuch: Axel Götz, Thomas Weßkamp. Kamera: Frank Brühne. Schnitt: Annette Dorn. Ausstattung: Claus Kottmann.
Darsteller: GÖTZ GEORGE (Carl Morlock), Maddalena Crippa (Anna Martens), Edgar M. Böhlke (Leon Baal), Stefan Reck (Engelbert Steiger), Viktoria Brahms (Ariane Wedau), Muriel Noel-Baumeister (Sandra Zorn), Hubert Schult (Georg Bloeb), Wolf Dietrich Berg (Staatssekretär Hofer), Helmut Stauss (Georg Bacher).

Götz George über »Morlock«: *Morlock ist eine ganz extrem komplexe Geschichte, wo viel recherchiert werden muß, anders als beim Schimanski, wo man sich eine Kriminalgeschichte ausdenken konnte. Da konntest du dir einen sozialen oder politi-*

Industrieberater Marlock auf heißer Spur

Peter F. Bringmann mit Götz George bei den Dreharbeiten zu ›Morlock‹

schen Hintergrund suchen und die Figur einsetzen. Hier beim
»Morlock« ist es eine ganz andere Situation: Es ist im Grunde genommen eine Figur, und es sind zwei Charaktere, und das muß
man bedienen. Das erste Buch ist ja auch immer das schwerste.
*Da muß man überlegen – und das haben wir jetzt bei vielen Ge-
sprächen gemacht –, wo läuft diese Figur hin, wie kann ich sie erweitern, und – das ist ja das Schwierige bei einer neuen Figur – wir
müssen ihr ja erst einmal einen Charakter geben. Bei der ersten
Folge braucht man dafür Zeit, und das ist für das Publikum
schwierig, es muß erst einmal daran gewöhnt werden.*
*Wenn die Figur dann steht, kann man direkt in die Geschichte
reinspringen. Jetzt muß man erst das ganze Umfeld erklären, die
Situation Frau – Mann, den Beruf und dann noch die Geschichte.
Das ist ein Riesenkomplex, der nimmt Zeit in Anspruch, und da
muß der Zuschauer eben mitspielen. Und dann weiß man ja: eine
solche neue Figur wird nicht unbedingt gleich angenommen, da
ist ein Eingewöhnungsprozeß nötig.*

293

Schulz & Schulz III

ZDF

Regie: Ilse Hofmann. Drehbuch: Krystian Martinek, Neithardt Riedel. Kamera: Achim Poulheim. Ausstattung: Andreas Rudolph.

Darsteller: Götz GEORGE (Walter und Wolfgang Schulz), Marlen Diekhoff (Erika Schulz), Martina Gedeck (Britta), Gerhard Garbers (Erwin), Werner Schwuchow (Günther), Monika Peitsch (Frau Gabriel), Klaus J. Behrendt (Seibt), Krystian Martinek (Jochen), Neithardt Riedel (Roger), Irmgart Riessen (Waltraud), Sybille Waury (Dorothee), Bodo-Lothar Frank (Alexander).

Sendung: 16.4.1992.

Walter sieht dem, was mit der Einheit gekommen ist, äußerst skeptisch entgegen. Seine Tochter Dorothee wohnt bei ihrem Freund in München und will mit ihm nach Miami reisen, sein Sohn Alexander ist ein richtiger Computer-Freak, und die »Schulz & Schulz oHG« schwimmt ganz schön.

Wolfgang stören die Finanzprobleme nicht: Er kann die Ost-Verluste bei seiner gut florierenden West-Firma abschreiben.

Grund zum Feiern für Schulz & Schulz‹: Noch sind die Spiele nicht zu Ende

Doch privat hat auch er allerlei Probleme: Er hat sich entschlossen, seine langjährige Freundin und Mutter seiner Zwillinge, Britta, zu heiraten, doch kurz vor der Trauungszeremonie packt ihn die Panik. Da versucht Walter wieder zu helfen … Und wieder kommt es zu beruflichen Zwistigkeiten, als Walter erfährt, daß sein Bruder mit dem ehemaligen Parteifunktionär Günther Kontakt unterhält. Doch dann schafft ein klärendes Gespräch wieder gute Verhältnisse.

Schulz & Schulz IV
BRD
Regie: Nico Hofmann. Drehbuch: Krystian Martinek, Neithardt Riedel.
Darsteller: GÖTZ GEORGE (Wolfgang/Walter Schulz), Marlen Diekhoff (Erika), Gerhard Garbers (Erwin), Irmgard Riessen (Waltraud), Werner Schwuchow (Günther), Eleonore Weisgerber (Frau Wolf-Blankenburg), Sybille Waury (Dorothee), Bodo-Lothar Frank (Alexander), Martina Gedeck (Britta), Klaus J. Behrendt (Seibt), Krystian Martinek (Jochen), Neidhardt Riedel (Roger), Ingeborg Christiansen (Schwester Ingeborg), Claudia Rieschel (Rechtsanwältin), Carin Abicht (Frau Eggers), Werner Cartano (Herr Blasche), Bodo Schielicke (Horst), Holger Mahlich (Herr Matthias), Majid Farahat (Taxifahrer), Hermann Toelcke (Arzt), Jack Carman-Paxton (Mr. Dickson), Georg Troeger (Trabbifahrer), Mario Lohmann (Patrick), Clark Dunbar (1. Amerikaner), Riszyard Wojtyllo (Offizier), Christoph Leszcynski (1. Russe), Katja Seka (Stewardeß), Wolfgang Riehm (Helfer), Thomas Engel (1. Pfleger), Sebastian Faust (2. Pfleger), Antonio & Ricardo Colle (Zwillinge), Sven Viereck (Double).
Erstsendung: 27.12.1992

»Am Ende bis zum Hals eingegipst, ewige Rache schwörend: Der eine will dem anderen die Knochen brechen, der andere dem Bruder die Hucke voll hauen – nach erfolgreicher Genesung, versteht sich … Die deutsch-deutschen Zwillinge noch immer im Dauerstreß mit den unterschiedlichen Vorstellungen von deutsch-deutscher Vergangenheit« (oh in KStA vom 24.12.1992). Das Ganze unter dem Motto: »Neue Welten – alte Lasten«. Beste Idee: Der Stasi-Park, der den untergegangenen Mauerstaat in Originalpracht der DDR-Vergangenheit zeigt.

Morlock II
BRD
Die Verflechtung
Regie: Dominik Graf. Drehbuch: Rolf Basedow, Ulrich Limmer, nach einer Erzählung von Ralf Mertel. Regieassistenz: Connie Walther. Kamera: Benedict Neuenfels. Schnitt: Christel Suckow. Musik: Paul Vincent Gunia, Dominik Graf, Helmut Spanner.
Darsteller: GÖTZ GEORGE (Carl Morlock), Maddalena Crippa (Anna Martens), Edgar M. Böhlke (Leon Baal), Stefan Reck (Engelbert Steiger), Ernst Jacobi (Drebkow), Siegfried Pappelbaum (Noack), Manfred Möck (Kaiser), Fred Arthur Geppert (Sänger), Petra Kleinert (Frau Struck) sowie Lutz Teschner, Dieter Lassank, Angelika Hart, Götz Otto, Helke Rossinger, Muriel Baumeister, Horst Kotterba, Silvia von Sponsen, Gregor Bloeb.
Erstsendung: 26. Mai 1993.

»Einst war der Osten rot, jetzt ist er nur noch wild. Alte Seilschaften ziehen unermüdlich ihre Fallstricke, Mord steht auf der Tagesordnung. Kinder zerkratzen die Autos, und Jugendbanden räumen sie aus ... Marktwirtschaft blüht. Mit Betrug, Erpressung, Bilanzfälschungen und ähnlichen Manipulationen ... Morlock zwischen allen Fronten ... unrealistisch, aber spannend.« (Klaus Wienand in KStA)

Morlock III
BRD
König Midas
Regie: Klaus Emmerich. Drehbuch: Uwe Wilhelm nach Vorlage von Axel Götz/Thomas Weßkamp. Kamera: Arthur W. Ahrweiler. Schnitt: Romy Schumann. Musik: Irmin Schmid. Ausstattung: Egon Strasser.
Darsteller: GÖTZ GEORGE (Carl Morlock), Maddalena Crippa (Anna Martens), Edgar M. Böhlke (Leon Baal), Max Herbrechter (Martin Freisleder), Roth Wohlschlegel (Pahlsdorf), Nicole Kaminski (Maria Kammer), Jörg Ratjen (Willem van Lippens), Stefan Reck (Engelbert Steiger), Muriel Baumeister (Sandra Zorn), Gregor Bloeb (Hubert Schult).
Erstsendung: 3.11.1993.

»Carl Morlock hat den Auftrag, einen maroden privaten Fern-
sehsender zu sanieren. Die Aufgabe macht ihn blind für die
Dinge um ihn herum. Die Explosion eines Elektrobohrers, bei
der ein Bekannter von Anna Martens ums Leben kommt,
bringt ihn wieder auf den Boden der Realität. Und er bemüht
sich, herauszufinden, ob es sich bei dem Todesfall um Sabotage
und Mord handelt.«

Schulz & Schulz V
BRD
Regie: Nico Hofmann. Drehbuch: Krystian Martinek, Neit-
hardt Riedel.
Darsteller: GÖTZ GEORGE (Wolfgang/Walter Schulz), Marlen
Diekhoff (Erika), Gerhard Garbers (Erwin), Irmgard Riessen
(Waltraud), Werner Schwuchow (Günther), Bodo-Lothar
Frank (Alexander), Martina Gedeck (Britta), Klaus J. Beh-
rendt (Seibt), Krystian Martinek (Jochen), Neidhardt Riedel
(Roger), Lennart & Lasse Jacob (die Zwillinge), Sigi Kroworz
(Kurt), Gilbert Andre Ehoulan (Mr. Jumatano), Suzanne von
Borsody (Frau Zetsmann), Claudia Rieschel (Frau Carlberg),
Henryk Nolewajka (Ausländer), Stuart Kummer (Angestellter
im Einwohnermeldeamt), Paolino Cherchi (Paolino), Jens We-
semann (1. Arbeiter), Thomas Ruhmöller (2. Arbeiter), Anke
Johanna Kröning (Elfriede, Günthers Frau), Michael Lott
(Bahnvertreter), Werner Langanke (Wirt), Marek Wlodarczyk
(Pjotr), Elena Nagel (Irina), Fjodor Olev (Oleg), Olga Baysel
(Anuschka), Bodo Schielicke (Horst), Matthias Fuchs (Cle-
mens von Hartmann), Ralph Hönicke (Gruppenführer), Jan
Peter Heyne (Polizist), Oliver Bode (junger Mann), Moritz
Bleibtreu (Kalle), Martin Horn (Wolf), Lena Owusu-Lohmann
(1. Kubanerin), Nicole de Oliveira-Newes (2. Kubanerin), Cor-
nelia Brammen (junge Frau), Dr. Wolfgang Herles (Modera-
tor), Alexander Niemetz (1. Interviewer), Brigitte Bastgen
(2. Interviewer), Klaus Lensch (Industrieller), Monika Iserloth
(1. Dame), Rosemarie Lensch (Hausangestellte), Sven Viereck
(Double), Martin Kuiper (Adonis), Johanna Wünsch (Male-
rin).
Erstsendung: 22.11.1993.

»Sie sind alle immer noch da: Erwin mit der Videothek, Genosse Günther, dem einst das SED-Abzeichen so vortrefflich

297

stand, die schöne Britta mit den beiden Milupa-Kindern – und natürlich Götz George; der Schulz in uns allen. Als Ost-West-Zwilling wurde er vor zwei Monaten erst vom Bundespräsidenten für seine Verdienste um die ›deutsche Einheit‹ geehrt, da tobt er schon in einer weiteren Folge über den zweiten vereinigten Bildschirm. Die Geschichte von den Zwillingsbrüdern Walter (Ost) und Wolfgang (West) läßt sich eben so lange fortspinnen, solange noch zusammenwächst, was mal zusammengehörte. Aber wie unser aller Einigungsprozeß ist auch ›Schulz & Schulz V‹ bei weitem nicht mehr so komisch wie noch 1989: Walters Firma macht gerade pleite (›Das ist eben Marktwirtschaft!‹), Wolfgangs 280-qm-Wohnung soll an arme Russenaussiedler zwangsvermietet werden (das soll Hamburger Sozialpolitik sein). Genosse Schneeberg macht jetzt in ›Neue Rechte‹, und Walters Sohn Alex treibt sich bei Rostocker Neonazis rum ...« (Klaudia Brunst/TAZ vom 23.11.1993)

Morlock IV
Frankreich
Der Tunnel
Regie: Yves Boisset. Drehbuch: Alain Scoff, Yves Boisset. Regieassistent: Therry Lasheras. Kamera: Yves Dahan. Schnitt: Laurence Leininger.
Darsteller: GÖTZ GEORGE (Carl Morlock), Catherine Wilkening (Isabelle), Macha Meril (Juliette d'Ortes), Marc Chapieau (Geronimo), Gerhard Klein (Courtois), Edgar M. Böhlke (Baal), Bernard Bloch (Colbert), Yves Afonso (Loubiac).
Erstsendung: 9.3.1994.

1995

Das Schwein
SAT 1
Regie: Ilse Hofmann, Drehbuch: Karl Heinz Willschrei. Kamera: Daniel Koppelkamm. Schnitt: Hans-Otto Krüger. Musik: Andreas Köbner. Ausstattung: Götz Heymann, Kostüme: Gerhard Gollnhofer.
Darsteller: GÖTZ GEORGE (Stefan Stolze), Daniel Weiß (Stefan, 15 Jahre), Rosemarie Fendel (Monika Stolze, seine Mutter), Gudrun Landgrebe (Sybille Curtius, Stefans zweite Frau), Roland Schäfer (Harald Curtius, ihr erster Ehemann), Andrea

Götz George und Gudrun Landgrebe in der dreiteiligen Gesellschafts-satire ›Das Schwein‹

Sawatzki (Alice von Lück, Stefans erste Ehefrau), Hans Michael Vogler (Theodor von Lück, Alices Vater), Martina Gedeck (Wanda Weissenfeld, Stefans Geliebte), Felix von Manteuffel (Lutz Krüger, Stefans Geschäftspartner), Richard Kropf (Lutz Krüger, 15 Jahre), Marie Bäumer (Rita Krüger, 15 Jahre), Arthur Brauss (Hans Deterding, Stefans Geschäftspartner), Rudolf Wessely (Karl-Heinz Bertel, Stefans Vater), Michael Mendl (Robert Korda, Stefans Kumpel im Gefängnis), Edda Leesch (Eva Korda, Roberts Frau), Bernd Uwe Reppenhagen (Dr. Wiegend, Direktor der Treuhandanstalt), Fabian Heinrich (Tillmann Lenz, Stefans Schulfreund), Janine Baumgarten (Christa Lenz, seine Schwester), Jürgen Heinrich (Herr Lenz, Tillmanns Vater)
Produktion: Nostro-Film GmbH. Produzent: Karl Heinz Willschrei. Super 16 mm.
3 × 90 Minuten.
Sendung: SAT 1, 19., 21., 22. März 1995.

Der König von Dulsberg
NDR
Regie: Petra Haffter. Drehbuch: Felix Huby. Regieassistenz: Ilga Sill. Kamera: Carl-Friedrich Koschnick. Schnitt: Stefanie Möbius. Ausstattung: Irene Schrader-Strauß. Kostüme: Brigit Gruse. Darsteller: GÖTZ GEORGE (Bruno Bülle), Angelika Milster (Ellen, seine Frau), Katja Flint (Roxana), Luis Lamprecht (Nägele), Gert Haucke (Berger), Matthias Fuchs (Bürgermeister), Peer Jäger (Dr. Wettig), Heinz Werner Kraehkamp (Heinz Laschke), Karin Rasenack (Frau Meinecke), Clemens Gerhard (Frank Bülle), Emilio Castoldi (Gottfried Zorn), Michael Deffert (Olav Knäbich), Achim Grubel (Penner Hans), Ilona Schulz (Pennerin Rosa).
Produktion: Aspekte Telefilm Markus Trebitsch.
Sendung: 26.7.1995 ARD.

Der Sandmann
RTL 2
Regie: Nico Hofmann. Drehbuch: Matthias Seelig. Regieassistent: Stuart Kummer. Kamera: Tom Fährmann. Schnitt: Inge Behrens. Musik: Nick Glowna. Ausstattung: Thomas Freudenthal. Kostüme: Christina Schnell.
Darsteller: GÖTZ GEORGE (Henry Kupfer), Barbara Rudnik (Sabine Amman), Karoline Eichhorn (Ina Littmann), Martin Armknecht (Volker Lommel), Jürgen Hentsch (Stulpe), Rudolf Kowalski (Neuhaus), Matthias Fuchs (Zwick), Michael Brandner, Ilka Teichmüller, Götz Argus.
Produktion: Westdeutsche Universum. Produzent: Norbert Sauer, Gerhard V. Richthofen. 16 mm. Farbe.
Sendung: Herbst 1995.

Der Mann auf der Bettkante
SAT 1
Regie: Christoph Eichhorn. Drehbuch: Evelyn Holst-Kusserow. Regieassistent: Marc Rothemund. Kamera: Frank Griebe. Schnitt: Moune Barius. Ausstattung: Will Kley. Kostüme: Anne Hoffmann.
Darsteller: GÖTZ GEORGE (Jack Förnbeißer), Constanze Engelbrecht (Marlene), Roland Renner (Hajo), Dieter Montag (Michaelsen), Michael Gwisdek (Stachniak), Jessika Kosmalla (Silke Fuss), Ute Lubosch (Jenna Wissbach), Sona MacDonald (Frau

Heischreck), Werner Eichhorn (Helmut Hogl), Barbara Mora-
wiecz (Uta), Dagmar Biener (Rosaria), Christine Buchegger
(Eva), Chantal De Freitas (Marisa), Carola Regnier (Sandra).
Produktion: Rialto Film GmbH. Produzent: Susan Nielebock.
16 mm. Farbe. Sendung: 8.10.1995 RTL

1996

Tote sterben niemals aus
Arbeitstitel: »Big Ben« (ehemals »Doppelspiel«)
ZDF
Regie: Jürgen Goslar. Drehbuch: Jiri Polak. Regieassistenz:
Karla Fletscher. Kamera: Bert Meister. Schnitt: Sabine Jagiella.
Musik: Eberhard Schoener. Ausstattung: Götz Heymann. Ko-
stüme: Anne-Gret Oehme.
Darsteller: GÖTZ GEORGE (Benno/Theobald), Angelika Waller
(Doris Kutowski), Manfred Lehmann (Dietrich), Peter Fitz
(Feist), Ulrike Kriener (Marianne Kleinfeld), Luise Helm (Sil-
ke Kleinfeld), Horst Krause (Doberke), Walter Schmidinger
(Augustin Wolski), Georg Thyrphon (Walter Seeliger), Jörg
Friedrich (Gernot Dutschke), Gundula Köster (Tina), Helmut
Stauss (Trampe), Evelyn Meika (Frau Gogele), Markus Dietz
(Herrmann Wagemuth), Katja Brügger (Edith Böttcher),
Horst Westphal (Nothelfer), Petra Hinze (Frau Weber-Stahl),
Thomas Lawincky (Sozialamt-Sachbearbeiter Yupy), Peter
Drescher (Choleriker), Peter Grüning (der Hagere), Silke Jen-
sen (Sabine), Klaus Tilsner (Gerichtsvollzieher), Christine Har-
bort (Betreuerin in der evangelischen Mission), Constanze
Roeder (Angestellte).
Produktion: UFA Fernseh-Produktion. Produzent: Norbert
Sauer, Laila Stieler. Sendung: 25.3.1996 ZDF

Das Tor des Feuers
SAT 1
Regie: Kaspar Heidelbach. Drehbuch: Sascha Arango. Kame-
ra: Fred Schuler.
Darsteller: GÖTZ GEORGE (Harry Kowa), Sophie von Kessel
(Hanna Kowa), Corinna Harfouch (Stromberg), Klaus J. Beh-
rendt (Heckmann), Thomas Thieme (Tischler), Gerd Warme-
ling (Uhrmacher), Walter Kreie (Sander).
Produktion: Markus Trebitsch für Aspekt Telefilm.
Sendung: 10.11.1996.

III. Schimanski-Tatorte

1981

Duisburg Ruhrort
WDR.
Regie: Hajo Gies. Drehbuch: Horst Vocks, Thomas Wittenburg.
Kamera: Axel Block. Regieassistent: Jan Fantl.
Darsteller: GÖTZ GEORGE (Horst Schimanski), Eberhard Feik
(Christian Thanner), Ulrich Matschoss (Königsberg), Manfred
Lesch (Schubert), Michael Rastl (Jan Poppinga), Brigitte Jan-
ner (Frau Poppinga), Max Volkert Martens (Wittinger), Barbara
Focke (Lilo), Karl Heinz Gierke (Herr Losse), Reinhold Ols-
zewski (Friedrich), Hannah Ruess (Frau Losse), Nate Seids
(Sylvia Thanner), Ben Hecker, Meray Ülgen (Ali Engin), Engin
Akcelik, Kaya Gürel (Kemal), Yekta Arman, Henk Uterwijk,
Hannes Andersen, Erich Bar, Fritz Korn, Ralf Richter, Michael
Lesch.
Produktion: Bernd Schwamm für Bavaria Atelier GmbH.
100 Minuten.
Sendung: 28.6.1981, WH: 18.11.1983.

Der erste *Tatort* mit Horst Schimanski als Kommissar legt sehr
viel Wert auf genaue Schilderung von Milieu und Umfeld. Der
Duisburger Hafen, der Kohlenpott, die Grubenarbeiter – der
Kriminalfilm bemüht sich, den Schauplatz genau zu vermitteln.

Ein Toter unter den Binnenschiffern im Duisburger Hafen. Ein
Kollege, mit dessen Frau der Tote ein Verhältnis hatte, wird verdächtigt. Aber es spielen auch andere Mutmaßungen rein,
zumal hier im Hafen mit Rauschgift gehandelt wird. Schimanski
ist zur Stelle und löst unkonventionell den Fall. Die Handlung
tritt gegenüber der Atmosphäre und Stimmung der Ruhrgebiet-
Szenerie in den Hintergrund, nichts drängt auf Spannung, dennoch ist dies ein äußerst kurzweiliger Film.

Grenzgänger
WDR.
Regie: Ilse Hoffmann. Drehbuch: Felix Huby. Kamera: Axel
Block. Musik: Marius Müller-Westernhagen.
Darsteller: GÖTZ GEORGE (Schimanski), Eberhard Feik (Than-
ner), Ulrich Matschoss (Königsberg), Günther Maria Halmer

(Hollai), Charles Brauer (Kessenich), Wilhelm Thomczyk (Blikkel), Beatrice Kessler (Hanni), Reinhold Olszewski (Friedrich). Produktion: Martin Gies für Bavaria Atelier GmbH.
90 Minuten.
Sendung: 13.12.1981. WH: 8.3.1984.

Ein Polizeiinspektor hat in der Unterwelt gearbeitet, er wurde enttarnt und kehrt zurück an seinen Arbeitsplatz. Doch Schimanski traut der Sache nicht ganz: die Unterweltler sind so abgefeimte Burschen, und sein Freund verhält sich sehr merkwürdig. So bleibt Schimanski wachsam, und das ist gut so. Nicht nur in einer Hinsicht.

1982

Der unsichtbare Gegner
WDR.
Regie: Hajo Gies. Drehbuch: Horst Vocks, Thomas Wittenburg. Kamera: Axel Block. Musik: Thilo von Westernhagen.
Darsteller: Götz George (Schimanski), Eberhard Feik (Thanner), Werner Schwuchow (Kissling), Chiem van Houweninge (Hänschen), Helga Engel (Frau Krage), Peter Bongartz (Herr Krage), Joachim Krietsch (Pistolen-Manne), Wolfram Weniger (Erich), Reinhard Glemnitz (Schwarz), Nate Seids (Sylvia), Rudolf Schündler (Vater Henschel), Barbara Ahren (Marion), Jan Fantl (Fritz Henschel).
Produktion: Bernd Schwamm für Bavaria Atelier GmbH.
95 Minuten.
Sendung: 7.3.1982.

Der Jockey Kalle wird ermordet, kurz darauf fällt auch der Maler Krage einem Anschlag zum Opfer. Schimanski kommt dahinter, daß Kalle in einen Bankraub verwickelt und Krage einem Geheimnis auf der Spur war. Die Witwe Krages will einen, den sie für den Mörder ihres Mannes hält, erpressen. Da meldet sich der dritte Mann, und Horst Schimanski ist in Lebensgefahr ...

Das Mädchen auf der Treppe
WDR.
Regie: Peter Adam. Drehbuch: Martin Gies. Kamera: Josef Vilsmeier. Musik: Tangerine Dream.
Darsteller: Götz George (Schimanski), Eberhard Feik (Than-

ner), Anja Jaenicke (Katja), Günter Lamprecht (Pit), Jörg
Hube (Straub), Jan Feder (Wolli), Erich Bär (Leo).
Produktion: Hartmut Grund für Bavaria Atelier GmbH.
95 Minuten.
Sendung: 27.6.1982.

Eines Abends sitzt die siebzehnjährige Katja bei Schimanski auf
der Treppe. Man hat ihre Mutter ermordet, es geht um Rauschgift ...

Kuscheltiere
WDR.
Regie: Hajo Gies. Drehbuch: Chiem van Houweninge. Ka-
mera: Axel Block. Musik: Thilo von Westernhagen.
Darsteller: Götz George (Schimanski), Eberhard Feik (Than-
ner), Ulrich Matschoss (Königsberg), Chiem van Houweninge
(Hänschen), Christoph Hofrichter (Dr. Born), Nate Seids (Syl-
via), Geert de Jong (Marijke), Renate Becker (Frau im Vermitt-
lungsbüro).
Produktion: Hartmut Grund für Bavaria Atelier GmbH.
90 Minuten.
Sendung: 12.12.1982, WH: 4.4.1985.

Ein asiatisches Kind wird aus dem Rhein gefischt, es wird von
niemandem vermißt. Als Horst Schimanski der Sache nachgeht,
entdeckt er einen großangelegten Menschenhandel. Die Spur
führt nach Amsterdam ...

1983

Miriam
WDR.
Regie: Peter Adam. Drehbuch: Thomas Wittenburg, Horst
Vocks, Peter Adam. Kamera: Axel Block. Musik: Tangerine
Dream.
Darsteller: Götz George (Schimanski), Eberhard Feik (Than-
ner), Chiem van Houweninge (Hänschen), Christoph Hofrich-
ter (Dr. Born), Sunnyi Melles (Miriam), Ruth Niehaus (Frau Ja-
kobs), Paul-Albert Krumm (Schultheiß), Pit Krüger (Klett),
Will Danin (Scholl).
Produktion: Hartmut Grund für Bavaria Atelier GmbH.
90 Minuten. Sendung: 4.4.1983.

›Miriam‹ war eine der erfolgreichsten »Tatort«-Folgen mit Götz George und Sunnyi Melles.

Thanner wohnt bei Schimanski, weil seine Frau Sylvia ihn rausgeschmissen hat. Schimanski untersucht gerade den Mord an einem kleinen Schnüffler, der für Privatdetektiv Scholl, einen Ex-Kollegen von Schimanski und Thanner, arbeitet. Ein Großindustrieller und seine attraktive Tochter spielen in dem Fall eine wichtige Rolle.

1984

Kielwasser
WDR.
Regie: Hajo Gies. Drehbuch: Chiem van Houweninge. Kamera: Axel Block. Musik: Hermann Weindorf und Panorama. Darsteller: GÖTZ GEORGE (Schimanski), Eberhard Feik (Thanner), Ulrich Matschoss (Königsberg), Chiem van Houweninge (Hänschen), Elisabeth Kaza (Frau Kaiser), Franziska Oehme (Jacky Ruhl), Hermann Treusch (Baumgarten), Felix von Manteuffel (Dr. Waldorf), Christiane Hammacher (Natascha Königsberg).
Produktion: Hartmut Grund für Bavaria Atelier GmbH. 90 Minuten. Sendung: 25. März 1984/28. April 1984 NDR/RB/SFB 3. WH: 11.12.1986.

Eine der interessantesten *Tatort*-Folgen: Es geht um giftige Abwässer im Rhein, um Umweltverschmutzung großen Stils. Ein Arzt, der Anklage erhebt, wird ermordet, der verdächtige Unternehmer einer Abfallverwertung ebenfalls. Schimanski und Thanner sind den Tätern auf der Spur. Doch sie dingfest zu machen, das erweist sich als ebenso schwierig wie gefährlich.

Zweierlei Blut
WDR.
Regie: Hajo Gies. Drehbuch: Felix Huby, Fred Breinersdorfer. Kamera: Michael Thiele. Musik: Spliff.
Darsteller: GÖTZ GEORGE (Schimanski), Eberhard Feik (Thanner), Chiem van Houweninge (Hänschen), Ulrich Matschoss (Königsberg), Gerhard Olschewski (Ludwig), Brigitte Janner (Frau Schobert), Despina Pajanou (Belle Klein), Zacharias Breen (Fiete), Reiner Groß (Kurti), Dietmar Bär (Ernst).
Produktion: Hartmut Grund für Bavaria Atelier GmbH. 90 Minuten. Sendung: 22.7.1984.

Wieder wohnt Thanner bei Schimanski, doch das geht nicht gut, dauernd gibt es Streit. Auf dem Fußballplatz, wohin Schimanski sich zurückzieht, findet er einen Toten. Er ist erschlagen worden. Folge einer Schlägerei unter Fußballfans? In einem jugendlichen Fanclub, in den sich Schimanski Einlaß verschafft, prügeln die Jungen den »Opa« zusammen. Getrennt recherchierend, kommen Thanner und Schimanski auf die gleiche Frage: Sind sie wirklich auf der richtigen Spur, oder ging es bei dem Mord vielleicht darum, einen Mitwisser einer illegalen Vermittlung von ausländischen Arbeitskräften zu beseitigen? Und Horst Schimanski kämpft um sein Leben.

Rechnung ohne Wirt
WDR.
Regie/Drehbuch: Peter Adam. Kamera: Axel Block. Musik: Karsten Ullrich.
Darsteller: GÖTZ GEORGE (Schimanski), Eberhard Feik (Thanner), Wilfried Blasberg (Wolf), Chiem van Houweninge (Häns-

Nachdenken über die Vorgehensweise in einem schwierigen Fall – Thanner und Schimanski in der »Tatort«-Folge ›Rechnung ohne Wirt‹.

chen), Guido Gagliardi (Tessari), Cornelia Glogger (Susi Steuben), Pietro Giardini (Gino), Gerd Rigauer (Berger), Hans Zander (Sattmann), Vy Nguyen (Adoptivkind).
Produktion: Hartmut Grund für Bavaria Atelier GmbH.
95 Minuten.
Sendung: 9.12.1984.

Eine Art Mafia treibt ihr Unwesen, ein italienischer Gastwirt soll »Schutzgelder« bezahlen. Als er es nicht tut, schlägt man ihn zusammen und demoliert sein Lokal. Der Tod eines Boxers hat offensichtlich auch damit zu tun. Schimanski kommt der Sache auf die Spur und entdeckt, daß noch mehr faul an der Sache ist und er vor allem die Rechnung ohne den Wirt gemacht hat.

1985

Doppelspiel
WDR.
Regie: Hajo Gies. Drehbuch: Christoph Fromm. Kamera: Josef Vilsmeier. Musik: David Knopfler.
Darsteller: GÖTZ GEORGE (Schimanski), Eberhard Feik (Thanner), Chiem van Houweninge (Hänschen), Ulrich Matschoss (Königsberg), Angelika Bartsch (Ann Silenski), Franz Buchrieser (Gassmann), Wolf Dietrich Sprenger (Stark), Karin Kernke (Starks Sekretärin), Drew Lucas (Parker).
Produktion: Hartmut Grund für Bavaria Atelier GmbH.
92 Minuten.
Sendung: 31.3.1985. WH: 4.2.1988.

Eine Frau begeht Selbstmord, sie war Mitglied einer Sekte. Schimanski und Thanner machen ihre Nachforschungen. Es gibt Zweifel, ob es sich wirklich um Selbstmord handelte. Die Oberhäupter der Sekte sind gottähnliche Personen, gefährliche Fanatiker, die vor nichts zurückschrecken …

Das Haus im Wald (Hallo Betti)
WDR.
Regie/Buch: Peter Adam. Kamera: Klaus Eichhammer. Musik: Stefan Melbinger.
Darsteller: GÖTZ GEORGE (Schimanski), Eberhard Feik (Thanner), Werner Schwuchow (Kissling), Christiane Lemm (Ulla),

Götz George und Christiane Lemm als Gefangene im ›Haus im Wald‹.
Die »Tatort«-Folge ist die dritte von Regisseur Peter Adam.

Dominic Raacke (Franz), Rolf Zacher (Nasig), Andras Fricsay
(Sonny), Hartmut Nolte (Skinny), Nicolas Brieger (Mungo).
Produktion: Hartmut Grund für Bavaria Atelier GmbH. 95 Mi-
nuten. Sendung: 18. August 1985.

Eine junge Frau bittet Schimanski um Hilfe: Ihr Freund, ein
Journalist, ist verschwunden. Er hat sich auch als Amateurde-
tektiv betätigt und die zwielichtigen Geschäfte eines Busunter-
nehmens aufgedeckt. Als Schimanski und Ulla in einem Haus
im Wald nach Spuren suchen, werden sie von Gangstern be-
schossen. Sie müssen sich verbarrikadieren. Doch der Kommissar ist sich nicht klar, ob Ulla, zu der er sich hingezogen fühlt, ihn

nicht an der Nase herumführt. Thanner findet inzwischen eine Spur, aber es dauert noch eine Weile, bis die Belagerer sich zu erkennen geben und die Eingeschlossenen erfahren, daß der Journalist Mungo in der Hand der Gangster ist. Jetzt kommt heraus: Es geht um Heroin.

Der Tausch
WDR.
Regie: Ilse Hoffmann. Drehbuch: Chiem van Houweninge, Hartmut Grund. Kamera: Karl Kases. Musik: Dieter Bohlen.
Darsteller: GÖTZ GEORGE (Schimanski), Eberhard Feik (Thanner), Chiem van Houweninge (Hänschen), Ulrich Matschoss (Königsberg), Yolande Gilot (Veronique), Nicole Ansari (Sheila), Reiner Matschurat (Simon), Gerhard Garbers (Karl Bohm jr.), Abbas Maghfurian (Wirt), Dieter Eppler (Bohm sr.).
Produktion: Hartmund Grund für Bavaria Atelier GmbH.
90 Minuten.
Sendung: 13. April 1986.

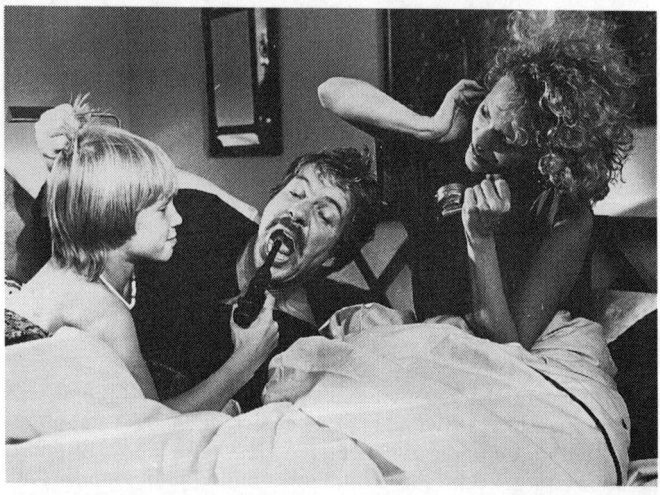

Gefährliche Situationen? Natürlich ist es nur ein Spiel, doch vor ernstem Hintergrund. Götz George mit Yolande Gilot und Filmsohn Reiner Matschurat in Ilse Hofmanns »Tatort« ›Der Tausch‹

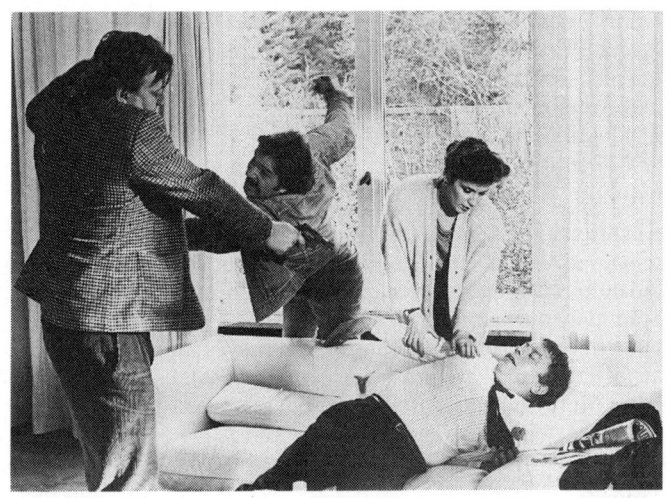

Schimanski immer ganz hart drauf in Dominik Grafs »Tatort« ›Schwarzes Wochenende‹. Götz George mit Dieter Pfaff, Jochen Striebeck und Barbara Freier.

Schimanski lebt mit dem Fotomodell Veronique und deren kleinem Sohn glücklich zusammen. Dann kommt ein ebenso mysteriöser wie gefährlicher Fall: Ein Physiker, der wegen eines Unfalls mit Todesfolge und Fahrerflucht im Gefängnis sitzt, soll gewaltsam befreit werden. Der kleine Simon wird gekidnappt. Wie gefährlich die Gangster sind, belegt der Tod eines Gefängnisbeamten und eines Journalisten. Schimanski bietet sich selbst den Geiselnehmern an, ohne mit seinem Chef Rücksprache zu halten …

Schwarzes Wochenende
WDR.
Regie: Dominik Graf. Drehbuch: Dominik Graf, Bernd Schwamm, nach »Denunzianten« von Michael Hatry. Kamera: Klaus Eichhammer. Musik: Andreas Köbner.
Darsteller: GÖTZ GEORGE (Schimanski), Eberhard Feik (Thanner), Ulrich Matschoss (Königsberg), Chiem van Houweninge (Hänschen), Siegfried Wischnewski (Heinz Möhlmann), Marita Breuer (Mimi Engelbrecht), Barbara Freier (Reinhild Möhl-

mann), Marie-Louise Millowitsch (Vera Karpinski), Dieter Asner (Erwin Patzke), Michael Wittenborn (Gerrit Engelbrecht), Jochen Striebeck (Siggi Hencken), Dieter Pfaff (Hubert Möhlmann).
Produktion: Hartmut Grund.
95 Minuten.
Sendung: 10. August 1986.

Ein Streit unter Möbelfabrikanten, die Henckens und die erfolgreicheren Möhlmanns. Sie sind miteinander verwandt, aber aufeinander spinnefeind. Schimanski ist den Möhlmanns auf der Spur, der Journalist Gerrit auch. Menschen sind in Gefahr, werden ermordet. Wer ist der Täter? Oder sind es gar mehrere? Aber auch die Henckens sind nicht ganz ohne Makel. Schimanski kann Mimi Engelbrecht, die Frau des Journalisten Gerrit, gerade rechtzeitig aus den Flammen retten ...

Freunde
WDR.
Regie: Klaus Emmerich. Drehbuch: Horst Vocks, Thomas Wittenburg. Kamera: Theo Bierkens. Musik: Irmin Schmidt.
Darsteller: GÖTZ GEORGE (Schimanski), Eberhard Feik (Thanner), Ulrich Matschoss (Königsberg), Chiem van Houweninge (Hänschen), Klaus Wennemann (Frieder), Klaus Kelterborn (Albino), Peter Freiberg (Flaak), Eberhard Witt (Haffner).
Produktion: Hartmut Grund für Bavaria Atelier GmbH.
90 Minuten.
Sendung: 28. Dezember 1986.

Schimanskis alter Freund Frieder war ein Träumer, ein Phantast, der seine Träume auf eigenwillige Weise verwirklicht. Fast sieht es so aus, als ob Horst mit Frieder weg will. Täuscht er nur vor, den Polizeidienst zu quittieren, oder will er es wirklich?

Spielverderber (Backgammon)
WDR.
Regie: Pete Ariel. Drehbuch: Felix Huby, Hartmut Grund.
Kamera: Karl Kases.
Darsteller: GÖTZ GEORGE (Schimanski), Eberhard Feik (Thanner), Ulrich Matschoss (Königsberg), Chiem van Houweninge (Hänschen), Wolfgang Wahl (Tumler), Lutz Reichert (Grüber),

Schimanskis alter Freund Frieder war ein Träumer ... Götz George und Klaus Wennemann im »Tatort« ›Freunde‹ (oben).
Welche Rolle spielt Tummler (Wolfgang Wahl)? Schimanski kann es noch nicht einschätzen ... Aus dem »Tatort« ›Spielverderber‹ (unten).

GuntbertWarns (Toni), Jenny Evans (Jenny), HeinzWanitschek (Geibel), Erich Will (Mottenpaule).
Produktion: Jörn Schröder für Bavaria Atelier GmbH.
90 Minuten.
Sendung: 8. Juni 1987.

Ein leichtes Mädchen wird ermordet, und es besteht der Verdacht, daß sie kurz vorher über illegale Geschäftspraktiken gesprochen hat. Vielleicht hat sie andere in Gefahr gebracht?

1987

Zahn um Zahn
WDR (siehe Spielfilme).
Sendung: 27. Dezember 1987.

1986/1988

Gebrochene Blüten (Broken Blossoms)
WDR.
Regie: Hajo Gies. Drehbuch: Martin Gies. Kamera: Karl Kases. Musik: Dieter Bohlen. Titelsong »Broken Heroes«, gesungen von Chris Norman. Regieassistent: Peter E. Funck.
Darsteller: GÖTZ GEORGE (Schimanski), Eberhard Feik (Thanner), Ulrich Matschoss (Königsberg), Chiem van Houweninge (Hänschen), Renate Krößner (Manuela), Miro Nemec (Herbert Blatzer), Winfried Hübner, Frank Büssing, Wolfgang Uhl, Willy Schultes, Elisabeth Bertram, Sabine Herken, Ralf Möller.
Produktion: Jörn Schröder. 90 Minuten.
Sendung: 1. Mai 1988.

Ein Mann wurde ermordet, er heißt Albert Prinz. Manuela war seine Frau, sie führten gemeinsam in Duisburg eine Tanzschule. Manuela ist ein eiskaltes, ätherisches Wesen, zerbrechlich, psychisch gestört, vielleicht sogar wahnsinnig? Schimanski ist Manuela auf der Spur; noch weiß er nicht, wie folgenschwer seine Einschätzung dieser gefährlichen Frau ist.
Doch als er dann eines Tages erfährt, daß Manuela Prinz bereits vor Jahren in Bangkok gestorben ist, wird die Sache völlig mysteriös …

1988

Einzelhaft

WDR.

Regie: Theodor Kotulla. Drehbuch: Frank Göhre. Kamera: Karl Kases. Musik: Eberhard Weber. Regieassistent: Gabriela Bacher.

Darsteller: GÖTZ GEORGE (Schimanski), Eberhard Feik (Thanner), Chiem van Houweninge (Hänschen), Brigitte Karner (Ilona), Maria Hartmann (Petra Carstens), Franz Boehm (Rolf Vogtländer), Juraj Kukura (Reiko Plewitsch), Folkert Milster (Berni), Ernst Petry (Jani), Christoph Engel (Computerberater), Christina Weindl (Alexandra), Sabina Lessjak (Gina). Produktion: Wolfgang Hesse für Bavaria Atelier GmbH.

95 Minuten.

Sendung: 21.8.1988.

Der Drehbuchautor von *Abwärts* hat hier eine aufregend irritierende Geschichte erzählt: Eine Tochter versucht, die Unschuld ihres Vaters zu beweisen. Den hat Thanner wegen des Mordes an seiner Frau verhaftet. Schimanski ist von der Frau fasziniert, er glaubt ihr, will sie vor den wahren Verbrechern schützen, doch sie entzieht sich diesem Schutz. Am Ende siegt die Gerechtigkeit durch ein Unrecht, denn keiner ist wirklich schuldlos.

Moltke

WDR

Regie: Hajo Gies. Drehbuch: Axel Götz, Jan Hinter, Thomas Weßkamp. Kamera: Karl Kases. Musik: Dieter Bohlen.

Darsteller: GÖTZ GEORGE (Horst Schimanski), Eberhard Feik (Thanner), Ulrich Matschoss (Königsberg), Chiem van Houweninge (Hänschen), Hubert Kramar (Moltke), Jürgen Heinrich (Gress), Iris Disse (Ariane), Gerd Silberbauer (Cantz jr.), Jan Biczycki (Pfarrer), Jan Hinter (Schäfer), Thomas Weßkamp (Müsli I.), Norbert Steinke (Thomas Bachmann). Produktion: Hartmut Grund. 90 Minuten.

Sendung: 20.12.1988.

Moltke kommt aus dem Knast und sinnt auf Rache. Ihn hatte nach einem erfolgreichen Bankraub die Polizei als einzigen neben der Leiche seines Bruders festnehmen können die Bande hatte ihn, der beim Schußwechsel verletzt wurde, exekutiert. Schimanski und Thanner wollen verhindern, daß Moltke einen Mord begeht. *Moltke* ist der zehnte Schimanski-Tatort, den Hajo Gies inszenierte.

1989

Der Pott
WDR. Regie: Karin Hercher. Drehbuch: Axel Götz, Thomas Wesskamp. Kamera: Bernd Neubauer. Musik: Rio Reiser. Darsteller: GÖTZ GEORGE (Horst Schimanski), Eberhard Feik (Thanner), Ulrich Matschoss (Königsberg), Angelika Hurwitz (Mutter Wilms), Thomas Rech (Jo Wilms), Wilhelm Thomzyk (Hugo Wilms), Sabine Postel (Vera), Michael Brandner (Struppek), Dorothea Senz (Ulrike Wilms), Theo Maalek (Neuenfels), Christoph Lindert (Heinz Hoettges), Ruth Brück-Boltersdorf (Gerda), Guido Föhrweisser (Golonska), Klaus Guth (Personalchef). Produktion: Wolfgang Hesse.
Sendung: 9.4.1989.

Eine halbe Million D-Mark, Spendengeld für die Stahlarbeiter von Rheinhausen, wird bei einem Überfall geklaut, dann wird einer der Überfallenen, ein Gewerkschaftsfunktionär, ermordet. Für Horst Schimanski heißt es schnell zu handeln. Zu allem Pech arbeitet er auch noch ohne Thanner, denn der ist beim BKA in Bonn im Einsatz. Allerdings hat Schimanski in Jo Wilms einen engagierten Partner, und als sie die Täter gefaßt haben, gibt es eine Überraschung: Der ermordete Gewerkschaftsmann hatte eine recht schmutzige Weste – und Jo Wilms, sein sympathischer Partner, hat auch noch ein paar Geheimnisse zu lüften.
Der Pott, von Axel Götz und Thomas Weßkamp geschrieben, ist wieder einer jener Schimanski-Tatorte, deren Handlung sehr eng an der Ruhrgebietsproblematik orientiert ist. Der gesellschaftspolitische Tenor des Drehbuches wird noch unterstützt durch die Regie: Karin Hercher kommt vom DDR-Fernsehen und hat lange mit Hanne Hiob und Ekkehard Schall vom *Berliner Ensemble* zusammengearbeitet.
Karin Hercher über die Arbeit: *Die Arbeit mit Götz George war sehr produktiv, sehr aufregend, ich glaube, für uns beide. Wir kannten uns nicht, hatten uns vorher noch nie gesehen, aber nach*

dem ersten Rantasten haben wir zu einer sehr guten Zusammenar-
beit gefunden. Seine Arbeitsweise setzt für den Regisseur eine ge-
wisse Uneitelkeit voraus, außerdem aber bin ich von meiner vor-
herigen Arbeit her gewohnt, kollektiv zu arbeiten, und da ist es na-
türlich toll, wenn man wie hier Schauspieler hat, die von sich aus
Ideen anbieten. Es ist eine Tatsache, daß jeder gute Theaterschau-
spieler eine absolute Bereicherung für Kino und Fernsehen ist,
weil er durch die Variationsbreite eines Spielplans viel mehr gefor-
dert ist, die Palette ist einfach vielseitiger.

Blutspur
WDR. Regie: Werner Masten. Drehbuch: Peter Steinbach.
Kamera: Wolfgang Simon. Musik: Leszek Zadlo.
Darsteller: Götz George (Horst Schimanski), Eberhard Feik
(Thanner), Gerhard Olschewski (Ossmann), Chiem van Hou-
weninge (Hänschen), Vadim Glowna (Leszek), Rolf Zacher
(Freddie), Marita Marschall (Ela), Michaela Wolko (Roswitha),
Veronica Ferres (Helma), Jen Groth (Hofmann), Dieter Pfaff
(Geiger), Erika Strotzki (Frau Doktor), Thomas Rech (Taxifah-
rer). Produktion: Wolfgang Hesse.
87 Minuten.
Sendung: 20.8.1989.

Ein arabisches Killerkommando ermordet auf einem Duisburger Schrottplatz zwei polnische Fernfahrer, der Anschlag auf
den Schrottplatzbesitzer und Zuhälter Leszek, einen Exilpolen,
mißlingt. Eine Blutlache in dem polnischen LKW deutet auf weitere Opfer hin, bei einer Explosion in einem Hotel kommen
zwei weitere Menschen ums Leben. Schimanski und Thanner
stehen angesichts eines so massiven Krieges vor einem Rätsel,
zumal sie allmählich herausbekommen, daß es sich um ein politisches Verbrechen mit humanitärem Background handelt.
Peter Steinbach, bekannt durch das Drehbuch zu Edgar Reitz'
Heimat, hat diesen *Tatort* geschrieben.
Eberhard Feik zu der Arbeit an *Polenblut: Momentan haben wir*
beide das Gefühl – und ich darf jetzt auch im Namen von Götz
sprechen –, daß etwas von der anfänglichen Wildheit wieder rein-
gekommen ist, wir versuchen wieder, Ecken freizuschaufeln, die
uns ein bißchen verschütt gegangen waren, und das gefällt uns
beiden sehr gut. Nun sind die letzten Drehbücher wieder näher an

der Realität. Der Vorzug bei unseren Büchern ist eben auch, daß immer ein wenig nach der Technik des Trojanischen Pferdes gehandelt wird: in den Fall immer ein politisches oder gesellschaftliches Thema reinzuschmuggeln. Das kann man zwar nicht hinreichend abhandeln, doch es klingt eben immer an und besonders gerade in den letzten drei Geschichten, in Moltke, Pott *und* Polenblut.

Katjas Schweigen
WDR
Regie: Hans Noever. Drehbuch: Uwe Erichson. Kamera: Kurt Lorenz. Musik: Tony Carey.
Darsteller: GÖTZ GEORGE (Horst Schimanski), Eberhard Feik (Christian Tanner), Chiem van Houweninge (Hänschen), Gerhard Olschewski (Ossmann), Katja Riemann (Katja), Ulrich Pleitgen (Jannek), Paul Cabanis (Tommy), Will Danin (Zander), Edgar M. Böhlke (Frau Schaaf), Mellis du Biel (Billy).
Produktion: Wolfgang Hesse.
90 Minuten.
Sendung: 3.12.1989.

Ein Polizist wurde von Einbrechern erschossen, ausgerechnet in einem der Supermärkte, deren Chef Bewährungshelfer Jannek ist. Natürlich liegt nahe, daß einer seiner Schützlinge der Täter ist, zumal Tommy sich verdächtig macht. Bei dem Versuch, den Jungen festzunehmen, wird dieser erschossen. Wer war der Schütze? Wen deckt Tommys Schwester Katja?
Ein Polizist wird erschossen, ein ehemaliger jugendlicher Straftäter steht unter Verdacht, und als die Polizei ihn verhaften will, wird er tödlich getroffen. Ist es Thanners Kugel, oder steckt Mord dahinter? Schimanski schafft Klarheit.
Nach dem unglückseligen Ruhrgebiets-Tatort »Blutspur« war »Katjas Schweigen« eine Wohltat. Zwar läßt auch hier – wie so oft – das Drehbuch (Uwe Erichson) einiges vermissen, doch der erfahrene Außenseiterregisseur Hans Noever und der ausgezeichnete Kameramann Karl Lorenz beweisen sicheres Gespür für Atmosphäre, Glaubwürdigkeit und Spannung.
Schimanski kämpft mal wieder mit dem Rücken zur Wand, wieder hat er das bessere Gespür als seine Kollegen, wieder hat ihn ein alter Freund enttäuscht, wieder erweist sich sein Vertrauen zu einem Jugendlichen als richtig: Am Ende stellt sich heraus,

*Dezember 1991: Götz George, Renan Demirkan und Eberhard Feik bei
der ›Telestar‹-Gala.*

daß sein Schützling Tommy unschuldig war, und es gelingt ihm,
mit einem Täuschungsmanöver den wirklichen Täter zu enttar-
nen. Und der ist wieder einmal unter den Leuten mit der weißen
Weste zu finden. Götz George dürfte es diesmal gelungen sein,
enttäuschte Freunde zurückzugewinnen, er ist – unterstützt vom
Team um sich herum – wieder schauspielerisch ganz präsent und
präzise, ohne auf Mätzchen und Getue zu setzen. Neben den
Kommissaren Götz George, Eberhard Feik und Chiem van
Houweninge überzeugen Paul Cabanis als Tommy, Katja Riemann als seine Schwester Katja und Ulrich Pleitgen als undurch-
sichtiger Geschäftsmann und Bewährungshelfer Jannek. Sinn
für Humor und Verzicht auf deftige Brutalität sorgten für 90 Minuten gute Unterhaltung.

1986/1990

Zabou
WDR (siehe Spielfilme)
Sendung: 15.4.1990

1990

Medizinmänner
WDR
Regie: Peter Carpentier. Drehbuch: Chiem van Houweninge.
Kamera: Franz Rath.
Darsteller: GÖTZ GEORGE (Horst Schimanski), Eberhard Feik
(Christian Tanner), Chiem van Houweninge (Hänschen), Ger-
hard Olschewski (Ossmann), Nikolai Bury (Thomas Bähr),
Heidemarie Wenzel (Karin Bähr), Christoph Bantzer (Peter
Schatz), Alexandra Riechert (Vanessa Schatz), Joop Doderer
(Inspektor Bolt), Mariska van Kolck (H. Janssens), Sylvia de
Leur (Elly Kegel), Guusje van Tilborgh (Tanja), Marina van
Houweninge (Helga).
Produktion: Wolfgang Hesse.
89 Minuten.
Sendung: 8.7.1990.

Gesundheitsschädliche Psychopharmaka, hierzulande verboten, werden von einer Arzneimittelfirma nach Afrika verkauft.
Ein Abteilungsleiter der Firma, der das illegale Geschäft auf-
fliegen lassen will, wird ermordet. Augenzeuge ist sein kleiner
Sohn, der darauf einen autistischen Schock erhält. Während
Schimanski versucht, dem Geheimnis auf die Spur zu kommen,
wird Walter Bähr, der Sohn des ermordeten Vaters, entführt. In
Rotterdam spielt sich die Verfolgung und Entlarvung der Täter
ab.
Die Duisburger Tatort-Reihe sorgt wieder mal für Unruhe: Gewisse deutsche Pharmakonzerne können hinter der Krimihand-
lung von Chiem van Houweninge massive Angriffe wittern, und
das ist durchaus beabsichtigt. Es geht um gesundheitsschädliche
Psychopharmaka, die eine Firma nach Afrika verscherbelt. Ein
Angestellter, der das verhindern will, wird ermordet, der kleine
Sohn als Tatzeuge entführt. Zu Beginn sieht es so aus, als ge-
länge es den Verbrechern, die drei von der Duisburger Mordkommission, Schimanski, Thanner und Hänschen, in die Irre zu
führen, doch schließlich bringt der arg bedrängte Schimmi den
Knirps sicher zur Mama.
Chiem van Houweninges Drehbuch (seine »Kuscheltiere« und
»Kielwasser« waren Höhepunkte der Schimanski-Reihe) ist wie
immer brisant und auf den Punkt gebracht, Regiedebütant

›Der Fall Schimanski‹: *Einmal oben und einmal unten: Zech (Alexander Radzun) läßt sich nicht fassen, doch noch hat Schimanski das Heft in der Hand*

Peter Carpentier (Assistent bei Reinhard Hauff für »Blauäugig«) geht mit der verhältnismäßig aufwendigen Technik (die Szenen im Hafen von Rotterdam, auf Schiff und Boot) routiniert um, läßt dagegen das Spiel von George und Feik (in der Kneipe, in der Konfrontation mit der niederländischen Polizei) etwas schleifen. Szenen jedoch wie die mit George und dem geschockten Kind allein im Boot sind schön, präzise und poetisch.

Schimanskis Waffe
WDR

Regie: Hans Noever. Drehbuch: Uwe Erichsen, Hans Noever, Wolfgang Hesse. Kamera: Kurt Lorenz.

Darsteller: GÖTZ GEORGE (Horst Schimanski), Eberhard Feik (Christian Tanner), Chiem van Houweninge (Hänschen), Klaus Johann Behrendt (Erwin), Nina Petri (Martina), Remo Remotti (Giovanni), Martin Halm (Mario), Nellis du Biel (Hooken), Herb Andress (Baretti), Renate Becker (Ellen), Tony Carey (Penner).

Produktion: Wolfgang Hesse.

93 Minuten.

Sendung: 2.9.1990.

Horst Schimanski gerät diesmal mit der Mafia in Konflikt, als es im Lokal von Giovanni Salvatore zu einer Schießerei kommt. Erst als dessen eigener Sohn Mario von der »ehrenwerten Familie« getötet wird, bricht Giovanni sein Schweigen und ermöglicht es der Polizei, gegen die Gangster vorzugehen.

Tragische Ausgangssituation: Als Horst Schimanski im Restaurant seines italienischen Freundes Giovanni einen Überfall abwehrt, erschießt er aus Versehen seine Freundin Renate, kurz darauf wird sein Freund Thanner schwer verletzt. Schimi legt die Waffe weg:

Er will nicht mehr in Versuchung kommen, und beinahe bezahlt er das mit seinem Leben. In einer so hilflosen Situation hat man ihn bislang noch nicht erlebt!

Daran sollten sich die bundesdeutschen Fernsehunterhalter, die ihr Publikum mit langweiligem, ödem Serieneinerlei zum besten halten, mal einen Maßstab nehmen:

Eine Mafia-Story, knallhart, die wenigen Versatzstücke auf den Punkt gebracht; rascher Schlagabtausch und doch keiner der üblichen Brutalo-Filme: Hans Noever inszenierte das fast wie ein amerikanisches B-Picture mit glaubwürdigem Hintergrund und guten, stimmigen Typen. Selbst die ambitiösen Slow-Motion-Momente werten das Ganze nicht ab.

Aus einer sehr schwachen Vorlage haben Hans Noever, Kamera-Profi Kurt Lorenz und das bewährte Team George/Feik/van Houweninge spannende Unterhaltung gemacht. Dabei fällt gar nicht so sehr auf, daß Feik – zu jener Zeit gerade als »Baldur Blauzahn« mit roter Lockenpracht – nur wenige Male zu sehen ist – und da nur bandagiert wie eine altägyptische Mumie. Wohl dosiert die Mischung aus Action, Humor und Tränen, keiner der engagierten Schimanski-Tatorte, kein eigentlicher Duisburg-Film, dafür mal wieder ein konzentrierter, ruhiger und spielerisch starker Götz George – kurz vor Ende seiner Kommissar-Zeit.

Unter Brüdern
WDR
Regie: Helmut Krätzig. Drehbuch: Helmuth Krätzig, Veith von Fürstenberg. Kamera: Franz Ritschel.
Darsteller: GÖTZ GEORGE (Horst Schimanski), Eberhard Feik (Christian Thanner), Chiem van Houweninge (Hänschen), Peter Borgelt, Andreas Schmidt-Schaller, Susanne Bentzien, Ulrich Thein, Peter Aust, Stephan Kuno, Peter Preuss, Heidemarie Wenzel.
Produktion: Veith von Fürstenberg.
97 Minuten.
Sendung: 28.10.1990.

Um einen Fall von Amtshilfe geht es in diesem Tatort. Kurz nach Öffnung der Mauer führt ein Mord in Verbindung mit illegalem Kunsthandel zu ersten Ost-West-Kontakten: Gemälde aus DDR-Besitz, die im Zuge der Devisenbeschaffung Museen und Privatpersonen abgepreßt wurden, sind nach der Wende von ehemaligen Stasi-Mitarbeitern beiseite geschafft worden und sollen nun über die alten Kanäle in den Westen verhökert werden.

1991

Bis zum Hals im Dreck
WDR
Regie: Peter Carpentier. Drehbuch: Chiem van Houweninge,
Wolfgang Hesse. Kamera: Viktor Ruzicka.
Darstelller: GÖTZ GEORGE (Horst Schimanski), Eberhard Feik
(Christian Thanner), Chiem van Houweninge (Hänschen),
Ilona Schulz, Peter Striebeck, Helmut Stauss, Wilm Roil, Max
Herbrechter.
Produktion: Veith von Fürstenberg.
Sendung: 9.6.1991.

Ein Tierarzt wird an seinem Hochzeitstag tot aufgefunden. War
es Selbstmord, oder hat es jemand so dargestellt? Ein Viehzüch-
ter, ein Knecht und die Braut des Toten; Geheimnisse an einem
schwierigen Ort. Schimanski sucht nach Lösungen und findet sie
ebenso zufällig wie folgerichtig.

Kinderlieb
WDR
Regie: Ilse Hofmann. Drehbuch: Bernd Schwamm, Gaby Pau-
ler. Kamera: David Slama.
Darsteller: GÖTZ GEORGE (Horst Schimanski), Eberhard Feik
(Christian Thanner), Chiem van Houweninge (Hänschen), Flo-
rian Dreyer, Wolf-Dietrich Sprenger, Christine Merthan, Wolf-
gang Reichmann, Saskia Vester, Hansa Czpionka.
Produktion: Veith von Fürstenberg.
93 Minuten.
Sendung: 27.10.1991.

Durch Zufall stoßen Schimanski und Thanner auf die Leiche
eines kleinen Mädchens. Das Kind ist – wie die Gerichtsmedizin
feststellt – an den Folgen einer Vergewaltigung gestorben. Die
Mutter bricht angesichts dieser Tatsache zusammen, der Bruder, der seine Schwester sehr geliebt haben muß, verweigert
jede Aussage, auch die Mutter ist keine Hilfe für die Kripo.
Doch die Polizei kommt bei ihren Recherchen auf allerlei Unge-
reimtheiten in diesem Fall. Offensichtlich haben die Eltern mit
ihren Kindern Geschäfte gemacht, haben die Tochter an Porno-
händler verschachert, und je tiefer Schimanski und Thanner in

diese Geschichte hineinleuchten, desto gewaltigere Abgründe tun sich auf.

Soziale Themen standen im Mittelpunkt der besten Schimanski-Tatorte: Rauschgiftschmuggel in »Duisburg Ruhrort«, »Das Mädchen auf der Treppe« und »Das Haus im Wald«, Menschenhandel in »Kuscheltiere« und »Gebrochene Blüten«, Umweltskandal in »Kielwasser«, mafiaartige Schutzgelderpressung in »Rechnung ohne den Wirt«; es ging um Mißbrauch von Spendengeldern aus der Gewerkschaftskasse in »Der Pott« und um Exporte von bei uns verbotenen Arzneimitteln in die Dritte Welt in »Medizinmänner«. Der 28. und vorletzte Schimanski-Tatort schließlich, geschrieben von Gaby Pauler und Hartmut Grund, inszeniert von Ilse Hofmann, befaßt sich mit sexuellen Vergehen an Kindern. Kommissar Schimanski und seine Kollegen Thanner und Hänschen sind von der Brutalität der Gegner ganz besonders betroffen – um so mehr, als sie erkennen, daß Eltern mit ihren Kindern ein schmutziges Geschäft betreiben. Und wie immer bei Schimanski geht es in der Geschichte nicht um vordergründige Spannungsmache und Sensationsgier, dafür ist schon Regisseurin Ilse Hofmann Garant. Es ist ihre fünfte Zusammenarbeit mit Götz George: zwei »Tatorte« und die beiden ersten Folgen des ZDF-Erfolges »Schulz & Schulz«.

Der Fall Schimanski
WDR
Regie: Hajo Gies. Drehbuch: Axel Götz, Thomas Weßkamp.
Kamera: Michael Faust.
Darsteller: Götz George (Horst Schimanski), Eberhard Feik (Christian Thanner), Chiem van Houweninge (Hänschen), Alexander Ratzsum (Zech), Anton Pointecker (Bissinger), Fabio Sarno (Giacomo), Maja Maranow (Corinna/Nora), Horst D. Scheel (Deutscher), Armin Rohde (Pfeifer), Lola Müthel (Renate), Heinrich Schafmeister (Pohl), Peter Fitz (Jahnke), Werner George (Kanzler), Ludger Pistor (Schäfer), Klaus Iffländer (Kioskbesitzer), Ulrich Matschoss (Königsberg).
Produktion: Veith von Fürstenberg.
Sendung: 29.12.1991.

Das war nun wirklich zuviel für Horst Schimanski: Da verweigert ihm die Geliebte kurz nach dem gemeinsamen Tête-à-tête das echte Alibi, sein Freund Thanner glaubt, er habe die Hand aufgehalten, und dieser Betonkopf von Jahnke (Peter Fitz) beißt den rügenden Vorgesetzten heraus. Da sieht es für den Lieblingskommissar aus dem Ruhrgebiet für eine Weile ganz schön brenzlig aus, und ratlos bangt man am Bildschirm, wie er das wohl schaffen mag. Doch er schafft es: Mit einem raffinierten Bluff setzt er seinen Gegenspieler Zech (den Mann hat man tödlich bedroht und erpreßt) schachmatt. Bei diesem Endspiel hat ihm dann doch seine Geliebte Corinna alias Nora Zech (Maja Maranow) zur Seite gestanden, und wenn Schimmi am Ende seinem Vorgesetzten Dienstmarke und Revolver hinwirft, dann ist die Ära Schimanski endgültig zu Ende und noch einmal

Der Fall Schimanski: Nora Zech (Maja Maranow) sind die Hände gebunden, sie kann Schimanski nicht entlasten

schwebt er über die Stadt mit rauchenden Schloten, die ihm 29 Fälle und zehn Jahre lang Heimat war.

Das Grimme-Gold für »Moltke« hatten sich die Autoren Götz und Weßkamp zu Herzen genommen (von ihnen stammte noch der brillante »Pott« [Regie: Karin Hercher]) und für diesen humorvoll-spannenden letzten Fall viele Ideen aufgeboten und manche schlechte oder schlechtrealisierte Schimanski-Story vergessen lassen. Jetzt muß das Tatort-Publikum ohne Schimmi auskommen, es sei denn, die Duisburger Kripo holt ihn in ein paar Jahren noch mal für einen ganz vertrackten Fall zurück. Das übrigens könnten sich die Autoren, die Schimanski-Kollegen wie auch der »Erfinder« dieses Tatort-Kommissars Hajo Gies durchaus vorstellen. Gies hat nach drei Jahren noch einmal (zum elften Mal) Regie geführt, und das kommt der Atmosphäre, dem Tempo, der Stimmung, vor allem aber auch dem hintergründigen Humor zugute. Ein brillanter Abschied!

1997

Schimanski – Die Schwadron
WDR
Regie: Joseph Rusnak. Drehbuch: Joseph Rusnak, Regieassistenz: Michael Kreindl. Kamera: Wedigo von Schultzendorff. Schnitt: Corinna Dietz. Ausstattung: Frank Polosek. Kostüme: Barbara Grupp.
Darsteller: Götz George (Schimanski), Stephen Wink (Tobias Schrader), Robert Viktor Minich (Scholl), Mathias Redlhammer (Krieger), Geno Lechner (Ilse Bonner), Pierre Shrady (Hinrich), Hermann Beyer (Günther Grollmann), Laura Tonke (Nina), Diego Wallraff (Amecaj), Denise Virieux (Marie Claire), Frango Mairincic (Sojak), Nikolas Lansky (Boisson), Dirk Marlens (Ziegenbart).
Produktion: Colonia Media. Produzenten: Dr. Georg Feil, Sonja Goslicki. Super 16 mm. Kodakcolor. Länge: 90 Minuten. Sendung: 9.11.1997.
Inhalt: Horst Schimanski hat sich nach seiner Suspendierung vom Dienst bei der Duisburger Mordkommission als Boxtrainer nach Belgien zurückgezogen. Eines Tages schickt ihm Ilse Bonner, leitende Oberstaatsanwältin beim Düsseldorfer Oberlandesgericht, zwei Männer ins Haus. Der Grund: Sie will

Schimanski (Götz George) und Schrader (Steffen Wink) geraten auf der Suche nach Amecaj in eine Falle.

Schimanskis Einsatz im Fall einer Bande von Mafiosi, deren Brutalität auch Schimanskis Freund Thanner zum Opfer gefallen ist: Man hatte ihn in eine Falle gelockt. Und Schimanski kehrt zurück, um herauszufinden, wer hinter dem blutigen Treiben steckt.

Schimanski – Blutsbrüder
WDR
Regie: Hajo Gies. Drehbuch: Hansjörg Thurn, Kamera: Axel Block. Schnitt: Moune Barius. Ausstattung: Frank Polosek. Kostüme: Judith Holste.
Darsteller: GÖTZ GEORGE (Horst Schimanski), Geno Lechner (Ilse Bonner), Matthias Redlhammer (Krieger), Robert Viktor

Minich (Scholl), Christoph Waltz (Mandel), Denise Virieux (Marie-Claire).
Produktion: Colonia Media. Produzenten: Dr. Georg Feil, Sonja Goslicki. Super 16 mm. Kodakcolor. Länge: 90 Minuten.
Sendung: 23.11.1997.
Inhalt: Schimanski soll nur eben mal den Wirtschaftsverbrecher Mandel in einem belgischen Gefängnis abholen und nach Düsseldorf bringen, doch Killer sind hinter Mandel her ...

Schimanski – Hart am Limit
WDR
Regie: Hajo Gies. Drehbuch: Uwe Erichsen, Horst Vocks, Hartmut Grund. Kamera: Axel Block. Schnitt: Moune Barius. Ausstattung: Alexander Scherer. Kostüme: Barbara Grupp.
Darsteller: GÖTZ GEORGE (Horst Schimanski), Steffen Wink (Tobias Schrader), Geno Lechner (Ilse Bonner), Matthias Redlhammer (Krieger), Robert Viktor Minich (Scholl), Anica Dobra (Uta Maubach), Nina Petri (Regina Maubach), Henry Hübchen (Keller), Sebastian Koch (Dirk Vogel), Rudolf Kowalski (Berger), Christian Tasche (Freese).
Produktion: Colonia Media. Produzenten: Dr. Georg Feil, Sonja Goslicki. Super 16 mm. Kodakcolor. Länge: 90 Minuten.
Sendung: 30.11.1997.
Inhalt: Schimanskis neuer Job, die frühzeitig entlassene Terroristin Uta Maubach zu überwachen, erweist sich als eine äußerst gefährliche Aufgabe. Nicht nur die ehemaligen Kampfgefährten liefern Probleme, auch die Leute vom BKA hat er plötzlich gegen sich.

In Vorbereitung:

Schimanski – Muttertag
WDR 1997/1998
Regie: Markus Schlichter. Drehbuch: Horst Vocks. Kamera: Markus Hausen.
Darsteller: GÖTZ GEORGE (Horst Schimanski), Steffen Wink (Tobias Schrader), Susanne von Borsody (Julia Schäfer), Matthias Redlhammer (Krieger), Robert Viktor Minich (Scholl), Sylvester Groth (Christian Wörner), Klaus Schindler (Mölling). Produktion: Colonia Media. Produzent: Dr. Georg Feil. Super 16 mm. Kodakcolor. Länge: 90 Minuten.
Inhalt: Schimanski fahndet in Kroatien nach einem jungen deutschen Söldner, von dem es heißt, der Junge sei im Kampfeinsatz gefallen. Die Mutter, eine Freundin der neuen Staatsanwältin Julia Schäfer, will Gewißheit ...
Sendung: August 1998

Die Bubi-Scholz-Story
Zweiteiliger Fernsehfilm
WDR 1997/98
Regie: Roland Suso Richter. Drehbuch: Uwe Timm. Kamera: Martin Langer. Schnitt: Eva Schnare. Ausstattung: Bettina Schmidt. Kostüme: Silke Sommer.
Darsteller: GÖTZ GEORGE (Bubi Scholz), Benno Führmann (der junge Bubi), Angela Winkler (Helga), Nicolette Krebitz (die junge Helga), Heinrich Schmieder (Klaus Eckleben, jung), Dietmar Mues (Klaus Eckleben, alt), Alexandra Maria Lara (Renate, jung), Elisabeth Trissenaar (Renate, alt), Michael Gwisdek (Trainer Lado Taubeneck), Horst Krause (Manager Fritz), Katharina Meinecke (Dr. Kranz, Psychologin), Hanns Zischler (Otto Grimm), Dieter Pfaff, Udo Samel, Susanne Bormann, Renate Krößner.
Produzent: Günter Rohrbach. Produktion: MTM west Television & Film, Köln, Andreas Nareiss mit WDR, NDR, SFB
Inhalt: Die Verfilmung der Lebensgeschichte des großen Sportidols der fünfziger Jahre Bubi Scholz vor dem Hintergrund der deutschen Nachkriegsgeschichte und des Wirtschaftswunders.
Drehzeit: Mitte September/Anfang Dezember in Berlin und Köln
Sendung: Verschlüsselt bei Premiere: Mai 1986. 30.12.1998/ 3.1.1999 ARD

IV. Bühnenrollen

1950

Mein Herz ist im Hochland
(Hirtenjunge)
William Saroyan
Regie: Walter Sueßenguth, mit O. E. Hasse, Robert Taube
Hebbel-Theater, Berlin

1951

Wilhelm Tell
(Tells Sohn)
Friedrich Schiller
Regie: Boleslaw Barlog mit Paul Esser als Tell
Schiller-Theater, Berlin

1953

Richard III.
(Prinz)
William Shakespeare
Regie: Karl Heinz Stroux, mit Berta Drews, Roma Bahn, Wilhelm Borchert, Rudolf Fernau, Horst Buchholz
Schiller-Theater, Berlin

Deutsches Theater in Göttingen unter Heinz Hilpert:

1959/60

Der Held des Westerlandes
John M. Synge
(Christopher Mahon)
Regie: Martin Ankermann, mit Martin Hirthe. Klaus Behrendt, Renate Heuser

Die Jungfrau von Orleans
(Raimond)
Friedrich Schiller
Regie: Claus Leiniger, mit Günther Ungeheuer, Eberhard Mül-

ler-Elmau, Lizzi Reisenberger, Kathrin Ackermann, Jöns Andersson

Der Tod eines Handlungsreisenden
(Happy)
Arthur Miller
Regie: Ulrich Hoffmann, mit Ernst Falkenberg, Phoebe Monnard, Martin Hirthe, Klaus Behrendt

Die heilige Johanna
(Bruder Martin Ladvenu)
George Bernhard Shaw
Regie: Heinz Hilpert, mit Lizzi Reisenberger, Günther Ungeheuer, Martin Hirthe

1960/61

Troilus und Cressida
(Ajax)
William Shakespeare
Regie: Heinz Hilpert, mit Martin Hirthe, Günther Ungeheuer, Joachim Wichmann, Klaus Behrendt, Eberhard Müller-Elmau

Der rote Buddha
(Das Opfer)
Erwin Sylvanus
Regie: Eberhard Müller-Elmau, mit Jöns Andersson, Günther Ungeheuer, Renate Heuser

Der gute Mensch von Sezuan
(Der Polizist)
Bertolt Brecht
Regie: Eberhard Müller-Elmau, mit Margret Homeyer, Klaus Behrendt, Günther Ungeheuer, Ingeborg Lapsien, Renate Heuser, Marianne Prenzel, Ernst Falkenberg, Martin Hirthe

Das Postamt
(Der Milchmann)
Rabindranath Tagore
Regie: Dieter Munck, mit Ernst Falkenberg, Marianne Prenzel, Rainer Geldern

1961/62

Die Verschwörung des Fiesko zu Genua
(Bourgognino)
Friedrich Schiller
Regie: Ulrich Hoffmann, mit Günther Ungeheuer, Ernst Falkenberg, Dunja Movar

Herrenhaus
(Eugene Ramsey)
Thomas Wolfe
Regie: Joachim Brinkmann, mit Günther Ungeheuer, Harry Kalenberg, Marianne Prenzel, Rainer Geldern, Adolf Roland

Die Uhr schlägt eins
(Gerhard)
Carl Zuckmayer
Regie: Heinz Hilpert, mit Dunja Movar, Günther Ungeheuer, Margret Homeyer, Marianne Prenzel, Hannelore Hinkel

Leben des Galilei
(Der kleine Mönch)
Bertolt Brecht
Regie: Dieter Munck, mit Eberhard Müller-Elmau

1962/63

Die Mutter
(Semion)
Maxim Gorki
Regie: Eberhard Müller-Elmau, mit Angela Salloker, Margret Homeyer, Joachim Wichmann

Die Fliegen
(Orest)
Jean-Paul Sartre
Regie: Peter Beauvais, mit Ingeborg Lapsien, Eberhard Müller-Elmau, Adolf Roland, Joachim Wichmann, Oswald Fuchs, Karin Anselm, Klaus Abramowsky

V. Tourneen/Gastspiele

1965

All meine Söhne
(Tournee)
Arthur Miller
Regie: August Everding, mit René Deltgen, Alice Treff, Loni
von Friedl

Die tätowierte Rose
(Tournee)
Tennessee Williams (Alvaro)
Regie: Charles Regnier

Der goldene Anker
(Tournee)
Marcel Pagnol (Marius)

Troilus und Cressida
(Tournee)
William Shakespeare (Troilus)
Regie: Ernst Schröder

1968

Russisches Roulette
(Tournee)
(Sergan)

1969

Kesselflickers Hochzeit
(Tournee)
John M. Synge

1970

Therese Raquin
(Tournee)
Michael Voysey, nach Emile Zola
Regie: Otto Tausig, mit Berta Drews, Loni von Friedl

1972

Martin Luther und Thomas Münzer
(Gastspiel: Kölner Schauspielhaus)
Dieter Forte (Luther)
Regie: Hansgünther Heyme, mit Wolfgang Robert (Thomas Münzer), Barbara Nüsse (Papst)

Der Werbeoffizier
(Tournee)
George Farquhar
Regie: Axel von Ambesser, mit Loni von Friedl

1974

Endstation Sehnsucht
(Tournee)
Tennessee Williams (Kowalski)
Regie: Charles Regnier

1975

Mandragola
(Tournee)
Niccolà Machiavelli (Diener Siro)

Die Macht der Finsternis
(Tournee Bühne 64, Zürich)
Leo N. Tolstoi (Nikita)
Regie: René Deltgen, mit Berta Drews, Eva Kotthaus

1976

Der Teufelsschüler
(Tournee)
George Bernard Shaw (Titelrolle)

1977/78

Herrenbesuch
(Münchner Tournee 1978/Renaissance Theater, Berlin)
(Dave)
Regie: Harry Meyen

Der Bär
Der Heiratsantrag
(Berliner Tournee 1978)
Anton Tschechow

1979/80

Der Idiot
(Berliner Tournee 1979/80)
Dostojewski (Rogoschin)
Regie: Voitech Jasny

1981

Dantons Tod
(Salzburger Festspiele 1981)
Georg Büchner (Danton)
Regie: Rudolf Noelte

1981/82

Der Weibsteufel
(Bühne 64, Tournee 1981)
Karl Schönherr (Grenzjäger)
Regie: Ossie Fuchs

1983/84

Therese Raquin
(Bühne 64, Tournee 1983)
Emile Zola (Laurent)
Regie: Otto Taussig

1984/85

Die Macht des Geldes
(Berliner Tournee 1985)
(Originaltitel: *Das tolle Geld*)
Alexandr Nikolaj Ostrowski (Wasilikow)
Regie: Wolfgang Forester

1986/87

Der Revisor
(Berliner Tournee 1987)
Nikolai Gogol
Regie: Götz George, mit Eberhard Feik, Helmut Stauss

1990

Platonov
(Berliner Tournee 1990)
Anton Tschechow
Regie: GÖTZ GEORGE/Helmut Stauss, mit Eberhard Feik (Nicolaj Ivanovic Trileckij), Annelie Wagner (Anna Petrovna Vojniceva), Karl-Heinz Knaup (Sergej Pavlovic Vojnicev), Inge Blau (Sofia Egorovna), Yvonne Brüning (Alexandra Ivanovna Sasa), Marion Mitterhammer (Marja Emifovna Grekova), GÖTZ GEORGE (Michail Vasiljevic Platonov), Helmut Stauss (Ossip), Günter Spörrle (Porfirij Semenovic Glagoljev), Stephan Kuno (Isaak Abramovic Vengorovic), Horst Köppen (Jakov).

Verzeichnis der Filme und Bühnenstücke

Personenregister

A

Achternbusch, Herbert 79
Ackeren, Robert van 179
Adam, Peter 69, 309
Adjani, Isabelle 146, 175, 185
Adolf, Mario 10, 60, 145
Albers, Hans 11, 30
Angerer, Peter 72
Anouilh, Jean 32
Ansari, Nicole 159
Anthony, Joseph 84
Arent, Eddie 244
Arquette, Rosanna 81
Ashley, Helmuth 44, 214
Azderball, Robert 52

B

Baal, Karin 60
Bacall, Lauren 193
Bachmüller, Hans 70
Baensch, Norbert 84
Balquet, Erica 32
Bamberger, Peter 212
Barker, Lex 46
Basedow, Rolf 10
Basinger, Kim 81
Beatty, Warren 120, 170
Beauvais, Peter 79, 277
Becker, Rolf 84
Beckett, Samuel 86
Behrendt, Klaus J. 291
Behrens, Manja 207
Belmondo, Jean-Paul 120, 144, 153f, 171
Benn, Alex 258
Berger, Senta 178
Bergner, Elisabeth 24, 86
Bernanos, Georges 144
Beyer, Frank 8f, 73, 77, 84, **102ff**, **112–115**, 145, 160, 164, 168, 188, 234, 289
Beyer, Hermann 112
Binoche, Juliette 132
Blech, Hans Christian 86
Blier, Bertrand 161
Block, Axel 117, 128
Blum, Heiko R. 136, 289
Blumenberg, Hans-C. 132
Bogart, Humphrey 7, 23, 172, 193
Böhm, Karlheinz 60
Bohnert, Folker 202
Bondy, Luc 195
Bose, Lucia 169
Böttcher, Grit 202
Brandauer, Klaus Maria 7, 113
Brando, Marlon 142, 170, 172
Brandt, Rainer 209
Brasseur, Pierre 171
Braun, Alfred 32
Braun, Pinkas 231
Brauner, Arthur 230f, 247f
Brecht, Bertolt 24, 29, 99, 164, 197
Bremer, Claus 87
Brice, Pierre 46
Bringmann, Peter F. 10, 134, 266, 293
Broderick, Matthew 81
Brogle, Peter 85
Bruckner, Ferdinand 29
Brunst, Klaudia 298

C

Cabanis, Paul 319
Canaris, Volker 66
Carpentier, Peter 322
Carstensen, Margit 60
Casper, Horst 28
Cassavetes, John 175f

Vogler, Hans Michael 299
Vogler, Rüdiger 119
Vohrer, Alfred 46, 233, 243

W

Waalkes, Otto 62, 153, 184
Wader, Hannes 181
Wahl, Wolfgang 313
Wahlöö 118
Wallace, Edgar 63, 224, 233
Waller, Angelika 300
Wayne, John 152
Weck, Peter 72
Wedekind, Frank 29
Weiss, Klaus 154
Wenders, Wim 79, 82
Wendland, Horst 287
Wennemann, Klaus 156, 191, 313
Wessely, Paula 42

Weßkamp, Thomas 10, 14f, 316, 327
Wicki, Bernhard 40f, 44, 60
Wied, Thekla Carola 72
Wieder, Hanne 214
Wienand, Klaus 296
Williams, Tennessee 87
Wilson, Boby 86
Wittenburg, Thomas 73, 118, 136

Z

Zadek, Peter 81, 88, 181
Zbonek, Edwin 52, 229
Zidi 190
Ziemann, Sonja 36, 47, 87
Zierl, Helmut 74, 172
Zuckmayer, Carl 29, 44, 210, 212f
Zurhorst, Meinolf 289

HEYNE
BÜCHER

Starke
Männer

*Hollywoods
neue & alte Helden*

Alan G. Barbour
Humphrey Bogart
32/1

John Parker
Sean Connery
32/225

Katharina Blum
TIL SCHWEIGER

32/255

H e y n e - T a s c h e n b ü c h e r